斯蒂芬·金作品系列

写作这回事 创作生涯回忆录

STEPHEN KING ON WRITING A MEMOIR OF THE CRAFT

〔美〕斯蒂芬·金 著　张坤 译

人民文学出版社
PEOPLE'S LITERATURE PUBLISHING HOUSE

著作权合同登记号：图字 01-2024-0342

图书在版编目(CIP)数据

写作这回事：创作生涯回忆录 /（美）斯蒂芬·金
著；张坤译. －－ 北京：人民文学出版社，2016(2025.5 重印)
（斯蒂芬·金作品系列）
ISBN 978－7－02－011835－9

Ⅰ. ①写… Ⅱ. ①斯… ②张… Ⅲ. ①金，S. E.（1947－2016)-
回忆录②文学创作-经验-美国-现代 Ⅳ. ①K837. 125. 6②I04

中国版本图书馆 CIP 数据核字(2016)第 152646 号

出 品 人　黄育海
责任编辑　卜艳冰　张玉贞
封面设计　陈　晔

出版发行　人民文学出版社
社　　址　北京市朝内大街 166 号
邮政编码　100705

印　　制　山东临沂新华印刷物流集团有限责任公司
经　　销　全国新华书店等

字　　数　195 千字
开　　本　890 毫米×1240 毫米　1/32
印　　张　9
版　　次　2016 年 10 月北京第 1 版
印　　次　2025 年 5 月第 5 次印刷

书　　号　978-7-02-011835-9
定　　价　69. 00 元

如有印装质量问题，请与本社图书销售中心调换。电话:01065233595

目 录

金先生论写作
陆谷孙

Skephen King（斯蒂芬·金，以下统称金先生）是美国当代恐怖小说大师，十岁前后开始试笔，到二〇〇〇年五十三岁时已发表作品三十五部，其中大多畅销，不少被改编为电影，可算是妙品等身，而金先生所得稿酬之丰，数达亿万，时辈亦少见其比。

一九九九年六月十九日，金先生在缅因州作每日午后例行散步时遭遇车祸，伤势严重，但此人此时已经染上人称"写作强迫症"的痼疾，因而在动过六七次大手术，膝盖处打入又取出七八枚大号钢钉，在自称"日服百药"的情况下，又坐在轮椅上，重新握起笔来，将一部已经破题的经验谈加回忆录式小书续完。翌年，一本十数万字的《论写作》①问世，旋成畅销，引来好评如潮。一时间，读书界流传一句"Long live the King！"的口号，直译当然是"国王万岁"，用在金先生身上则是祝他体健又笔健的意思。

早从友人处借得一册《论写作》，只是不相信写作这一行可

---

① 本书译为《写作这回事》。

论可教，所以仅信手翻阅一二而未窥全豹。这次要出远门，便故意把这本书带上，心想读不了几页，准保发生催眠作用，使我可在长途夜航机上睡一觉了。哪知道，金先生毕竟是位通俗高手，把个枯燥且已被人做烂了的题目发挥得妙趣横生，让我飞一路读一路，旅程结束，刚好把书读完，下飞机时——据接机人说——不但没有倦容，而且被金先生的幽默诱发的笑影还挂在脸上呢。

作家论写作往往容易落入窠臼，即使像奥威尔（George Orwell）如此富于创意的作家也不例外。我曾选用他的"政治与语言"（*Politics and Language*）一文作教材，意在请学生质疑此文最后的写作"六诫"，诸如"决不使用你在铅印文字中常见的隐喻、明喻或其他修辞手段"（Never use a metphor, simile or other figure of speech which you are used to seeing in print.），我告诉学生，奥威尔这话说得过于绝对了，而 Never is a long word，即不可轻言"决不"或"永不"，特别是一个自诩信奉自由主义的作家。

金先生的《论写作》虽也有慎用被动语态，多读加多写之类的劝诫，但他不作高头讲章，不强加清规戒律，而是"开口见喉咙"，瑜瑕不掩地径作经验谈。奥威尔"六诫"之四就是"可用主动语态时决不用被动语态"，理由则付之阙如；金先生却用了好些例句，将主动和被动两式并列比较，像把"我的初吻总被我想起和莎耶娜那番罗曼史开始的情景"一句改写为"我和莎耶娜的罗曼史以令我终生难忘的一吻开始"，顿时生动地凸显被动语态在何种语境中何以不宜的道理，比之一般的泛论自有更强的说服力。说到作家必须多读，金先生又以自己为例，坦陈童年读过不少于六吨的漫画，之后才敢效颦试笔，成年后每年读书在七十至八十种，平均一个月六七种，可谓书蠹矣！《论写作》的最后附有约百部的书单一份，那都是给金先生留下过深刻印象的作品，虽则并非都是经典。（很高兴，拙译欧文·肖的《幼狮》亦在其中。）看得出金先生读书仔细，不但对前辈大家艾略特、海明威、斯贝倍克等以及当代作家格里森姆（John Grisham）、黑利（Arthur Hailey）、卡普特（Truman Capote）、欧茨（Joyce Carol Oats）、普佐（Mario Puzo，《教夫》作者）等人，还有畅销作品《廊桥遗梦》和《指环王》等，都要点抹议论几句，甚至连怀特（E.B. White）惯用"事实上"这一短语，文章写成总要检阅一遍，将它砍削一半等细节，牢记在心。说到多写，金先生比较详尽地回顾了《安妮·惠尔克斯的版本》从构思到成文的全过程。我没读过这篇小说，但看过据此改编的影片《蜜柔丽》①（Misery，用作人名，与"痛苦"等字义无关）。故事说的是一个崇拜某作家的女护士，把作家从雪地车祸救回，精心治疗照护，并想就此把偶像永远拘禁在身边，在精神上占为己有。初时感恩不尽的作家逐渐发现救命恩人行状谲怪，脾性暴戾，精神病症状渐次暴露无遗。于是，一个设计逃脱，一个严密监管，双方从斗智发展到你死我活的搏杀，故事极为惊心动魄——尤其是 Kathy Bates 饰演的女护士形象，由貌似敦厚发展到阴鸷凶残，跨度极大，看过之后，久久难忘。时隔二十年左右，我似乎仍能看到那大仰角镜头中女护士虎视眈眈的双眼而不寒而栗。据金先生回忆，这样一个精彩的故事构思于往伦敦的航班上，把情节记录在一张餐巾上之后，

---

① 译者在正文中译作《头号书迷》。

"写作强迫症"不再给作家一刻的安静，到得旅店，一口气就写满十六页之多的文字。骨架既定，情节、细部描写、对白等等就会像肌肉一样附着上去，直到作品成为一个有机整体。

《论写作》之所以成为旅行良伴，还因为金先生的回忆录部分写得坦白有趣。像女护士安妮·惠尔克斯一样，金先生"在一九七五年酗酒成癖"，写作时"每分钟心跳一百三十次"，此后更染上毒瘾，因为"迷幻药物和酒精是灵感的最佳媒介"。作为写手，金先生也不是旗开得胜那一类，而是迭遭退稿，年轻的他把退稿钉在墙上，直到钉子不堪重负为止，而第一部卖得大价钱的小说《凯丽》①（Carrie），金先生自称从不喜欢，要不是贤妻从废纸篓中抢救出手稿，怕是永远不得问世了。同样，许多其他作品，若非写成后搁置六个星期以期最后推敲一遍，准有若干"大得可容卡车通过"的漏洞。"修辞立其诚"，纵然屡被评家、基督教基要主义人士甚至自己的母亲谴责，金先生用词"从不在乎礼仪问题"，其理由是一把锤子落到你的手上时，即便你是个敬畏上帝、谈吐拘谨的老处女，你定会脱口叫出一声"Shit"（直译：大粪），而不是"Sweetheart"（直译：甜心）。在《论写作》中，读者不但经常遭遇四字母的粗俗词，还能听到金先生用脏话骂人，如把文坛势利人物称作"literary gasbag"（文坛放屁大王）或"transcendental asshole"（超验主义的屁精）。

喜欢舞文弄墨的人会在《论写作》中找到可与金先生认同的内容，从而加深亲切感。例如金先生说写作环境切不可富丽堂皇，而是愈简朴愈好，书桌也不必求大，书房只需有一扇可

---

① 正文译作《魔女嘉丽》。

以关上的门把作家闭锁在内就可以了。区区虽非作家，对金先生这番经验谈倒颇有同感。几年前搬家，有人建议为我制作一张马蹄形长大书桌，为我所婉拒，结果至今仍在先父传下的书桌上写字，其面积还不及大学生新建宿舍中的书桌。书桌上方支一台灯，投下的光圈不大，被我称之为 an oasis of light（沙漠绿洲般的一片光）。作文的时候，灯光所及便是我的全部心智天地，光束愈密集，就愈能收精骛八极、心游万仞之效。想来，金先生说"关上门，把世界锁在门外"，也就是这个意思了。最后的但并非最不重要的，据熟悉我英文笔迹的家人、学生说，金先生题在扉页上的 On Writing 二字，与我的草体如出同一人之手。我嘿嘿一笑，取过纸笔一口气写下几组，经比照，区区的书法果如金先生一般出色；或者，更确切地说，金先生的书法如我一般拙劣。

修辞立其诚。

——塞万提斯①

骗子发达。

——匿名

① 斯蒂芬·金引述的塞万提斯的这句话英文作：Honesty's the best policy，与我们《易经》中的说法不谋而合。——译者（正文注释大多为译者所加，不再一一注明。）

第一版序

　　九十年代初（也许是在一九九二年，但日子过得顺的人总是很难记清楚时间），我参加了一个主要由作家组成的摇滚乐队。"摇滚余孽"由凯西·卡门·歌德马克创立，她是旧金山一位出版家，也是位音乐家。乐队的首席吉他手是大卫·贝里，贝司手是雷德利·皮尔森，键盘手是芭芭拉·金索尔沃，罗伯特·福尔古姆演奏曼陀林，我负责节奏吉他。我们还有三位女歌手，人称甜筒三人组，通常由凯西、塔德·巴尔蒂姆斯和谭恩美组成。

　　当时乐队打算只做次一锤子买卖——我们想在全美书商大会上演出两场，逗大伙乐乐，用三四个钟头的时间重温一番我们虚度的青春岁月，然后就各走各路。

　　结果不然，我们的乐队一直也没有彻底解散。我们发现自己都很享受一起演奏，不想退出，再说我们还有特邀萨克斯手和鼓手（我们一开始还有一位音乐领袖，艾尔·库伯，他是我们乐队的中心人物），做出来的音乐听起来还不错。有人愿意花钱来听我们演奏。当然票价不会像 U2 或东大街那么贵，但是照老话说，出个天桥价儿，也许还是有人肯买的。我们乐队出去巡演，还写了本书（我太太给配的照片，她情绪上来还会给我们伴舞，她经常情绪高涨），直到现在还时不时演一场。乐队有时候叫"余孽"，有时候叫"雷蒙·波的腿儿"。乐手来来去去——专栏作家米奇·阿尔本取代了键盘手芭芭拉，艾尔后来没有再跟乐队一起演奏，因为他跟凯西处不来。可核心人物一直在：凯西、恩美、雷德利、大卫、米奇·阿尔本，还有我……再加上鼓手乔什·凯利和萨克斯手艾拉斯莫·鲍罗。

我们在一起是为了音乐，也是为了互相做伴。我们互相喜欢，也喜欢有机会能偶尔谈谈我们真正的工作，就是人人都告诉我们不要放弃的那全职工作。我们是作家，我们从来不问彼此写作的灵感从何而来，我们知道自己不知道。

一天晚上，我们在迈阿密海滨演出之前一起吃中国菜，我问恩美在每次作家讲话之后的问答环节中，有没有什么问题从来没人问起过——你站在一群狂热粉丝读者面前装腔作势，仿佛自己并非凡俗人物时一直没有机会回答的问题。恩美顿了一下，认真考虑半晌才回答："从来没人问过语言的问题。"

对于她的话，我怀有深刻的感激之情。一年以来，也许更长的时间里，我一直在想要写一本小书，谈谈写作，却一直压制住这个想法，因为我不信任自己的动机——我为什么想谈写作？我凭什么认为自己有资格谈写作？

简单回答就是，一个像我这样卖出了许多小说的人对于写作一定有话说，那些话值得说，但简单的回答并非总是正确。山德士上校卖出了那么多炸鸡，可我猜大概没几个人想知道他是怎么做到的。我如果斗胆告诉大家如何写作，自己必须有更站得住脚的理由，而不仅是我的书广受欢迎这么简单的理由。换句话说，我不想写出一本书，哪怕是这样一本很薄的小书，却落得这么个结果：我感觉自己要么是个文学臭屁王，要么是个先验主义混账。市场上这种书已经够多了——这种作家也够多了，谢谢，免了。

但恩美说得对：从来没人问起过我们的语言。他们会问德里罗，问厄普代克，问斯塔隆，可决不会向流行作家提出这样的问题。可我们这些俗人也在意语言，虽说方式卑微，但我们仍然热切关注写故事的艺术和技巧。接下来，我会把一切简单明了地写下来，写写我怎么会做了这一行，现在对写作了解多少，我是怎么写的。这本书关于我的全职工作，关于语言。

这本书献给谭恩美，是她用简单而直率的方式告诉我，我可以写这么一本书。

第二版序

这本书很薄。论写作的书大多废话连篇。小说作家,包括如今的这一帮,都不太理解他们从事的工作——不理解好在哪里,坏在何处。我想,书越薄,废话就越少。

这个废话理论有个值得一提的例外,那就是小威廉·斯特伦克和E.B.怀特合著的《风格的要素》。这本书几乎没有,或者根本没有废话。(这本书比我的书薄多了,只有八十五页。)我现在就告诉你,每个有心从事写作的人都该读读《风格的要素》。其中一章题为《写作原则》,里面的第十七条是"略掉不必要的词句"。在这本书里,我将尽力做到这一条。

第三版序

有条规矩在这本书里别处都不曾明确提到过:"编辑永远是对的。"由此推论,没有一个作家会遵从编辑的所有建议,因为人皆犯错,最后的成书永远不够完美。换句话说就是:写事人为,编在圣手。查克·维里尔是这本书的编辑,同样是我许多小说作品的编辑。跟往常一样,查克,你是圣手。

——斯蒂芬

简历

　　我看了玛丽·卡尔的自传《撒谎者俱乐部》很受震动，不仅因为这本书写得强悍，写得漂亮，语言清新自然，更是因为它全——这个女人记得自己早年的一切。

　　我却不是这样。我的童年过得古怪又跌宕，我由单亲妈妈抚养成人。我小时候她老搬家，我不太确定，可觉得她在经济上或者精神上无力再应付我们兄弟俩时，可能偶尔会把我们放出去跟她某个姐妹住上一阵子。也许她只是在追寻我父亲，父亲当初攒下一大堆账单之后离家跑了，我当时两岁，哥哥戴维四岁。如果真是这样，那她从来没有成功找到过父亲。我的妈妈奈丽·露丝·皮尔斯伯里·金是美国最早的妇女解放分子之一，但并非出于自愿。

　　玛丽·卡尔用几乎毫不间断的大场景把她的童年展现出来。我的童年却是一片雾色弥漫的风景，零星的记忆片段就像孤零零的树木掩映其间……那种仿佛会一把攫住你，然后把你吃掉的树。

　　下文就是若干这样的回忆，还有我从自己青少年和年轻时代那些比较连贯的日月里撷取的一些快照。这不是一本自传。

它更像是一份简历——我试图告诉大家一个作家是如何成长的。不是说作家是如何造就的；我不认为作家可以造就，不论环境还是个人意志都不能造就一个作家（不过我曾经相信这些东西可以）。这资质是原装原配的。可这仍然是种不寻常的资质；我相信许多人都至少具备一定的写作或者讲故事的天分，这种天分可以得到加强和磨炼。我如果不相信这点，那么写这么一本书就是浪费时间。

对我来说事情就是这样，只有这样——这是一个断断续续的成长历程，雄心、欲望、运气，还有一点天分，都起到了作用。别费心揣摩字里行间是否另有深意，不用找什么直线捷径。这里什么线也没有——只有些快照，多半还对焦不准。

1

我最早的记忆是想象自己是其他人——事实上我想象自己是零铃兄弟马戏团里的迷你大力士。我当时在姨妈艾瑟琳和姨父奥伦位于缅因州德翰姆的家里。我姨妈记得很清楚，她说我当时两岁半，也许三岁。

我在车库角落里找到一小块水泥板，搬着它慢慢走过车库光滑的水泥地面。但在我的脑子里，我正身穿一件兽皮背心（很可能是豹皮的），搬着那块水泥板走过舞台。大群的观众静默无声。一条蓝白双色的追光灯照耀着我了不起的步伐。观众惊诧的表情说明了一切：他们从没见过我这么强壮的孩子。"他才只有两岁！"有人不可置信地说道。

可我浑然不知马蜂已经在水泥板下面筑起了一个小蜂窝。

其中一只马蜂大约对被迫迁移感到愤怒，飞出来叮了我的耳朵一口。那种痛精光四射，就像是猛然一口吸进毒气，是我短暂的人生经历中最厉害的痛楚，但几秒钟后新的痛楚纪录就诞生了。我把水泥板扔到地上，砸到我一只光脚的五个脚趾时，把马蜂蜇的那点痛全忘了。我不记得当时有没有去看医生，艾瑟琳姨妈也不记得了（那块水泥板的主人是我姨父奥伦，他二十多年前已经辞世），可姨妈仍然记得我被马蜂叮、脚趾被砸到的事，还记得我的反应。"斯蒂芬！你那一通号哟！"她说，"你那天嗓门可真叫亮！"

2

大约一年之后，我和妈妈还有哥哥戴维一起住到威斯康星州的西德皮尔。我不知道我们为什么会搬到那里。我母亲的另外一位姐妹凯尔（二战期间她曾经得过 WAAC① 选美冠军），跟她那位爱热闹嗜啤酒的丈夫一起住在威斯康星，我妈妈搬去也许是为了跟他们住近一点。也许吧，但我不记得曾常见到威尔莫一家，事实上我谁也没见过。我母亲上班，可我也不记得她做的是什么工作。我想她也许是在一家面包房打工，可我记得那份工作来得更晚些，是我们搬到康涅狄格州以后的事，那次搬家是为了跟露意丝姨妈和弗莱德姨父近些。(弗莱德不喝啤酒，也算不上爱热闹；他是位小平头爸爸，很骄傲地开着一部盖着篷的敞篷车，只有上帝知道为什么。)

---

① 二战期间美国女子民兵预备役组织。

我们住在威斯康星州期间请过许多保姆。我不知道是因为我和戴维太难对付所以才不干的，还是因为另有高就，又或者是因为我母亲对她们要求太高。我只知道有过好多保姆。我记得清楚的唯一一个叫尤拉，也许是叫碧欧拉。她才十几岁，块头有房子那么大，很爱笑。尤拉-碧欧拉非常有幽默感，我当时即便只有四岁，也能看出这一点，可她的幽默感很危险——她的每一阵拍手摆臀甩头的大笑之中仿佛都藏有一声霹雳雷霆。我看人家用隐藏摄像头拍摄的真实场景时，看到那些看孩子的保姆突然发作，痛打孩子时，总是会想起我跟尤拉-碧欧拉一起的日子。

她对我哥哥戴维是不是和对我一样厉害呢？我不知道。我对她的回忆里没有哥哥。不过，他可能不大遭受这位尤拉-碧欧拉飓风的危险袭击；他六岁，应该已经上一年级，大多时间在射程之外。

尤拉-碧欧拉经常在跟人煲电话粥说笑时，招手叫我过去。她常会抱住我，胳肢我，逗我笑，然后自己一边笑不拢嘴，一边一巴掌扇到我的脑袋上，力道大得把我掀翻倒地。随后她又会伸出赤脚胳肢我，直到两人又笑成一团。

尤拉-碧欧拉很爱放屁，她的屁又响又臭。有时候她兴头上来，会把我扔到沙发上，把她穿着羊毛裙子的屁股坐到我的脸上，然后放屁。她还会大笑着叫一声："炮！"我感觉自己就像被埋在沼气焰火里。我记得眼前一片黑暗，记得我要窒息了，也记得自己大笑。我当时似乎挺害怕，却也觉得挺搞笑。从好多方面说，这位尤拉-碧欧拉让我对文艺批评家有了充分准备。一位两百磅的保姆朝你脸上放屁，还大喊一声："炮！"你有了这样的经历，《乡村之声》之流再怎么样也很难吓倒你了。

我不知道别的保姆是怎么走的，但尤拉-碧欧拉是被解雇的，起因是鸡蛋。一天早上，尤拉-碧欧拉给我煎了个鸡蛋当早点。我吃了，又跟她要一个。尤拉-碧欧拉就给我煎了第二个蛋，然后问我还想不想吃。她眼睛里的神情仿佛说："小斯蒂威，谅你也不敢再吃了。"所以我又要了一个。然后又要一个。一个又一个。我吃了七个鸡蛋才停下来，我想是七个——我的脑子一直记着是七个，记得很清楚。也许是因为鸡蛋吃光了，也许是因为我哭着说不要了，再不然就是因为尤拉-碧欧拉害怕了。我不知道，但是也许幸好游戏到第七个蛋就结束了。七个鸡蛋对一个四岁孩子来说实在不少。

我有一会儿感觉还不错，后来就吐得满地都是。尤拉-碧欧拉哈哈大笑，打我的头，又把我关进衣柜，还锁上柜门。炮！她如果把我关进浴室，可能还会保住这份工作，可她没有。我倒不介意待在衣柜里。里面很黑，但是散发出我妈妈用的科蒂牌香水味，门下头还有令人安心的光透进来。

我钻在衣柜深处，背靠着妈妈的外套裙子。我开始打嗝——打又长又响、燃烧的火一样的大嗝。我不记得胃里难受，但我当时肯定难受，因为我张开嘴巴准备再打一个火热大嗝时，又吐了。全吐到妈妈的鞋上了。这一吐宣告了尤拉-碧欧拉的结局。我妈妈那天下班回到家，见到保姆躺在沙发上睡得正香，小斯蒂威被锁在衣柜里，也睡得正香，头发里还粘着半干的碎煎蛋。

3

我们在西德皮尔的居留期既不长也不能算成功。邻居发现我六岁的哥哥在屋顶上爬来爬去后，打电话叫来警察，结果我们被从这套三楼公寓里赶出来。我不知道事情发生时妈妈在干什么。我也不记得那个礼拜的保姆去哪儿了。我只知道自己待在浴室里，光脚站在暖气片上，专心看哥哥到底会从房顶摔下来还是会平安回到浴室。他回来了。哥哥今年五十五，住在新罕布什尔。

4

我五六岁时，问妈妈有没有亲眼见过死人。见过，她说，她亲眼见过一次死人，还亲耳听过一次。我问她，你怎么能听到人死掉呢？她告诉我说那是一个姑娘，一九二〇年在普莱特奈克溺水死亡。她说那姑娘游过裂流水域①，回不来了，于是开始呼救。几个男人试图去救她，但是那天裂流水域起了危险的回头浪，他们只得掉头回来。他们最后只是围站成一圈，其中既有游客也有当地人，我妈当时还是小姑娘，也在其中，大家一起等着始终没来的营救船，一边听着那姑娘叫呀叫，直到那姑娘力气用光沉下去。她的尸体是在新罕布什尔浮上来的，我妈说。我问那姑娘几岁，我妈说十四，随后又给我读了本漫画书，哄我睡了。又有一天，她给我讲她亲眼见过的那次死亡——有个水手从缅因州波特兰市的格雷摩尔旅馆楼上跳下来，摔在大街上。

"他溅得满地都是，"我妈极为平淡地说道，顿了一下，又加了一句，"他身上流出的东西是绿色的。这个我一直没忘。"

---

① rip，指由相反方向的风和海流造成的激流水域。

8

算上我一个，妈妈，我们俩都没忘。

5

我本该读一年级的那九个月大部分时间都躺在床上。我的毛病是由麻疹引起的，这本是最普通不过的小毛病，但后来逐步恶化。我闹了一场接一场链球菌咽喉炎，我误以为这毛病叫"条状咽炎"。我躺在床上喝着冷水，想象着喉咙呈白一道红一道的条状（这想法可能也错不到哪儿去）。

我的耳朵不知从什么时候也开始闹起毛病来，有一天，妈妈叫了辆出租车（她不会开车），带我去看医生，那位医生是耳科专家，很牛气，不屑于登门看病（不知为什么，我有种印象，觉得这种医生叫做 otiologist①）。我才不管他是耳朵专家还是屁眼专家。我当时发烧到华氏一〇四度，每次吞咽时，剧痛把我两边脸都烧亮了。那就像往自动唱机里扔了枚硬币一样。

医生往我耳朵里看了看，对左边耳朵看得更久些（我想是左边），然后让我在检查台上躺下来。"抬一下，小斯蒂威。"护士说，然后把一块很大的吸水布——很可能就是块尿片——摆在我的脑袋下方。我又躺回去时，脸颊就搁在那块布上。我早该猜到事情不妙。丹麦王国有东西在腐烂②。鬼晓得是什么东西烂了，也许就是我。

一阵刺鼻的酒精味。医生咔哒一声打开灭菌器。我看到他手上有根针——跟我铅笔盒里的尺子差不多长——于是浑身开

---

① 耳科医生应该是 otologist。

② 典出《哈姆雷特》。

始紧张。耳朵医生露出令人安心的笑容，对我说了句谎话。医生说这种谎话真该去坐牢（如果对象是小孩，刑期加倍）："放松，小斯蒂威，不疼。"我相信了他的话。

他把针伸进我的耳朵，刺我的鼓膜。我往后经受的任何痛苦都难以与那种剧痛比肩——唯一比较相近的是我在一九九九年夏天被汽车撞伤后第一个月恢复期遭遇的疼痛。那时的痛持续时间更久，但剧烈程度还差一点。鼓膜被刺的那种痛真叫人死去活来。我尖声大叫。我的脑袋听到一个声音——好像一声响亮的亲吻。热热的液体从耳朵里流出来——仿佛眼泪从错误的孔眼里流出来。上帝知道，我的眼睛流出的泪水已经够多了。我抬起泪汪汪的脸颊，不可置信地望着那个耳科医生和他的护士。然后我看到护士在检查台上部三分之一处盖的那块吸水布。上面有一大块湿渍，还有星星点点的脓液。

"好了，"耳朵医生说，拍拍我的肩膀，"你很勇敢，小斯蒂威，现在没事了。"

一个礼拜之后，我母亲又叫了一辆出租车，我们回到那位耳科医生那里。我又一次侧躺在检查台上，脑袋下面又垫上一方吸水布。耳科医生又一次发出酒精的气味——我到现在一闻到这味儿还是会感到疼痛和恐惧，我猜许多人跟我一样——又拿出那根长针。他又一次安慰我说不疼，而我又一次相信了他的话。我不全信，但也安静等着针又扎进我的耳朵。

确实疼。几乎跟前一次一样疼。脑袋里那个接吻的声音更大了，好像是热吻（我们常说的"吸住脸、转舌头"那种）。医生把针拿出来之后，我躺在一洼湿漉漉的脓液上哭泣，耳科医生的护士对我说："好了，只是有一点点疼，可你不想变成聋子吧？现在没事了。"

我相信了这话大概五天时间，然后又来了一辆出租车。我们又回到耳科医生诊所。我记得那位出租车司机对我妈说，她如果不能让这孩子闭上嘴，他就要停车，赶我们下去。

我又一次躺在检查台上，脑袋下面垫着尿片，妈妈在候诊室里拿本杂志等着，大概对医生的行为也看不下去。我又一次闻到酒精的刺鼻气味，医生拿着一根跟我上学用的尺子差不多长的针朝我转过身来。又是安慰的笑容，同样的手段，又告诉我不痛。

我自从六岁那年多次经受鼓膜穿刺以后，便一直坚信一条人生信条：你第一次骗我是你不好，我第二次上当是我活该，你第三次骗我，咱俩都不是东西。我第三次来到耳科医生桌前时奋力挣扎，尖叫不止，又打又踢。那根针一靠近我的耳朵，我就一把把它打开。最后护士只好把我妈妈从候诊室里叫进来，跟她合力把我制住，按着我，让医生把针扎进去。我叫得又长又响，我到现在好像还能听得到自己当时的叫声。我觉得在我脑袋里的某个深深的山谷中，那尖叫声至今仍在回响。

6

在那之后不久，一个阴冷的月份———一九五四年的一月或者二月；我如果没弄错时间次序的话——出租车又来了。这次的专家不是看耳朵的，而是看喉咙的。我妈妈又一次坐在候诊室里，我又一次坐在检查台上，小护士在附近穿梭来去，酒精刺鼻的气味又一次传来，这种气味至今仍然能够在五秒钟内让我的心跳加速一倍。

可这次的事情似乎没那么可怕，医生只不过是拿棉球给我擦了擦喉咙。有点刺痛，气味很糟，但是有了耳科医生的长针在先，我经受这种痛苦时有如闲庭信步一般。那位喉科专家戴着一套奇怪的器械，机械被带子固定在脑门上，中间有个镜子，有束强光从镜子里射出来，好像他长着第三只眼睛。他让我一直大张着嘴巴，往我食道里看了好长时间，到最后我的下巴都要断了，但他没拿针刺我，所以我爱死他了。过了一会儿，他让我闭上嘴，叫我妈妈进来。

"问题出在扁桃腺，"医生说，"他的扁桃腺看上去就像被猫爪子抓过一样。必须切掉。"

我记得自己之后不久被推到强光下。一个戴白色口罩的人朝我俯下身来。他站在我躺的台子头上（一九五三年和一九五四年这两年，我总是躺在台子上）。从我的角度看过去，他是倒立的。

"斯蒂芬，"他说，"你能听到我说话吗？"

我说能。

"我要你深呼吸，"他说，"你醒了以后，想吃多少冰淇淋都可以。"

他把一个东西放在我的脸上。在我的记忆之眼里，那东西有点像船上的舷外马达。我深吸一口气，眼前顿时一片黑暗。我醒来之后，确实什么冰淇淋都可以吃。可这真是个绝妙的讽刺，因为我根本不想吃。我觉得喉咙很肿很胀。但那种感觉仍然比耳朵被针扎好受多了。噢，什么都好过针扎耳朵那套老把戏。你如果非这么干不可，就摘走我的扁桃腺好了，把铁笼架子装到我的腿上好了。但是上帝救我，千万别让我落到那位 otiologist 手里。

7

那一年，我哥哥戴维跳级升入四年级，但我休学了。我耽误了太多一年级的课程，我妈妈和学校一致认为，我可以等到秋天重新入学，如果我到时候身体良好的话。

在那一年的大多数时间里，我要么卧病在床，要么就坐在家里。我读了大概六吨重的连环漫画书，从汤姆·斯威夫特一直看到大卫·道森（这是一位二战英雄飞行员，他驾驶着不同型号的飞机，总是"抓紧推进器，攀向新高度"），后来又看了杰克·伦敦那些令人毛骨悚然的动物故事。我忽然开始自己写故事了。创作总是从模仿开始。我会把《战士凯西》一字不落地抄在蓝马牌便笺本上，偶尔在认为合适的地方加点自己的描写。我会这样写："他们在一间 dratty① 的农舍里安顿下来。"我一两年之后才发现，原来 drat 跟表示"通风"的 draft 不是一个词。我记得自己在那段时间还以为"细节"跟"牙科"是一回事，而"母狗"是说长得特别高大的女人，"狗娘养的"很可能会长成个篮球手。你六岁的时候，宾果球多半还都在球盘里晃悠，什么时候蹦上来个什么没准儿，谈不上手气壮不壮。

最后我把我这些连抄带编的东西中的一篇给我妈看，她太喜欢了——我仍然记得她那带几分迷茫的笑容，仿佛难以相信

---

① dratty这个词跟前面的otiologist一样，也是作者生造出来的。drat意为"诅咒，咒骂"。

自己的孩子竟然如此聪颖过人——简直是个他妈的天才，上帝啊。我之前从来没见过她脸上有这种神情——至少不曾因为我有过这种神情——我太喜欢她这种神情了。

她问我故事是不是我自己编的，我不情愿地承认多半是我从一本连环漫画里抄的。她看起来有点失望，我的兴奋也被带走了大半。最后她把本子还给我。"你自己写一个，斯蒂威，"她说，"《战士凯西》之流的漫画书都是垃圾，凯西总是把什么人的大牙敲掉。我打赌你会写得更好。自己写一个吧。"

8

我记得，我听到这话之后觉得自己拥有了无限的选择。我仿佛被领进了一幢大房子，房子里面全是一扇一扇关闭的门，而我喜欢哪扇门，就随便打开哪扇。我想，一个人一辈子都开不完这大房子里的门（我到现在也没改变想法）。

我写了关于四个魔法动物的故事。它们开着一辆破车到处跑，帮助小孩子。它们的头目是只大白兔，名叫"戏法兔子先生"，开车的就是它。故事有四页纸，我用铅笔工整地把故事誊写清楚。我记得里面没有一个角色从格雷摩尔旅馆的房顶上跳下来。我把誊好的故事拿给我妈，她在起居室坐下来，把钱包放在脚边的地板上，一口气把故事读完了。我看得出她喜欢这故事——她在所有可乐的地方都笑了——可我不知道她这是因为喜欢我，想让儿子感觉好点呢，还是因为我的故事当真不错。

"这个不是抄的？"她看完之后问我。我说不是，不是抄的。她说可以把这故事写到书里了。以前谁也不曾说过让我这

么高兴的话。我又写了四个关于戏法兔子先生和它的朋友们的
故事。她以每个故事两毛五的价钱买了故事，寄给她的四个姐
妹。我想她们都有点可怜我妈妈。她们毕竟都有丈夫；她们的
丈夫一直在身边。的确，弗莱德姨父没有幽默感，又非得把敞
篷车盖翻上来；奥伦姨父爱喝酒，还有一套阴暗论，说是犹太
人在统治世界。但他们好歹没把老婆撇下，而露丝被扔在一边，
抱着个小孩，眼睁睁看着老唐跑掉了。她想让大家看看，这小
孩是个天才。

四个故事。两毛五一个。这是我做这行赚到的第一个一块钱。

9

我们搬到康涅狄格州的斯特拉特福德镇。我那时候上二年
级，一心爱着邻居家一个十几岁的姑娘。她白天从来不多看我
一眼，但是到了晚上，我躺在床上，渐渐沉入睡眠后，我们俩
总是一起逃离这冷酷的现实世界，一次又一次。我的新老师叫
泰勒夫人，是个好人，留着一头艾尔莎·兰切斯特式花白头发，
弗兰肯斯坦的新娘也留这种发型。她还长着一对肿眼泡。我妈
妈说过："我跟泰勒夫人说话时，老想把手捧在她眼睛下头，怕
她眼珠子万一掉出来。"

我们的新家在西大街一幢三层公寓里。往下坡走一个街区，
距离泰迪市场不远处，布雷茨建筑材料公司对过，有一大片野
地，空地边上有个垃圾场，一条铁路从空地中间穿过。我经常
在想象中重回这个地方；它在我的长短篇小说里以不同的名字
反复出现。当地的小孩管它叫荒地；我们管它叫树林。我和戴

维搬到新家后不久便去探察这个地方。当时是夏天，天很热，那次经历很棒。我们深入那片绿色的神秘地带，觉得那是一个很酷的新游乐场。可就在这时，我突然感到强烈的便意。

"戴维，"我说，"带我回家！我要上大号！"（大人教我们就用这个词表示那件事。）

戴维可不想听我的。"到树林里拉。"他说。至少走半个小时才能到家，他可不想因为弟弟想蹲坑就抛弃这段好时光。

"不行！"他的主意让我大吃一惊，"我没办法擦屁股！"

"这个容易，"戴维说，"用树叶擦就行。牛仔和印第安人都是这么干的。"

不管怎么说，这时候再往家跑已经来不及了。我觉得自己别无选择。再说，像个牛仔一样拉屎？这主意挺让我着迷。我假装自己是豪帕龙·卡西迪①，把枪拿在手上，蹲在灌木丛里。我在这样的私人时刻，也决不能松懈片刻，以防被敌人逮个正着。我解决了事情，按照大哥的建议搞定清洁问题：拿大片亮闪闪的树叶仔细擦干净屁股。但那是毒藤的叶子。

两天后，我的整个背后，从膝盖到肩胛，都红得发亮。我的阴茎幸免于难，可睾丸变得又红又肿，像探照灯一样。我从屁股一路痒到胸腔。最糟糕的是我擦屁股的那只手，那只手肿得好像米老鼠的手，还是唐老鸭一锤子砸过之后肿起来的样子，手指间起了巨大的水泡。水泡破了以后，粉红色肉裸露出来。整整六个星期，我躺在浴缸里，在温吞的淀粉药汤里泡着，透过浴室开着的门，听到妈妈和哥哥一边笑一边听彼得·特雷普在

---

① 一个虚构的牛仔英雄形象。

收音机里主持流行音乐排行榜，还玩扑克。

10

戴维是个很不错的哥哥，可作为一个十岁大的孩子有点聪明过头。他的脑瓜老给他找麻烦。不知从什么时候（大概是在我用毒藤叶子擦屁股之后）起，他发现自己惹了麻烦以后，可以把斯蒂威小弟拉过来，和他一起站在风口浪尖上。戴维从来不曾让我为他那些精妙的坏点子惹出来的状况背黑锅——他既不是小人也不是懦夫——可有那么几次，他请我跟他分担责任。我觉得，正因为如此，戴维把穿过树林的小溪堵住，结果溪水淹了大半条西大街之后，我才会跟他一起倒霉受罚。我为了帮他分担责任，我们俩冒着没命的危险，实施了他那个可怕的科学实验。

那大概是一九五八年。我在中央文法学校读小学，戴维在斯特拉特福德初中念书。妈妈在斯特拉特福德洗衣店工作，是熨衣组里唯一的白人女性。戴维实施他的科技展作业设计时，妈妈就是在做这个——往熨衣机里塞床单。我这位大哥决不是那种小孩：只要往建筑图纸上画张青蛙解剖图，或者拿塑料积木和彩绘卷筒纸芯做个未来房屋模型就满意了。戴维的目标远大得很。那一年他的作业是"戴维的超强电磁铁"。我哥哥对一切超强的东西，还有以他自己名字打头的东西都怀有强烈感情。后一种东西的巅峰之作就是《戴维小报》，我们很快就会说到这个。

他的超强电磁铁在第一次实验中不怎么超强，很可能一点都不强——我记不大清了。做法确实是某本书教的，不是戴维拍脑瓜凭空想出来的。原理是这样的：你拿根钉子在一块普通磁铁上摩擦，会有微弱的磁力传到钉子上。书上说，磁力虽弱，却足以吸起几个碎小的铁屑。你让钉子带上磁性后，再把一条铜丝绕着钉子缠好，接着把铜丝两头跟干电池的两个电极连在一起。根据那本书所言，电流会加强磁力，你可以吸起更多的铁屑。

戴维想的可不是吸起一点傻了吧唧的碎铁片。他想吸起别克车、火车车厢，乃至陆军运输机。戴维想依靠电流撼动世界。

炮！超强！

我们在这个超级电磁铁制造计划里各有分工。戴维的工作是把它造出来，我的工作是实验。小斯蒂威·金就是斯特拉特福德的查克·伊格①。

戴维决定绕过那个老土的小破干电池（他说，我们从五金店把电池买回来时，电池可能就已经没电了），选择装在墙上的交流电。戴维从别人当垃圾扔在路边的一个废台灯上剪了一段电线下来，然后把电线外皮撕掉，用这条赤裸的电线把钉子一圈圈缠起来。随后，他坐在我们西大街公寓的厨房里，把超强电磁铁递给我，让我执行任务：把电线两端插进电源。

我犹豫了一下——这点功劳应该归我——可戴维的热情太疯狂，我无法抵抗。我把插头插进电源。钉子没有产生什么明显的磁力，但把我们家里每个电灯、每样电器都给爆掉了。整幢楼里的每个电灯、每样电器也都爆掉，隔壁大楼里的每个电灯、每样电器也都爆掉了（我心爱的姑娘就住在隔壁楼的底楼）。电流转换器立刻跳掉，然后警察来了。在接下来的一个钟

---

① 美国历史上最著名的飞行测试员。

头里，我和戴维胆战心惊地把脑袋伸出我妈卧室的窗口，往外望，因为我们家只有这一个窗户对着大街（其他窗户统统直面后院，后院里没有草坪，只有垃圾，唯一的活物是一条流浪狗，叫如扑如扑）。警察走了以后，电力公司的卡车来了。一个穿钉鞋的男人爬到两幢公寓楼之间的电线杆上，检修转换器。在别的时候，我们肯定会看得兴致勃勃，可那天不然。那天我们只顾着担心，想妈妈会不会来工读学校看我们兄弟俩。最后，电流又接通，电力公司的卡车开走了。我们没被逮捕，也没丢了小命。戴维决定，他也许可以交个超强滑翔机当科学作业，而不是做这个超强电磁铁。他对我说，我可以乘他的滑翔机首航。很棒，是不是？

11

我生于一九四七年，直到一九五八年，我们家才有了第一台电视机。我记得我看过的最早的节目叫《怪物机器人》，那部电影里面有个人穿着一身猿猴皮，头上顶个金鱼缸。这家伙叫罗曼，到处跑来跑去，要把一场核战后残留的幸存者杀光。我当时觉得这就是相当高级的艺术了。

我还看过《公路巡警》①，布罗德里克·克劳福扮演英勇无畏的丹·马修斯。还看过约翰·纽兰德主持的《一步以外》，这家伙长了一双世上最吓人的眼睛。也看过《夏延》《海上捕猎》《你

---

① 这里提到的都是美国一九五〇年代的电视节目。《公路巡警》讲缉拿罪犯，《一步以外》讲的是各种灵异经历。《夏延》是西部片，《海上捕猎》是探险剧，《你的音乐排行榜》是由观众听众投票的音乐榜，《安妮·奥克雷》也是西部片，讲的是神枪手的故事。《山间骑手》也是西部片。《灵犬莱西》是以牧羊犬莱西为主角的系列剧。

的音乐排行榜》和《安妮·奥克雷》；汤米·莱提格演第一任主人的《灵犬莱西》，乔克·马霍尼演的《山间骑手》我也看过。安迪·迪瓦恩用他那高亢又怪异的音调大叫："嘿，野比尔，等等我！"整个世界充满让我感同身受的冒险故事，这些故事被打包装在十四英寸的黑白屏幕里，送上门来，故事里夹杂着许多广告。直到现在，那些品牌的读音在我听来还有如诗歌一般动听。我爱极了这一切。

但我现在对电视比较晚才来到我们金家感到挺高兴。我想，我属于比较稀少的一群人：美国最后几位在学会每天吞下许多视觉垃圾之前先学会读书写字的小说家。这也许不重要。但你如果是个初出茅庐的作家，不妨试试把电视机电源线剥光，缠在一根钉子上，然后把电源线插头插回到墙上，看看什么会爆掉，爆出去多远。

姑且这么一说。

12

一九五〇年代末，弗利斯特·J. 艾克曼开始编一本叫作《电影国度著名怪物》的杂志，这位作家经纪人加科幻小说史料狂热的收集者改变了成千上万个孩子的生活——我就是其中之一。你对在过去三十年里跟科幻恐怖小说有过关系的随便哪个人问起这本杂志，一定会得到一阵笑声。对方会眼光闪烁，提起一连串闪亮的回忆——我对此非常肯定。

一九六〇年前后，弗利（他有时候管自己叫"怪物艾克"）又创办了一本有趣却短命的杂志，杂志叫《太空人》，主题是科幻电影。一九六〇年，我往《太空人》寄了一个故事。据我的印象，这是我第一次投稿。我不记得故事的名字了，可我记得自己当时才发展到罗曼时期，这篇故事无疑深受那只杀人猿影响，就是脑袋上顶个金鱼缸的那位。

我的故事被拒了，但弗利把稿子留了下来。（弗利什么东西都留着，任何一个去他家——人称艾克大宅——参观过的人都会这么跟你说。）大约二十年后，我有次在洛杉矶的一家书店做签售，排队的人里就有弗利……他带来了我当初的投稿。稿子单倍行距，是我用妈妈在我十一岁那年给我的圣诞礼物——一台皇家牌打字机——敲出来的。那台打字机早已不知去向。他想请我在稿子上签名，我猜我当时照办了。可那次见面实在是太超现实，我都记不清楚了。恍如隔世。属于过去的幽灵啊。我的老天。

13

我成功发表的第一个故事刊登在迈克·加莱特在亚拉巴马州伯明翰出版的一本恐怖科幻杂志上（迈克仍然健在，并且仍然从事这一行）。他以《半个世界的恐怖》为题，发表了我的这个中篇小说，可我更爱自己当初的题目。我原来的题目叫《我是一个少年盗墓者》。超强！炮！

14

我第一个真正原创故事点子——我猜人总会记得第一

个——出现在艾克①八年怀柔统治的晚期。当时我坐在位于缅因州德翰姆家中厨房桌子边，看着我妈把 S&H 公司的好多绿色积点兑换礼券贴到一个本子上（若想看关于积点礼券更有趣的故事，读《撒谎者俱乐部》）。我妈为了照顾年老体弱的父母，将我们的三口之家又搬回到缅因州。外婆那时候已经年近八十，肥胖，患有高血压，眼睛几乎全盲；外公盖伊八十二岁，极瘦削，性格乖僻，偶尔还会像唐老鸭那样哇哇大叫一阵，只有我妈能理解他的意思。我妈管外公叫"老爹"。

是我妈的姐妹们把这差使安给我妈的，她们也许是觉得这样可以一举两得——年迈的父母可以在家安度晚年，得到女儿贴心的照料；露丝烦人的问题也可以得到解决。她总算可以不必带着两个孩子到处漂泊，毫无目的地从印第安纳到威斯康星再到康涅狄格，早晨五点就起来烘饼干，或是在洗衣房里熨床单，那间洗衣房里夏季温度高达华氏一一〇度②。从七月一直到九月底，每天下午一点和三点，工头都要给工人发盐丸，防止他们中暑。

我觉得她痛恨这份新工作——她的姐妹们为了照顾她，把她从一个自给自足、性格开朗又稍微有点傻乎乎的人变成了一个小佃农，日子过得紧巴巴，手上基本没有现金。姐妹们每个月寄来的那点钱基本只够买日用品。他们还给我们寄来一包又一包的衣服。每年夏天快结束时，克莱特舅舅和艾拉姨妈（这二位可能算不上是直系亲戚）还会送来一箱一箱的蔬菜罐头和果酱。我们住的房子是艾瑟琳姨妈和奥伦姨父的产业。我妈一

---

① 艾森豪威尔的昵称，艾森豪威尔在一九五三年至一九六一年间任美国总统。
② 华氏一一〇度约等于摄氏四十三度。

到了那里就被上了套。两位老人去世之后，我妈找了份真正的工作，但她在那幢房子里一直住到癌症找上她为止。我觉得她最后一次离开德翰姆时——在她生绝症后的最后几个礼拜里，是戴维和他太太琳达照顾她——也许恨不得快些离开。

15

我们现在就把一件事说清楚吧，好不好？世上没有点子仓库，没有故事中心，也没有畅销书埋藏岛；好故事点子真的来自乌有乡，凭空朝你飞过来：两个之前毫不相关的主意碰到一起，青天白日里就产生出新东西。你的工作并不是找到这些主意，而是在它们出现时，能够认出它们来。

这个主意出现那一天——我的第一个真正好故事点子凭空向我飞来的那天，我妈说她再有六本积点礼券①，就可以换到一盏台灯。她想把台灯当作圣诞礼物送给姐姐莫丽，可她觉得时间不够，攒不了那么多券。"我猜只好等到她过生日再送了，"她说，"这些小破券总是看起来挺多，贴到本子上又没多少。"她说完瞥了她一眼，伸伸舌头。我突然发现她的舌头变成了 S&H 那种绿色。我当时想，如果能在自家地下室里做出这种倒霉的礼券，那该多好。就在那一刹那，一个叫做《欢乐礼券》的故事诞生了。伪造绿色礼券这个点子，加上我妈妈的绿舌头，刹那间催生出这么一个故事。

---

① 这种绿色的兑换礼券由 S&H 公司设计印刷，在一九六〇年代广为散发，消费者在超市等购物结账时，根据消费金额领取一定数量和面值的礼券，积攒下来寄给发券公司，领取相应礼品。

　　我这个故事的主角是你很熟悉的那种典型笨蛋，这家伙名叫罗杰，曾经因为伪造钱币坐过两次牢——他再失手一次就三连败，出局了。可他这次不伪造钱币，而是伪造礼券……可他发现，欢乐礼券的设计太过简单，他根本不是伪造，而是大批量制造真正的礼券。有一幕很搞笑——那可能是我平生写出的第一幕真正像样的场面——罗杰跟他的老妈坐在起居室里，两人眼馋地看着欢乐礼券的商品目录，楼下印刷机在飞转，吐出一堆和真礼券一模一样的兑换礼券。

　　"我的天哪！"妈妈说，"看小字说明，罗杰，用欢乐礼券什么都能换到——你只要告诉他们你想要什么，他们就能算出你得拿多少本礼券来换。瞧啊，我们只要有六七百万本欢乐礼券，就能换套郊区房子！"

　　但是罗杰发现，礼券毫无问题，那胶水有缺陷。你如果用舌头舔湿礼券，将礼券粘到本子上，那没问题。但是你如果用机械刷弄湿礼券，粉红色的欢乐礼券就会变成蓝色。在故事的最后，罗杰站在地下室的镜子前。他身后的桌子上摆着大约九十本欢乐礼券册，每一本上都贴满他挨个舔过的礼券。我们的主角嘴唇呈粉色。他伸出舌头，舌头粉得更厉害。牙都变成粉色。楼梯上传来妈妈欢快的声音，妈妈说她刚跟特里浩特的欢乐礼券全国兑换中心通过电话。那位太太在电话里说，拿出一千一百六十万本欢乐礼券，就能在威斯顿换得一套相当不错的都铎式房子。

　　"那很好啊，妈妈。"罗杰说。他又朝镜子里的自己看了一阵，双唇粉红，眼神沮丧。随后他慢慢回到桌前。他身后的地下室储物箱里塞着上亿张欢乐礼券。我们的主角慢慢打开一本崭新的礼券簿，开始一张张舔礼券，再把它们贴到薄子上去。故事结束时，他这么想，他们再有一千一百六十万本礼券，妈妈就能得到都铎式房子了。

这故事有两个毛病（最大的破绽大概是罗杰居然没想到换种胶水）。但故事很妙，相当具有原创性。我知道自己写得不错。我颇花了些时间参考自己那本破旧的《作家文摘》，研究市场，之后把《欢乐礼券》寄给《阿尔弗雷德·希区柯克推理故事集刊》。三个星期后，稿子被退回来，附带一张退稿条。纸条上印有阿尔弗雷德·希区柯克特征鲜明的红色侧面像，还印着祝我的故事好运，底部有人手写的一句话，但这句话后面没有署名。那是我在连续八年向这份杂志投稿以来得到的唯一笔复。附言写的是："勿将手稿装订，正确投稿方式是散页加曲别针。"这建议冷冰冰，我想，但挺有用。自那以后，我再也没有装订过一份手稿。

16

在我们位于德翰姆的家里，我的房间在顶楼的斜屋檐下面。我睡的床就在屋檐下面，我如果猛地坐起来，肯定会把脑袋撞得生疼。我就着一盏弯脖子台灯阅读，台灯的长脖子在天花板上投射出大蟒蛇一样的影子，挺好玩的。有时候，整幢房里很安静，我只能听到炉火的嘶嘶声，还有阁楼里老鼠的动静。有时候，我外婆在半夜会连续喊上一个钟头，叫人去看看迪克——她担心迪克没人喂，迪克是她早年在学校教书时养过的一匹马，死了至少有四十年。房间另外一边屋檐下是我的书桌，皇家旧打字机，和一百来本简装书，大多是科幻小说。我把书排成一排，摆在护壁板旁边。桌面上摆了一本《圣经》，那是我参加卫理公会教派少年团背赞美诗赢的；还有一台韦伯科牌的留声机，它能自动换片，立在柔软的绿色天鹅绒上。我用留声机听唱片，听的基本都是猫王、查克·贝瑞，还有法茨·多米诺。我喜欢法茨，他懂得摇滚，你听得出他很享受音乐。

我收到《希区柯克》的退稿条以后，在墙上留声机上面的位置敲了个钉子。然后我在退稿条上写了"欢乐礼券"几个字，把条子挂到钉子上。随后我就坐在床上听法茨唱《我准备好了》。事实上我感觉很不错。你年纪还小、脸上无毛可刮时，乐观面对失败是最正确的反应。

我到十四岁的时候（我不管需要不需要，每周刮两次脸），墙上的钉子已经承受不了更多退稿信的重量。我换了个大钉子，继续写。我到十六岁的时候，已经开始收到手写的退稿信，内容比"勿装订，用曲别针"之类的建议更令人鼓舞。第一个让我感到有希望的条子来自阿尔吉斯·巴德瑞斯，他当时是《奇幻与科幻》的编辑。他读了我写的一个题为《老虎之夜》的故事之后（我想，故事的灵感多半来自《亡命天涯》连续剧的某一集，男主角理查德·金宝博士在剧集里的动物园或者马戏团打工，负责清理兽笼），写道："故事不错。不适合我们，但确实不错。你有天分。继续来稿。"

短短四句话，钢笔写的，字迹非常潦草，字尾还拖着大团墨渍。但这四句话照亮了我十六岁那年阴霾的冬天。过了十年左右，我已经卖出几部小说，在一个旧手稿堆里发现了《老虎之夜》的稿子，觉得这仍然算得是一篇不失水准的故事，尽管显然出自一个初出茅庐的新人之手。我重写了这个故事，兴之所至，又重新把它寄给《奇幻与科幻》。他们这次买了这篇故事。我注意到一件事，那就是你取得了一点成功之后，一般杂志就很少对你说"不适合我们"这样的话了。

17

我哥哥比同班同学小一岁，但觉得中学很乏味。这跟他的智力有一定关系——戴维接受过智商测验，得分大概是一百五十或者一百六十——可我觉得这主要还是因为他天生不安分。对戴维来说，高中显然不够超强——没有炮，没有嘭，不好玩。他解决了这个问题，至少暂时解决了问题。他办了一份报纸，将其取名为《戴维小报》。

《小报》的编辑部就在我们家地下室的一张桌子上，地下室里尘土满地，石头为墙，蛛网遍布。桌子就摆在炉子以北、地窖以东的地方。地窖里储存着克莱特舅舅和艾拉姨妈送来的无数果酱和蔬菜罐头。《小报》是家庭时事通讯和小镇新闻的怪异组合，双周刊。有时候是月刊，如果戴维一时兴趣旁落的话（他可能忙着做枫糖，酿苹果酒，造火箭或者改装车。这只是试举其一二）。我当时不能理解关于这份小报的一些笑话，比如说，戴维的小报这个月来得晚了一点；还有：我们不该打扰戴维，因为他在地下室里，一月一回那事又来了。

小报的发行量在笑话和较真中渐渐从每期五份左右（卖给附近的亲戚）上升到五六十份，我们的亲戚，小镇上我们邻居的亲戚（德翰姆在一九六二年的人口大概是九百左右）都热切期待每期新报纸问世。小报刊登的是查利·哈灵顿的断腿如何逐渐恢复健康，谁会到西德翰姆的卫理公会教堂来登台演讲，金家为防井水干涸二子从城里水泵抬了多少桶水灌进屋后井里（当然这井每年夏天他妈的照干不误，我们灌多少水进去都没用），谁会到卫理公会拐角处的布朗或者霍尔家，谁家有望迎接亲戚来访，诸如此类。戴维还把体育、游戏、天气预报（"最近持续干旱，但本地农民哈罗德·戴维斯说我们到八月如果还等不到至少一场好雨，他将面带微笑，去亲吻一头猪"）、菜谱、小说连载（这个由我写）等内容放进小报上。还有"戴维的笑话与幽默"专栏。里面的段子大多是这样子：

斯坦："海狸对橡树说什么？"

珍："很高兴咬到你。"

第一个垮掉派小子："怎么去卡耐基音乐厅？"

第二个垮掉派："狠练，小子，狠练吧你就。"

《小报》创刊的头一年，印油是紫色的——小报是在一块胶状板上印出来的，那东西叫胶版誊写机。没过多久，我哥哥就认定这个胶版誊写机拖了他的后腿。他觉得这样干起来太慢。戴维还是个穿短裤的小孩那会儿，就讨厌遇到阻碍，被迫停下。我妈的男朋友米尔特（"性情挺可爱，就是脑子不大灵。"我妈把他蹬了几个月后，有天这么跟我说）每次碰到塞车或者红灯，戴维总会从米尔特那辆别克车的后座上探起身来，大叫："开过去！米尔特叔叔！超过去！"

他长成个十几岁的愣头小子，待在一旁，等着胶版誊写机

"复原",印下面一页(机器未"复原"时印出来的字会溶成紫不拉叽的一团,粘在胶版上,就像海牛的影子),不耐烦得简直要发疯。还有,他迫切想往报纸上印照片。他拍照技术很不错,到十六岁开始自己洗照片。他在壁橱里整出个暗房,在那个充满化学物质臭味的小空间里洗出不少清晰度和构图都惊人高超的照片(《调节器》^① 的封底照片,就是我拿着刊登自己第一篇小说的杂志的那张,就是戴维用他的老柯达相机拍摄,然后在壁橱暗房里洗出来的)。

除了以上问题,这种胶版底盘上还很容易长出一团一团孢子样的东西来,搞得我家地下室里的气味更难闻了,我们兄弟干完一天的印刷活之后,不管怎么细心清理那个该死又慢吞吞的机器都没用。有时候,星期一看起来还很正常的地方,到周末就变成 H.P. 洛夫克拉夫特^② 的恐怖小说描述的光景。

戴维在高中所在地布朗斯维克镇上发现有家店卖一种小滚筒印刷机。这东西能用,但颇为勉强。你得先从当地一家办公用品商店花十九美分一张买来蜡纸,把文字先打在蜡纸上——我哥哥管这活叫"切蜡纸"。这活通常由我来干,因为我打字很少出错。然后把蜡纸装在印刷滚筒上,再抹上一层世上最难闻、最恶心的油墨。接着就可以开工了——摇滚筒,一直摇到你的胳膊快掉下来。我们有了这东西,两个晚上就干完了以前一个礼拜才能干完的活。况且这滚筒印刷机虽然脏,看起来却不会像是染了什么绝症。就这样,《戴维小报》进入短暂的黄金期。

---

① 斯蒂芬·金于一九九六年出版的小说。
② 洛夫克拉夫特(1890—1937),美国科幻恐怖小说作家,作品深受小众追捧。

18

我对印刷工序不大感兴趣，对冲胶卷洗照片这套神奇活计
也没什么兴趣。我也不大喜欢往汽车上装赫斯特变速杆①、做苹
果酒，或者配种燃料出来，看这种燃料能不能把塑料火箭送到
大气层外面去（通常火箭连飞到屋顶上都难）。在一九五八年到
一九六六年间，我最感兴趣的东西是电影。

在五六十年代，这个地区只有两家电影院，两家电影院都在
路易斯顿。帝国影院是首轮影院，放迪士尼动画片、《圣经》史
诗片和音乐片——一大群油头粉面的家伙在宽银幕上唱歌跳舞。
我如果能搭到车就去看——有电影看？当然不能错过——但我并
不特别喜欢这些片子。这些片子太乏味太健康，故事都不出所
料。我看《天生一对》②时，特别希望里面的哈里·弥尔斯能碰
上《黑板丛林》③里的维克·莫罗。上帝在上，那样的故事还有点
劲。我觉得维克的弹簧刀和锐利目光能让哈里那些微不足道的家
庭问题变得合情合理一点。晚上，我躺在屋檐下的床上，听着风
吹过树梢，或者老鼠在阁楼里窸窣作响，梦见的决不是《泰米和
单身汉》④里演泰米的戴比·雷诺兹，也不是桑德拉·迪演的《吉
洁特》⑤，而是《致命水蛭》⑥里的伊薇特·维克斯，或者是《痴呆

---

① 这里斯蒂芬·金把变速杆的牌子拼成了Hearst。事实上没有一个汽车配件生产商叫Hearst，
只有Hurst。Hearst是一位传媒大亨的姓氏。由此可见作者确实对改装汽车没兴趣。
② 一九六一年的电影，描述一对双胞胎姐妹分别被离异父母抚养长大后偶遇的故事。
一九九八年重拍。
③ 一九五八年的电影，讲了师生对抗的故事。
④ 一九五七年的电影，讲的是护士泰米护理一位坠机的年轻富有的飞行员恢复健康的故事。
⑤ 一九五九年的电影，讲的是少女吉洁特在某一个夏天学冲浪、陷入初恋的故事。
⑥ 一九五九年的一部科幻恐怖片。

症》①里的露安娜·安德斯。我才不要甜蜜蜜，不要积极向上，不要白雪公主和七个见鬼的小矮人呢。十三岁的我想要吞掉整个城市的怪兽，大海里冒出来的能把冲浪者吃掉的放射性活僵尸，还有穿黑色胸衣、看上去像低贱女流氓的姑娘。

恐怖片、科幻片，讲少年拉帮结伙、在外头晃荡的片子，骑摩托车的倒霉小流氓的故事，这样的电影最让我来劲。在里斯本大街北头的帝国影院里肯定看不到这些，得去南头的里茨影院。影院夹在几家当铺中间，距离路易服装店不远。一九六四年，我就在那家服装店里买到我的第一双披头士尖头靴子。从我家到里茨影院有十四英里②。从一九五八年到我终于拿到驾照的一九六六年，我几乎每个周末都搭便车去那里。我有时候跟朋友克里斯·切斯利一起去，有时候一个人去。反正，我只要不生病或者遇到别的意外情况，就总去看电影。我就是在里茨看到了汤姆·泰隆演的《我嫁给了外星怪物》③，克莱尔·布鲁姆和茱丽·哈里斯演的《鬼宅》④，还有彼得·芳达和南希·西纳特拉合演的《野天使》⑤。我看到奥丽维亚·德·哈薇兰在《笼中淑女》⑥里面拿刀子似的物什把詹姆斯·卡恩的眼睛剜了出来，看到约瑟夫·考顿《最毒妇人心》⑦里死而复生，也曾屏息静气（还怀着颇浓厚的"性趣"）地等着看《女巨人复仇记》⑧里的艾丽森·海耶丝会不会一直长大，直到身上的衣服全被撑破。你在里茨可以

---

① 一九六三年的一部恐怖片。弗朗西斯·福特·科波拉导演。
② 约合二十二公里。
③ 一九五八年的科幻电影。
④ 一九六三年的一部鬼片。
⑤ 一九六六年拍摄的动作片。
⑥⑦ 一九六四年拍摄的惊悚片。
⑧ 一九五八年的科幻片。

得到生活中的一切好东西……或者说可能得到，只要你坐在第三排，专心地看，并且没有在不该眨眼时眨眼睛。

我和克里斯几乎喜欢所有的恐怖电影，最喜欢美国国际电影公司的一系列片子。那些片子多数由罗杰·考曼导演，片名多半抄袭埃德加·爱伦·坡。我没说那些电影改编自埃德加·爱伦·坡的作品，因为它们中的多半其实跟爱伦·坡的诗歌和小说没什么关系（《乌鸦》是一部喜剧片——真的，不骗你）。但其中最好的几部——《鬼宅》《蠕虫征服者》《红死魔的面具》——都很不一般，看得人毛骨悚然，身临其境。我和克里斯给这些电影分门别类，再给每类电影起个名字。西部片，爱情片，战争片……还有坡式片。

"想星期六下午搭车去看电影吗？"克里斯常常会问，"里茨。"

"演什么？"

"一部摩托片，还有一部坡式片。"他会这么说。这两部片子太合我的口味了。布鲁斯·德恩骑辆哈雷摩托发飙，文森特·普莱斯在茫茫大海边一座闹鬼的城堡里发飙：人生夫复何求啊？如果运气真叫壮，还可以看到海泽尔·考尔特穿件低胸蕾丝睡衣走来走去。

在所有这些坡式电影里，影响我和克里斯最深的是《陷坑与钟摆》。这部电影的编剧是理查德·马瑟森，这是部宽银幕彩色电影。在这部电影问世的一九六一年，彩色恐怖电影还难得一见。《陷坑》把许多标准哥特成分放到一起，成了一部与众不同的电影。这可能是乔治·罗米洛《活死人之夜》问世之前最后一部真正了不起的室内恐怖电影。《活死人之夜》这部厉害的独立制作影片一出现就彻底改变了一切（极少数东西变好了，但多数东西大不如前）。《陷坑》中最好的一幕——看得我和克里斯呆坐在椅子上——讲的是约翰·克尔在挖一座城堡的墙，结果发现了妹妹的尸体，妹妹很明显是被活埋在墙里的。我永远也忘不了那具尸体的特写镜头。那个镜头是透过红色滤光镜拍的，镜头把那张脸拉长变形，画面好像在无声地尖叫。

那天晚上，在我们搭车回家的长路上（如果一时没有车肯载我们，我们很可能要走上四五英里，不到深夜回不了家），我有了个极妙的主意：我可以把《陷坑与钟摆》写成书！可以把它写成小说！君王出版社改编了那么多不朽的电影经典，比如《开膛手杰克》《哥尔格》，还有《刚加》。我不但打算重述这部杰作，还打算把它印出来，就用我们家地下室里的滚筒印刷机。然后我把书拿到学校去卖！哇噻！咔——炮！

我想到做到，立即付诸行动，两天之内就把《陷坑与钟摆》"小说版"制作完成。我做得很用心，很细致。我的这种性格后来广为批评家所称道。我直接把故事写在印刷蜡纸上。这本特殊的杰作没有一份流传至今（至少据我所知是这样）。我记得这书有八页，每页都是单倍行距，我把段落之间的距离也缩到最小（每张蜡纸要十九美分呢，记得吧）。我硬把纸张两面都印上字，让这东西就像真正的书。我还加了一页封面，在封面上画了个象征性的钟摆，钟摆滴着一个个小黑墨点。我希望那些小墨点像鲜血。我在最后一刻突然想到，我忘记标明出版社了。我大概兴致勃勃地考虑了半小时左右，随后在封面页右上角打上"VIB出版"。VIB代表的是"非常重要的书"。

我一口气印了大约四十本《陷坑与钟摆》。我太过兴奋，丝毫没有想过我这么做违反了有史以来一切有关抄袭和版权的规定。我的精力完全集中在一件事上：我算计这书如果在学校里一炮打响我能赚多少钱。蜡纸已经花了我一块七毛一（我用一整张蜡纸来印封面实在是浪费；我尽管不大开心，还是认为要想东西拿得出手，得有点老派头），纸张又花了我大概两毛钱，订书针没花钱，是我从我哥那儿蹭来的（往杂志投稿可能得用曲别针固定，但这可是本书啊，这是大场面）。我想了一阵之后，给 VIB 第一号出版物《陷坑与钟摆》定价二十五美分。我想我大概可以卖掉十本（我妈肯定会买一本，帮我开个张；我总归可以信得过她），那样我就能得两块五，有四毛钱的赚头，这笔钱足以资助我再去里茨参观学习一次。书如果能再卖出去两本，我还可以买一大袋爆米花和一杯可乐。

结果《陷坑与钟摆》成了我的第一本畅销书。我把印出来的书全都装进书包，带到了学校（一九六一年，我在德翰姆新建的四间教室的小学校念八年级）。到当天中午，我已经卖出了二十四本。午饭休息结束后，大伙都在传说那位女士如何被埋在墙里（"他们满怀恐惧地盯着她指尖露出的白骨，看出她临死前还在疯狂地抓墙，想逃出去"），这时我已经卖出去三打书。我书包底沉甸甸的零钱总计九美元（那个包是"酷爸爸"的德翰姆版，热爱流行音乐的我在包上小心抄满《狮王今夜沉睡》[①]的歌词）。我像做梦一样走来走去，不能相信我竟然突然暴富，我以前想都没想过我能有这么多钱。这一切太美妙了，很不

[①] 这首一九六一年的热门歌曲后来有许多新的演唱版本，其中最著名的是迪士尼动画片《狮子王》选曲。

真实。

　　果然好景不长。两点钟放学时，我被叫到校长办公室，希斯勒小姐对我说，我不能把学校变成市场，尤其卖的还是《陷坑与钟摆》这种垃圾。她的反应没让我很吃惊。我以前在卫理公会拐角那所只有一间教室的小学念五六年级时，她就是我的老师。她那时候抓到我在读一本很刺激的所谓"少年骚乱"小说（《安波伊拳头帮》①，作者是欧文·舒尔曼），把书给没收了。这次的情况差不多。我恨透了自己，竟然没能预见到这么个结果。那年头，我们管办蠢事的家伙叫"呆伯"（缅因方言把这个词念作"呆八"）。我这次算是呆八大了。

　　"斯蒂威，我想不通，"她说，"首先，你为什么要写这种垃圾东西？你有天分。你为什么要浪费自己的天分呢？"她卷起一册 VIB 第一号新书朝我挥舞，就像你家里小狗不乖，尿在地毯上，你拿一卷报纸朝它挥舞那样。她等着我回答。替她说句公道话，她不完全是为了加强效果才说反问句的，她可能真想问个明白。可我无言以对。我很羞愧。在那以后，我又有好多年——我觉得太久了——为自己写的东西感到羞愧。我想，我直到四十岁时才想明白，几乎每一个哪怕只出版过一行字的小说家或者诗人都曾经被人指责，被人说他或者她是在浪费上帝赋予的天分。你如果写作（或者画画、跳舞、雕塑、唱歌，我猜都一样），总会有人想让你觉得自己很差劲，仅此而已。我这并不是写编者按，发表主观意见。我纯粹是根据自己观察讲事实而已。

_____

① 一九四〇年代一部描述纽约底层少年结伙作乱的小说，是最早描写这种少年团伙的作品之一，写得非常直率，涉及暴力和情色描写，为当时的美国中产阶级文化所不容。

希斯勒小姐让我把钱还给大家。我没有争辩，照办了，不过有些小孩（有不少人呢，我得高兴地说）坚持要保留他们的VIB一号书。我这生意最后赔了本，但是在暑假的时候，我又写了本新故事，印了四打。这个故事是我原创的，名叫《星际生物入侵》。这书卖得只剩四五本。我想把两次算在一起，我算是赢了，至少赚了钱。但是我心里仍然感到羞愧。我总能听到希斯勒小姐在问，我为什么要浪费自己的天分，为什么要浪费时间，为什么要写这种垃圾。

19

给《戴维小报》写连载故事挺好玩，不过我觉得其他那些采编工作很没劲。尽管如此，我干过报纸这消息还是传了开来。我在里斯本高中上二年级时，成了我们校报《鼓》的编辑。我根本不记得这差事是不是我自己选择的，我很可能只是得到任命而已。我的副手丹尼·艾蒙德对报纸的兴趣还不如我。丹尼唯一喜欢的就是，我们做报纸的那个四号房间靠近女生厕所。"我总有一天会发起狂，破门而入，斯蒂夫，"他不止一次这么对我说，"冲啊，冲啊，冲进去。"有一次，他也许是为了替自己辩护，他又加了一句："学校里最漂亮的姑娘在那里头都会把裙子掀起来呢。"我觉得这说法大蠢特蠢，乃至可能是明智之言，就像禅宗的偈语，或者约翰·厄普代克早期的小说。

《鼓》并没有在我的编辑之下发扬光大。我在那时候乃至现在都有种习惯，一阵子过得特别闲散，接下来的一阵子又像工作狂一样大干不止。在一九六三年到一九六四学年度，《鼓》只出版了一期，但这一期厚得出奇，比里斯本城的电话簿还厚。有天晚上，我实在是烦死了什么班级报告、拉拉队新动向这种傻消息，还有那些个使劲写校园诗歌的笨蛋，于是利用本该给《鼓》写图片说明的工夫，创办了一份我自己的讽刺校报。最后弄出来一份四页小报，我将这份报纸命名为《乡村呕吐》[①]。我在左上角报眼位置写的办报宗旨不是"刊登一切适合印刷的新闻"，而是"是屎就要臭"。这件愚蠢的幽默之作给我招来了我高中生涯里唯一一次真正的麻烦。但它也带我去上了平生最有用的一堂写作课。

我采用了《疯癫》[②]杂志典型的风格（"什么？我操心？"），往《呕吐》里面填满了虚构的段子，主角都是里斯本高中的教职员工，我只不过给他们取了学生一眼就能认出的假名。大教室学监雷派克小姐变成了老鼠会小姐[③]；教高级英语的里克先生（他也是教职员里最为彬彬有礼的一位——跟《彼得·古恩》[④]里头的克莱格·斯蒂文斯颇有几分相似）叫"牛人"，因为里克奶场是他们家的产业；而教地理的蒂尔老师就是"老奸蒂尔"。

我和所有的高中生幽默家一样，被自己的聪明机智冲昏了头。瞧我多会搞笑！简直就是H.L.门肯[⑤]再世！我必须把《呕吐》带到学校，拿给所有的朋友看！他们肯定会齐刷刷笑

---

① 《乡村呕吐》这个名字显然是在戏仿美国著名的知识分子周报《乡村之声》。

② 美国发行时间最长的一份幽默杂志。

③ Rat Pack跟Raypach（雷派克）谐音，老鼠会是一九五〇至——一九六〇年代一帮艺人的名号，这帮艺人以汉弗莱·鲍嘉为首，成员有歌手弗兰克·辛纳屈等。

④ 流行于一九五〇年代晚期的一部电视连续剧。克莱格·斯蒂文斯饰演的彼得·古恩是位私家侦探。

⑤ 门肯（1880—1956），美国著名记者，散文和讽刺文学作家，杂志编辑。

岔气!

他们确实齐刷刷笑岔了气。我很知道怎么戳到高中生的笑穴，在《乡村呕吐》大胆展示了这功夫。小报里面有一篇文章说，牛人的获奖泽西奶牛在拓扑山集市的牲畜放屁比赛上拿了大奖；另外一篇文章说老奸蒂尔因为把乳猪眼球标本塞到自己鼻孔里被开除。你瞧，就是这种了不起的斯威夫特式幽默。还蛮有深度的，对不对?

后来，我的三个朋友在大教室后排笑得实在厉害，雷派克小姐（你知道，就是老鼠会小姐，伙计）溜到他们身后，看看到底什么东西这么可笑。她没收了《乡村呕吐》。我也许是过分得意，也许纯粹是幼稚，在《乡村呕吐》上署了名字，封自己为总编加大总管。那天放学时，我在学生生涯中第二次因为自己写的东西被叫进校长办公室。

我这次的麻烦比上次大得多。大多数老师都倾向于对我的戏谑行为网开一面——老奸蒂尔也甘愿放我一马，让猪眼珠子这点事过去算了——但有一位老师不肯。这位老师就是教商务女生班速记和打字的玛吉坦小姐。她是位叫人望而生畏、肃然起敬的老师；玛吉坦老师遵从老式的教学观念，不想做学生的好朋友、心理导师，或者灵感来源。她是来教授商务技术的，希望教学按规矩完成，而这个规矩就是她的规矩。有时候，玛吉坦小姐会要求班上的学生跪到地板上，女学生们的裙摆如果碰不到地毯，就得回家去换衣服。多少眼泪多少哀求都不能让她心软，讲什么道理都不能让她改变世界观。学校所有老师里面，她的留校生名单最长，但在毕业典礼上致开幕词和告别演说的总是她的学生，无一例外，而且她的学生毕业后通常都能找到不错的工作。许多学生敬爱她。可还有一些学生当初讨厌她，很可能多年之后仍然讨厌她。后一种女生管她叫"蛆"玛吉坦，她们无疑是从母亲那里听来了这个名号。在《乡村呕吐》里，我有篇文章的开头是这样："玛吉坦小姐，里斯本人人都亲切地称她为蛆……"

我们的秃头校长希金斯先生（我在《呕吐》中俏皮地称他为老白球）对我说，我写的东西让玛吉坦小姐很伤心，很难过。但是她受的伤害显然不足以令她忘记那句古老的警告经文："申冤在我，我必报应。"希金斯先生说她想让我被勒令休学。

狂野和极端保守主义就像两股发丝一样，被编织在我的性格里。狂野一面的我写下《乡村呕吐》，又把它带到学校里；如今惹麻烦的海德先生①从后门溜走了。于是杰基尔博士掂量，妈妈如果发现我被勒令休学了会怎么看我——想想她那伤心的眼神。我必须把妈妈赶出脑海，还得尽快。我是高二生，比班上大多数同学大一岁，身高六英尺二英寸，是学校最高的男生之一。我使劲强忍着，不让自己在希金斯先生的办公室哭出来——当时，大群的孩子冲进走廊，隔着窗户好奇地看着我们；希金斯先生坐在办公桌后面，我坐在坏孩子的座位上。

最后，玛吉坦小姐终于答应接受正式道歉，罚这个胆敢书面称她为蛆的学生课后留校两周。这够糟糕的，可高中生活哪样不糟呢？你陷在其中，就像被锁在蒸汽浴室的人质。而绝大多数高中生都觉得，学业好像是世上最重要的事。我们直到第二或者第三次参加同学聚会时才开始认识到，当初的一切是多么

---

① 海德先生跟下文出现的杰基尔博士出自英国十九世纪作家斯蒂文森的著名小说《化身博士》，为双重人格中的两面。

荒诞。

一两天之后，我被带进希金斯先生的办公室，站到玛吉坦小姐面前。她僵直地坐在那里，害关节炎的双手合在腿上，灰色的眼睛毫不妥协地瞪着我的脸。我那时意识到，她有什么地方跟我之前遇到的大人都不一样。我没有立即想到不同之处，但是我知道这位老师不会因为你可爱就放过你，你不可能赢得她的欢心。后来，我跟其他坏孩子在留校生大教室里扔纸飞机玩（我发现课后留校也没那么糟糕），才想清楚，她与其他人的不同之处：玛吉坦小姐不喜欢男孩子，她是我平生认识的第一个不喜欢男孩子的女人，一点也不喜欢。

我的道歉是真心诚意的。我觉得玛吉坦小姐是真的被我写的东西伤害了。我疑心她恨我——可能不恨，她可能太忙，顾不上恨我。但是，两年后，我的名字出现在荣誉学生候选名单上时，她作为荣誉会的顾问否决了我。她说，荣誉会不需要"像他这样的"男孩。我现在相信她是对的。一个曾经用毒藤叶子擦屁股的男孩很可能不属于聪明人俱乐部。

打那以后，我再也没有涉足讽刺文学创作。

20

我被从留校教室放出来不到一个礼拜，又被请到校长办公室。我在去的路上心情沉重，想不明白自己这次又惹了什么新官司。

至少这次找我的不是希金斯先生，而是学校的心理导师。他说，他们讨论过我的情况，商议过如何把我那支"不安分的笔"引向建设性的用途。他请教了《里斯本周刊》的编辑约翰·古德先生，发现古德需要一个写体育报道的记者。校方并非坚持要我接受这份工作，但校领导一致认为，这是个好主意。不接这差事就别活了，导师的眼神似乎在说。我当时也许因为害怕，所以才会这样想，但四十年过去了，我仍然觉得自己没看错导师的意思。

我暗自叫苦。我好容易摆脱《戴维小报》，差不多摆脱了《鼓》，结果又来了个《里斯本周刊》。我就像《大河恋》里一辈子被水缠着、不得脱身的诺尔曼·迈克里恩，少年时光算是跟报纸纠缠上了。可是我又能怎么办呢？我又看了导师的眼睛一次，然后说我很高兴去面试。

这位古德不是新英格兰那位著名的幽默作家，也不是《绿叶之火》的作者，但我想他跟上述二位是亲戚。他带着几分戒备和几分兴趣接待了我。他说我们可以尝试相处，如果我愿意的话。

我不是在里斯本高中的管理层办公室了，觉得可以鼓起勇气坦白说话。我对古德先生说我对体育了解得不多。古德说："酒吧里的醉汉都能看懂比赛。你只要愿意，肯定能看明白。"

他给了我一大卷黄纸，让我把稿子用打字机打在黄纸上——我想我到现在可能还留着这些纸呢——然后跟我说稿费是一个单词半美分。这是头一次有人答应给我开稿费。

我交的头两篇稿子写的是同一场篮球比赛，里斯本高中的一个球员在比赛中破了学校得分纪录。一篇稿子直接报道比赛，另外一篇是关于破纪录的罗伯特·兰森的追加报道。比赛结束后第二天，我把两篇稿子拿给古德看，赶星期五出报。他看了那篇比赛报道，做了两处小改动，就把稿子毙了。随后他拿过一支粗黑笔，改我的那篇特稿。

我在里斯本高中剩下的两年里，把该上的英语课都上了，在大学里又修了不少的写作、小说和诗歌课程，但约翰·古德教给我的东西比所有这些课教给我的东西都要多，而且不出十分钟就教完了。我真希望没丢掉那份稿件——我该把它装上框，把所有改动的痕迹全留着——但我还清楚地记得稿子是怎么写的，也记得稿子被古德用他的黑笔改过一遍之后的样子。具体如下：

原稿：

　　昨晚在里斯本高中深受学生喜爱的体育馆里，杰·希尔斯的队友和粉丝都为一位运动员创造校史的精彩表现震惊不已。身材小巧、投篮精准、人送美誉"子弹鲍伯"的鲍伯·兰森一举拿下三十七分。事实如此，你没听错。他动作优雅，速度惊人……还有一种奇怪的谦恭姿态。他像骑士一般超越从朝鲜战争那年起里斯本运动员一直未能有所突破的纪录的过程中，只有两次个人犯规。

修改后的稿子：

　　昨晚在里斯本高中体育馆里，杰·希尔斯的队友和粉丝都为一位运动员创造校史的精彩表现震惊不已。鲍伯·兰森一举拿下三十七分。事实如此，你没听错。他动作优雅，速度惊人……还有一种奇怪的谦恭姿态。在他超越一九五三年以来里斯本球员一直未能有所突破的纪录的过程中，只有两次个人犯规。

他改到"朝鲜战争那年"时停了下来，抬头看我，问道："上次的纪录是哪年创下的？"

我很庆幸自己做了笔记。"一九五三年。"我说。古德咕哝一声，继续工作。他像上面示意的那样改完我的稿子之后，抬起头看看我的脸。我想他大概错把我脸上的表情看成是惊恐了。其实我并不惊恐，只有两种醍醐灌顶的感觉。我想，英语老师为什么从来不这么做呢？这份新稿简直就像生物老师老奸蒂尔桌上的那个人体模型。

"你知道，我只是把不好的部分删掉了，"古德说，"大部分还不错。"

"我知道。"我知道他的话有两层意思：大部分的确还不错——好吧，总之说得过去——还有，他的确只是删除了不好的部分。"我不会再犯了。"

他笑了。"若果真如此，你不需要找工作了。你可以做这行。你能看懂所有的修改标记吗？"

"是的。"我说。

"你写故事时，是在给自己讲故事，"他说，"你修改时，主要工作是拿掉不属于故事的内容。"

我交上头两篇稿子那天，古德还说了些别的很有趣的话。他说：写作时要关上门，改稿时要畅开门。换句话说，你开始写东西时为自己，往后东西就要出门见人了。你一旦有了个故事，把它写好——总之尽力把它写好——它成形之后，就属于所有想要看故事的人。或者想批评它的人。你如果运气好（这是我的想法，不是约翰·古德的，不过我相信他会赞同这种说法），会有很多人喜欢读你的故事，而不是批评它。

21

我读高三那年，全班去华盛顿特区参观了一趟。我回来以后，很快就在里斯本镇的沃伦博纺织厂找了份工作。我并不想干这份工作——活又累又枯燥，肮脏乌黑的厂房就像狄更斯小说里的工厂，俯瞰被污染的安德罗斯科金河——但我需要工资。我母亲在新格洛斯特一家精神病院做清洁工，拿很低的薪水，可她拿定主意让我像哥哥戴维一样去上大学（缅因州立大学一九六六级，优等生）。在我妈看来，教育本身倒是次要的。从德翰姆小学升到里斯本高中，再到奥罗诺念缅因州立大学的这些人属于一个小小的世界，这个世界里的人都是邻里邻居，有事互相照应，用合并线路四方或者六方讲电话聊天——斯蒂克斯威尔镇那时候用的还是那种老式电话线路。而在大世界里，不上大学的小伙子正被派往海外，去打约翰逊先生不宣而战的战争；许多人是躺在棺材里回家的。我妈喜欢林顿的《贫穷之战》（"我打的就是这场战斗。"她有时候会这么说），但不大喜欢他在东南亚做的勾当。有一次我告诉她，我也许应征入伍，到那边去会对我有好处——我说我可以把经历写成书。

"别傻了，斯蒂芬，"她说，"就凭你那点视力，你肯定第一个被子弹打倒。你要是死了就没法写了。"

　　她是当真的，下定了决心，拿定了主意。结果，我申请了奖学金，申请了学生贷款，还得去纺织厂工作。只靠帮《周刊》写写保龄球比赛、肥皂箱赛车^①报道，每星期赚五六块钱显然没法上大学。

　　我这样度过了在里斯本高中的最后几个礼拜：七点起床，七点半上学，两点半上完最后一节课；二点五十八分在沃伦博三楼打卡上班，连续八小时给织物打包，十一点零二分打卡下班，大概十二点一刻到家，吃一碗麦片粥，上床睡觉，第二天一早起床，重复以上日程。我偶尔会值两个班，赶在上学前在我的一九六〇款福特车里睡上一个钟头，然后午餐后的第五和第六节课之间在护士的小房间里睡一觉。

　　暑假一到，事情就容易多了。首先，我被分到地下室的印染车间，那里比上头要凉快三十度。我的工作是把麦尔登呢料样品染成紫色或者深蓝色。我想象新英格兰有些人家的壁橱里放着我诚心染就的外套。那算不上是我度过的最美好的夏天，但我还是小心翼翼，最终没让机器吞掉，手指也没被加工待染布料的重型缝纫机缝到一起。

　　七月四日国庆节那个礼拜，工厂停工。在沃伦博工作五年以上的员工带薪休假，工作不满五年的工人可以参加工厂的彻底大扫除。工人从上到下无所不扫，还要把四五十年没人动过的地下室也扫干净。我很可能已经同意参加大扫除了——倍半工资呢——但所有的活都被人揽下了，轮不到我们这些高中生，反正我们这些学生九月一到就全走光了。休息日结束后，

---

① 美国流行的一种无驱动赛车游戏，赛车完全靠重力推进。

我回去上工时，印染车间的一个工友对我说，我真该在现场，简直太热闹了。"地下室里的老鼠个头像猫那么大，"他说，"还有的啊，妈的，简直有狗那么大。"

狗那么大的老鼠！哇噻！

在我大学最后一个学期快结束时的一天，期终考试结束了，一切都乱糟糟的，我想起那个印染工友讲的车间下面老鼠的故事——猫那么大，妈的，有的简直有狗那么大——我开始动笔写一个故事，题目叫《墓地轮班》。我当时只是想在那么一个晚春的下午找点事做，但是两个月之后，《骑士》杂志出两百美元买了这个故事。我在那之前卖出过两个故事，但两个故事加在一起才给我挣了六十五美元。我如今一下子就赚了三倍的钱。我高兴坏了，乐晕了。我有钱了。

22

一九六九年夏天，我得到一个在缅因州立大学图书馆勤工俭学的机会。那个夏天既美妙又恶劣。那时尼克松在越南实行停战计划，具体行动就是把东南亚全部炸成狗粮一样的碎片。"见见新老板，""谁人"乐队唱道，"跟旧老板一样。"尤金·麦卡锡①正在专心写诗。快乐的嬉皮士穿着喇叭裤，T恤衫上印着"杀戮为和平如同乱搞求贞洁"之类的反战标语。我留着很帅的连鬓络腮胡子。克里丹斯清水复兴乐队②唱着《绿河》——姑娘赤着

---

① 尤金·麦卡锡（1916—2005），美国参议员、众议员，反对越南战争，以在各州民主党总统预选中向约翰逊总统挑战闻名，后败于参议员R.肯尼迪。
② 大家更熟悉这支乐队名字的缩写CCR。

脚，在月光下舞蹈——肯尼·罗杰斯在"初版"乐队。马丁·路德·金和罗伯特·肯尼迪都死了，但詹妮丝·乔普林、吉姆·莫里森、"熊"鲍伯·海特、吉米·亨德里克斯、凯丝·艾略特、约翰·列侬，还有猫王艾尔维斯·普雷斯利[①]都还活着，在做音乐。我当时住在学校附近艾德·普莱斯的出租房里（每周五美元，一次换洗床单的费用包括在内）。人类已经登上月球，我也上了系里的优等生名单。生活是奇迹连连，妙事不断。

那年六月底的一天，我们这帮蹲图书馆的小子在学校书店后面的草坪上吃午饭。一个不错的妞儿坐在保罗·希尔瓦和艾迪·马什中间，她染着红头发，笑得很放肆，一双我平生见过最漂亮的长腿撑在一条黄色短裙下面。她拿着艾尔德里奇·克里佛写的《冰上的灵魂》。我从没在图书馆见过她，我不相信女大学生能发出那样美妙、无所畏惧的笑声。况且，她也许喜欢读书，但满口骂人话，更像个纺织工人而不是女学生（我做过纺织工，对这事有发言权）。她的名字叫塔碧莎·斯普鲁斯。一年半以后，我们结了婚。我们现在仍然在一起。我始终不曾忘记，我初次见到她时，以为她是艾迪·马什在城里的女朋友。也许是当地披萨连锁店里一个爱读书的女招待，那天下午不用上班。

23

婚姻很成功。我们的婚姻长过世界上所有领导人的婚姻，除了卡斯特罗。而且，我们只要继续谈天、争吵、做爱，跟着

[①] 以上提到的都是摇滚音乐家。猫王、乔普林和亨德里克斯死于吸毒过量，莫里森自杀身亡，列侬被枪杀，艾略特于一九七四年、海特于一九八一年分别死于心脏病发作。

雷蒙的音乐跳舞——噶巴嘎巴嘿——这桩婚姻可能还会继续下去。我们的宗教背景不同，但塔碧莎是个女权分子，一向对男人说了算（还有上帝指示做爱永远不戴套）、女人洗内裤的天主教不那么狂热。而我虽然信仰上帝，却从不参加有组织的宗教活动。我们都来自工人阶级家庭。两人都吃肉，在政治上都是民主党派，都有点像典型的北佬，总有点怀疑新英格兰以外的生活。我们性生活和谐，天生喜欢一夫一妻。但两人之间最结实的纽带是词句、语言，以及我们一生的工作。

我们是在图书馆工作时认识的，我爱上她是在一九六九年一次诗会上，当时我读大四，她读大三。我爱上她部分是因为我理解她当时作品的意义。我爱上她更是因为她理解自己当时的作品。我爱上她还因为她当时穿了一件性感的黑色连衣裙，还穿黑色丝袜，系吊袜带。

我不想把我这一代人说得太不堪（我其实想说，我们本来有机会改变世界，却选择了家庭购物网），但我当时认识的那群学生作家有一种共同观点：好的作品是自发的，是一种情感的迸发，必须立刻把它捕捉住；你在建筑如此重要的通往天堂的阶梯时，不能只是手持大锤站在那里。"诗艺"在一九六九年的最好表述大概是多诺文·里奇唱的一首歌，歌词是"先有一座山 / 后来没有山 / 后来又有一座山"。所谓的诗人生活在一个带有托尔金 ① 气息的清纯世界里，从以太虚空捕捉诗歌。大家的认识很一致：严肃艺术来自……就在那儿！作家都是速记员，记下神灵的语言。我不想令当时的朋友感到尴尬，所以虚构了一

---

① 托尔金（1892—1973），英国魔幻小说大师，《魔戒》的作者。

首诗，作为表现我们当时所谓文学的范例。我把好多人的诗句
拼在一起，凑出了这么一首：

> 我闭上眼睛
>
> 在黑暗中我看见
>
> 洛丹①　　　兰波
>
> 在黑暗中
>
> 我吞下
>
> 孤独的布
>
> 乌鸦我在这里
>
> 渡鸦我在这里②

　　你如果问这位诗人这首诗到底是什么意思，你得到的很可
能是鄙视的白眼。大多数人可能会选择不安地沉默。诗人当然
不能告诉你创作的过程，这个并不重要。你如果继续追问，他
或者她也许会说根本没什么过程可言，只有情感的喷涌：先有
一座山，后来没有山，后来又有一座山。大家如果对"孤独"
这种常用词理解一致，可能会认为这么产生出来的诗歌太多愁
善感——但是，嘿，伙计，那又怎样，扔掉那些过时的废话，
只管去挖掘它的深度好了。我不大认可这种态度（可我当时不
敢这么大声说出来，至少不敢说这么一大篇）。所以我发现那位
穿黑裙子、穿丝袜的美女也不大认可这玩意时，我高兴坏了。

----

① 由出品怪兽哥斯拉系列的日本公司于一九五六年创作的一个怪物形象。
② 这首诗里提到的兰波是法国著名诗人，作品充满奇幻色彩。尾句提到的"渡鸦"是一种
　大乌鸦，美国作家爱伦·坡有一首名诗作以此为题。

她没有立刻站出来表明观点，但她不需要那么做。她的作品替她说出了。

诗歌会的成员在导师吉姆·比肖普家的客厅里每周碰头一次或者两次，其中包括十来个本科生，三四位教职员。大家一起工作，平等交流，气氛非常不错。诗歌会当天，有人在英语系办公室里用打字机把诗歌打出来，油印。诗人朗诵，其余人跟着读油印版。下面是塔碧莎那年秋天写的一首诗：

渐进的圣歌为奥古斯丁作

最瘦的熊在冬天惊醒
被蚱蜢睡着的笑声，
被蜜蜂梦里的叫嚣，
被沙漠的沙尘甜蜜的芬芳惊醒
那是风从她的子宫带来的
带到遥远的山里，带到香柏木的殿宇。

熊听到一句可靠的承诺。
有些词句可以吃，有营养
胜过银盘盛雪
或是金碗溢冰。冰片
出自爱人口中未必尤佳，
沙漠中的梦也不一定是蜃景。
起身的熊唱一曲渐进的圣歌
由沙尘织就

> 沙尘缓慢一转，征服城池。他的颂歌诱惑了
> 一阵过路的风，风往海上去
> 那里有条鱼，困在精心布下的网里，
> 听到熊在雪清凉的芬芳里歌唱

塔碧莎读完之后大家都沉默了。没有人知道该如何回应。仿佛有缆绳从诗中穿过，将一行行诗句扎在一起，诗行紧得似乎行将嗡嗡作响。我觉得这种精妙构辞和狂乱意象的结合既令人兴奋，又发人深省。她的诗还让我感到，并非只有我一个人相信好的文学创作可以既感染人，又启发人。冷若磐石的人如果能够发狂一般地做爱——他们在做爱时如果被你逮个正着，确实会发狂——作家为什么就不可以既发神经又保持理智？

我还喜欢这首诗里的职业道德观，它仿佛在说，写诗（作文，写小说）与扫地的共同之处，与神启的共同之处一样多。在《愤怒的葡萄》里，一个角色大叫："我要飞！我要碰触太阳！"他的妻子回了一句："先把鸡蛋吃了。"

我在塔碧莎朗诵之后的讨论中发现，她理解自己的诗。她明确知道自己想说什么，也把大多数想法说了出来。她作为天主教徒和历史专业学生，很了解圣奥古斯丁（公元三五四年—四三〇年）。奥古斯丁的母亲（也是圣人）是基督徒，父亲不信教。奥古斯丁皈依之前，追求金钱和女色。他皈依之后，继续跟自己的性冲动作斗争，以《浪子的祈祷》著称，其中写道："哦，主啊，让我变得贞洁……不，且慢。"他的作品集中写人类放弃对自我的信仰，转而信仰上帝这个挣扎的过程。他有时候还把自己比作熊。塔碧莎有个习惯，微笑时常会压低下

巴——这让她显得既聪慧又可爱得不得了。我记得她当时就做了这个小动作，说："再说，我喜欢熊。"

这首圣歌之所以是渐进的，也许是因为熊是渐渐觉醒的。熊既强壮又肉感，但这一只却因为违背时令而瘦削。大家请她做详解时，塔碧莎说，在一定意义上，可以把熊理解为人类一种既令人困扰又美妙的习惯，那就是总在错误的时间做正确的梦。这样的梦很麻烦，因为它们不合时宜，却又充满希望，所以很美妙。这首诗还表现出，梦很有力量——熊的梦强到足以诱惑风将他的歌带给一条困在网中的鱼。

我不想争论说《渐进的圣歌》是一首伟大的诗（可我确实认为这诗相当不错）。关键是，这是在歇斯底里时代创作出的一首合情合理的诗，出自一种盘旋在我心底和灵魂深处的写作道德观。

那天晚上，塔碧莎坐在吉姆·比肖普家的一张摇椅上，我坐在她旁边的地板上。她讲话时，我把手放在她小腿上，握住她丝袜里面温暖的肉体弧线。她向我微笑，我报之以微笑。爱情有时候并非偶然。我几乎确信如此。

24

我们结婚三年后有了两个孩子。他们既非计划生育也不是突然袭击的结果；他们来了就来了，我们很高兴有了他们。娜奥米常闹耳朵感染，乔很健康，却似乎从来不睡。塔碧莎生他时，我正跟一个朋友在布鲁尔一家汽车电影院里看电影——当天是阵亡将士纪念日，特辑三片连放，三部都是恐怖片。我们看到第三部（《碎尸者》），喝到第二箱六罐装啤酒时，办公室有个家伙插播一条通知。那时候，汽车电影院里用的是喇叭扬声器。你停车时领一个喇叭，把喇叭挂在车窗上面。于是影院经理的声音响彻整个停车场："斯蒂芬·金，请速回家！你太太临盆待产！斯蒂芬·金，请速回家！你太太要生小孩了！"

我开着我们那辆旧普利茅斯车来到出口时，几百辆车同时鸣笛致敬，以示嘲讽。许多人把车头灯闪了又灭，将我笼罩在明灭的光照里。我的朋友吉米·史密斯哈哈大笑，竟然从副驾驶座位上滑到搁脚的底板上。在我们回班戈去的一路上，他都待在那里，坐在一堆啤酒罐中间嘎嘎笑个不停。我到家时，塔碧莎很冷静，已经收拾好东西。不到三个小时之后，她生下了乔。乔的出世这件事很轻松，可是接下来的五年左右时间里，其他一切跟乔有关的事都不轻松。但他带给我们快乐。他们俩都是，真的。娜奥米撕掉她摇篮上方墙纸（她也许以为自己是在收拾家），乔在我们三福德大街上公寓门廊的柳条摇车座位上拉粑粑时也一样。他们是老天的恩赐。

25

我母亲知道我想当作家（我卧室的墙上有枚钉子，上面挂满退稿单，她怎么会不知道？），但她还是鼓励我去考教师执照："可以有条退路。"

"你可能想结婚，斯蒂芬，但是塞纳河边的阁楼房间只对单身汉才算得上浪漫，"她曾经说过，"在那种地方养家带孩子可不成。"

　　我照她的建议做了，进了缅因州立大学的教育学院，四年之后，带着一张教师执照浮出水面……好比一只金毛猎犬叼着一只死鸭子浮出水面。是死鸭子，没错。我找不到教职，于是去了新富兰克林洗衣房工作，赚的薪水跟我四年前在沃伦博纺织厂赚的薪水差不多。我把家安在一个接一个的阁楼间里，房间俯瞰的并非塞纳河，而是班戈那些不大可爱的街道。星期六凌晨两点钟，总是有巡警的车子出现在那些街道上。

　　我在新富兰克林从来没见过个人衣物，除了保险公司付钱的所谓"火灾洗涤物"（多数火灾洗涤物里面的衣服看起来都还过得去，但闻起来就像烧烤猴子肉）。我塞进去又拖出来的衣物中，比较好的是旅馆的床单，还有缅因州临海餐馆的桌布。那些桌布都脏得叫人恶心。游客在缅因的餐厅吃饭时，一般会点蛤类和龙虾。多半是龙虾。这些摆放过美食的桌布送到我这里来时，都是臭气熏天，爬满了蛆虫。你把桌布往洗衣机里放时，蛆虫会试图顺着你的胳膊往上爬，这些小混账仿佛知道你马上就要活煮了它们。我以为自己过段时间会习惯，可我始终没有习惯。蛆虫是够讨厌的，但腐臭蛤类和龙虾的气味更糟糕。为什么人们这么脏？我往机器里送巴港蚌馆餐厅那些热腾腾的桌布时，常常会想，人们为什么他妈的会这么龌龊？

　　医院送来的床单桌布更糟糕。夏天时，它们同样爬满蛆虫，但这些蛆吃的是血，而不是龙虾肉和蛤汁。那些确定被污染的衣服、床单和枕套都装在一种我们叫"瘟疫袋"的大包里，这袋子遇热水即溶，但人们当时并不认为血能有多大危险。医院送洗的衣物里还常常有些小异物；那些待洗件就像肮脏的爆米花盒子，里面藏有怪异的小奖品。我从一批待洗件里找到过一个钢便盆，从另外一批里找到过一把外科手术剪（便盆没有什么实际用途，但那把见鬼的剪子可是件很有用的厨房用品）。我的工友"洛奇"厄内斯特·洛克威尔从东缅因州医学中心的一批洗件里找到了二十美元，于是中午就打卡下班，喝酒去了。（洛奇管下班时间叫"开溜钟点"。）

我有一次听到我负责的三台洗衣机之一中传出奇怪的声音。我揿了急停键，以为这个倒霉机器是不是有零件掉了。我把洗衣机分袋门一个个打开，从里面拖出一大堆水淋淋的手术病号服和绿色的帽子，把自己弄得全身湿透。结果我发现在中间那个分袋的过滤内袋里散落着的仿佛是一整口的人牙。我一时想到，可以拿这些牙做一条挺别致的项链，随后把它们捞出来，扔进垃圾桶。我太太这些年来已经容忍了我不少，但她的幽默感毕竟有限。

26

从经济角度来看，两个孩子对大学刚毕业的小夫妻来说实在太多了，小两口一个在洗衣房干活，另外一个在唐恩都乐甜甜圈店上中班，勉强维持生计。我们仅有的额外所得是免费赠送的杂志，《绅士》《公子》《亚当》《炫》这些——我姨父奥伦管这些叫做"奶子书"。到一九七二年，这些杂志不仅呈现裸露乳房这么两点，小说也在渐渐淡出，但我很幸运，赶上了末班车。我下班后写作。我们一度住在格鲁弗大街上，离新富兰克林很近。我中午吃饭休息的工夫也会写一点。我的话可能难以被人相信，有点头悬梁锥刺股的意思，但那其实没什么大不了——

我乐在其中。我写的某些故事虽说很阴郁，却让我暂时逃离了老板布鲁克斯先生和工头哈里。

哈里在二战期间跌进衣物搅拌机，失去了双手（他当时在机器上方清扫房梁，不慎跌落），装了一对钩子代替手。这家伙爱搞怪，心底很有喜剧气质，有时候会偷偷溜到浴室里，开冷水冲一边的钩子，开热水冲另外一边的钩子，然后趁你忙着往机器里塞洗涤件时溜到你背后，用两只铁钩子钩住你的脖子。我和洛奇曾经颇费了些时日，琢磨哈里到底怎么完成某些特定的个人清理工作。"这个嘛，"有一天，我跟洛奇在洛奇的车里喝酒当午饭时，洛奇说，"他至少不需要洗手。"

有些时候，尤其是夏天的下午，我吞盐丸时会想，自己无非是在重复母亲的生活。这种想法通常会让我觉得很可笑。但是我如果碰巧很疲惫，或者如果又多出些账单我却没钱付账，我想到这里会很难过。我会想，我们的生活不该这样过。然后我又会想，半个世界的人都会有同样的想法。

从一九七○年八月我收到《墓地轮班》的两百块稿费直到一九七三年至一九七四年的那个冬天，我卖给那些男性杂志故事的所得仅够让我们的生活跟救济站之间，时大时小勉强拉开些距离。我母亲一辈子都是位共和党人，把她对"靠县里吃饭"的深切恐惧传授给了我，塔碧莎对此也多少怀有同样的恐惧。

我对那些日子最深切的记忆是一个星期天的下午。我们那天去德翰姆我妈家度完周末，回到我们在格鲁弗大街的家里。现在想来，要了我妈妈命的癌症应该就是在这段时间开始出现症状的。我还有一张那天的照片。妈妈看起来疲惫又开心，坐在门廊里，腿上抱着乔，娜奥米作坚强状，站在她身边。可是娜奥米到了星期天下午就没那么坚强了。她耳朵发炎，病倒了，发烧，温度很高。

那个夏天下午，我下车往自家公寓艰难行进，那是个低迷的时刻。我抱着娜奥米，拎着满满一袋子婴儿用品（奶瓶、润肤露、尿布、睡衣、内衣、袜子），塔碧莎抱着刚往她身上吐过口水的乔，身后拖着一包脏尿布。我们俩都知道娜奥米需要那种粉红玩意。我们管阿莫西林药水叫粉红玩意。粉红玩意很贵，而我们破产了，完全破产。

我费劲地一手抱着女儿，打开楼下的房门，一边尽力安抚她（她烧得厉害，像块小火炭一样靠在我的胸膛上），然后发现信箱里有个信封露出个头——一封难得的周末来信。小两口信件不多，除了煤气和电力公司，其他人似乎都忘了他们还活在世上。我撕开信封，在心里祈祷不要又是一张账单。的确不是。是我在度臻出版公司的朋友们，《绅士》和许多其他高级成人杂志的出版商。他们寄来支票买我的故事《他们有时回来》。那故事很长，我以为没有人会买。支票面额是五百美元，是我收到的最大一笔钱。我们突然之间有钱去看医生，买一瓶粉红玩意，还可以好好吃一顿周日晚宴。我记得，孩子们一睡着，我和塔碧莎大概就亲热了一番。

我想我们那时候有过不少快乐，也经常担惊受怕。我们自己比孩子大不了多少（俗话是这么说的），亲热帮助我们暂时忘却可恶的赤字。我们尽己所能照顾自己、孩子，还有对方。塔碧莎穿上粉红色制服去唐恩都乐甜甜圈店里上班，要是有醉鬼来店里喝咖啡闹事，她就叫警察。我替汽车旅馆洗床单，坚持写我的单轨恐怖电影。

27

我开始写作《魔女嘉丽》时，已经在附近的翰普顿城有了一份教英语的职位，一年的收入是六千四百美元，跟在洗衣房每小时拿一块四的工资相比，多得简直不可思议。但是，我如果做个算术，仔细把所有课后开会和回家批改作业的时间都算在里头，这工资其实没那么可观，我们的情形比以往更糟了。一九七三年隆冬，我们住在班戈城西小镇荷尔门一幢双倍宽拖车房里（许多年后，《花花公子》采访我的时候，我称荷尔门是"世界的屁眼"。荷尔门居民很愤怒，我在此道个歉。荷尔门其实最多也就是世界的腋窝）。我开着一辆别克车，车的传动系统有问题，可我们没钱修。塔碧莎仍然在唐恩都乐甜甜圈店工作。我们因为付不起电话费，没有装电话。那段时间，塔碧莎试着写忏悔故事（《贞洁妒红颜》这种东西），一开始就收到"这不太适合我们杂志，但欢迎继续来稿"这样的答复。她如果每天能有多那么一两个钟头的时间，也许会有所突破，但常规的二十四个小时已经够她受的了。她也许觉得这种杂志忏悔小说有写作定式（三个R——反叛、堕落，还有救赎①），有点娱乐价值，但这点兴致很快也就消退了。

我也没在写作上取得什么大成就。在男性杂志里，恐怖、科幻和犯罪故事正在逐渐被栩栩如生的色情故事取代。但这只是部分问题，不是全部。更大的麻烦在于，我生平头一次感觉到写作很艰难。问题出在教书上。我喜欢同事，也爱那些孩子——我对

---

① 三个英文单词都是R打头：Rebellion, Ruin, Redemption。

瘟四和大头蛋①这种问题少年出现在真实的英语课堂上也觉得挺有趣——但是到了礼拜五下午，我多半都会感到我的脑子整个星期都像是被电线捆住了。如果说我什么时候对自己想当作家的梦想有过近似绝望的感觉，就是在那段时间。我仿佛看到三十年后的自己，身穿同样的旧呢子外套，肘部打着补丁，Gap牌卡其裤带上耷拉着啤酒肚。我因为抽了太多长红牌香烟，肯定会常年咳嗽，眼镜更厚，头皮屑更多，而我书桌的抽屉里有六七份未完成的手稿。我会不时把稿子拿出来修改修改，通常是在喝了点酒以后。如果有人问我业余时间做什么，我会告诉人家，我在写一本书——任何一个有自尊心的写作老师，业余时间还能做点别的什么？当然了，我还会骗自己，对自己说还有时间，不会太晚，有些作家到五十岁才开始出版书，见鬼，六十岁开始出版书的都有。也许很多人都这样。

我在翰普顿教书的那些年里（暑假还去新富兰克林洗衣房洗床单），我太太起到了非常关键的作用。她如果曾经透露出这样的意思：我在旁德街上出租屋的门廊上，在荷尔门的克拉特路出租拖车屋的洗衣间里花那么多时间写作是浪费工夫，我想我的这份心肯定早就失了大半。可塔碧莎从来没有说过一句怀疑的话。她的支持始终不改，这是我在生活中难得能够坦然接受的一件好礼。我每次看到有人将处女作献给妻子（或者丈夫），总会面露微笑，想：有人了解这种感受。写作是一种孤单的工作。有人相信你对你至关重要。他们不需要发表演讲。通常只要信任你就足够了。

---

① 美国著名卡通形象，是两个无所事事的青春期萌动少年，自作聪明，频闹笑话。

28

　我哥哥戴维上大学时，曾在暑假去母校布朗斯威克高中当门卫。我有一年夏天也在那里干过。我记不清具体是哪年，只记得是在认识塔碧莎以前、开始吸烟以后。算起来大概是我十九或者二十岁时。跟我搭档干活的家伙叫哈里。哈里穿一身绿色军队杂役服，戴一串很长的钥匙链，走路时脚有点跛。（可他有手，不用钩子。）哈里曾在午饭时间给我讲过他在塔拉瓦岛碰到日本军队自杀式进攻的场面。日本军官通通挥舞着麦氏咖啡罐做的军刀，后面的士兵大叫着从灌木丛里朝敌人扔石头，身上全是鸦片味。我那位老伙计哈里还蛮健谈的。

　有一天，我们俩领了个差事，去清理女生浴室墙上的锈渍。我在更衣室里兴头十足地到处乱看，就像个少年不知怎的突然发现自己身处女眷内室。里面跟男生浴室一样，却又完全不同。当然了，没有小便池。瓷砖墙上还多了两个金属盒子——上面没标记，也不是装卫生巾的尺寸。我问哈里这是装什么的。"阴门塞子，"哈里说，"每月那几天里用的。"

　我还注意到淋浴区跟男生更衣室里的淋浴区也不一样，龙头外圈装着铬质 U 形环，上面挂着粉红色的塑料浴帘。也就是说，你可以私密地淋浴。我把这一发现说给哈里听，他耸耸肩说："我猜小姑娘不穿衣服时比小男孩更害羞吧。"

　有一天，我在洗衣房工作时，这段记忆突然浮上心头。我开始构想一个故事的开头：女生们在一间没有 U 形环或粉红浴帘的没有隐私的浴室里淋浴。一个女生突然月经初潮了。可她不知道这是怎么回事，而其他女生，觉得恶心，害怕，或者好笑，开始朝她扔卫生巾。也许是卫生棉塞，就是哈里说的阴门塞子。那个女生发出尖叫。那么多血！她觉得自己要死了，可就在她快失血而亡时，别的女生还在嘲笑她……她反抗……回击……可怎么回击呢？

我几年前在《生活》杂志上读过一篇文章，说有几起闹鬼事件很可能其实是心灵致动现象——心灵致动是指单凭意念就可以使物体移位的能力。那篇文章说有证据表明，年轻人可能有这种能力，尤其是青春早期少女，就在她们第一次——

炮！两个完全不相关的念头碰到一起，少年残酷和心灵致动。我有了个主意。可我没有立刻离开二号洗衣机这个岗位，没有绕着洗衣房乱跑，挥舞双手大叫："尤里卡！"我以前也想到过许多同样好的点子，有的比这个还好。我还是觉得可以以这个点子为基础给《君子》或《花花公子》出篇稿子。我脑袋深处在算计着：《花花公子》给短篇小说的稿酬可以高达两千美元。我可以拿两千美元给那辆别克车买个新的传动装置，再拿剩下的很多钱买日用品。我有一阵子拿不定主意要不要写这个故事，就让这点子留在那么个既非有意识又非潜意识的地方慢慢酝酿着。我开始教书以后，有一天晚上坐下来试着写这故事。第一稿写满三页纸，但我不满意把稿纸团起来扔掉了。

我对自己写出来的东西有四层不满意。首先且最不重要的一点就是，这个故事打动不了我。第二点略微重要一些，那就是我不大喜欢故事的主角。嘉丽·怀特似乎太笨，性格又被动，是个现成的倒霉蛋。其他女生朝她扔卫生棉或卫生巾，唱歌似的叫道："塞住它！堵住它！"而我根本不关心她对此的感受。第三点更重要，我对故事发生的环境，还有全是女生的人物群体不熟悉。我进了女儿国，我单凭几年前闯入高中女生浴室那一次经验，远不能把环境讲清楚。对我来说，写作最好是种亲密切近的状态，像肌肤相亲一样性感十足。可我写《魔女嘉丽》时，仿佛穿了一身甩不掉的湿橡皮衣服。第四点也是最重要的一点就是，我发现我必须把故事写长，才能把它写好，也许比《他们有时回来》还长。可那篇已经是男性杂志能够接受的最大长度了。你得给那些总是忘了穿内裤的拉拉队员的照片留出足够大的空间——男人就是为了那个才去买杂志的。我不愿意浪费两个星期，也许甚至是一个月的时间，写一篇我既不喜欢、也卖不掉的中篇小说。所以我把第一稿扔了。

第二天晚上，我从学校下班回到家，发现塔碧莎拿着那几页稿纸。她在倒垃圾桶时发现了这份稿子，把纸团抹平，把纸上的烟灰拂掉，坐下来读这个故事。她说她想让我继续写。她想知道故事的结局。我告诉她说我对高中女生实在是屁都不懂。她说她会帮我解决这个问题。她压低下巴，用那种可爱得不得了的样子朝我微笑。"你这个故事很有料，"她说，"我真的这么觉得。"

29

我始终没喜欢过嘉丽·怀特，也始终不相信苏·斯奈尔让自己的男朋友去跟嘉丽一起参加毕业舞会是出于好意，但我这个故事确实有料，我一生事业仿佛皆系于此。塔碧莎不知怎的看出了这一点，我写满五十页单倍行距稿纸时，也明白了这点。就说一点吧，我相信任何人只要去过嘉丽·怀特的毕业舞会，就绝不会忘记它。当然，我是说那些活下来的人。

我在《魔女嘉丽》之前写过三部长篇——《怒火》《长路漫漫》和《逃生游戏》，三部后来都出版了。其中最令人不安的是《怒火》，最好的很可能是《逃生游戏》。但这几部小说都不曾教会我在《魔女嘉丽》中学到的东西。我学到的最重要的一点就是，作家对角色的最初认识可能和读者一样是错误的。我紧接着又认识到，仅仅因为创作困难，不论是感情上的原因，还是因为想象力缺乏，就中途放弃一部作品，这样的做法不可取。人有时候就得硬着头皮上，哪怕力不从心，仿佛坐着铲屎，使不上劲。因为你干出来的活儿会可能还不错。

塔碧莎帮了我不少，她提供的第一条信息是，高中校园里的卫生巾盒子通常不是投币式的。校长老师们都不希望姑娘们仅仅因为某天上学时少带了几毛钱硬币，就整天任由裙子黏满血迹地走来走去——我老婆这么告诉我。我也尽力自助，在关于中学生活的记忆里挖掘素材。我的教书工作对这本书毫无意义；我那时候已经二十六岁，而且身处教桌另外一边，立场不对。我记起当初班上最孤僻、挨骂最多的两个女生——回忆她们的样子、举动、得到的待遇。我在职业生涯中难得探索让人如此倒胃口的领域。

我暂且管其中一个女生叫松德拉。她跟母亲住在离我家不远的一所拖车屋里，他们家有一条狗叫车打奶酪。松德拉嗓音很不干净利索，忽高忽低，讲话时总像嗓子眼里堵着一口浓痰。她不胖，但肉看上去很松，很苍白，就像某些蘑菇的下侧。她的头发打着"小孤儿安妮"式的碎卷，贴在长满青春痘的脸颊上。她没有朋友（我猜除了车打奶酪，没有活物跟她好）。有一天，她妈妈雇我去帮忙挪动几件家具的位置。在那间拖车屋的起居室里，占据最大空间的是一座真人大小的被缚十字架上的耶稣像。耶稣眼睛上翻，嘴巴耷拉着，头上的荆棘冕冠下面滴出血来。他全身赤裸，只有一块破布裹在臀部和两腿之间。腰布上方是空瘪的腹部，还有像集中营囚犯一样突出的肋骨。我突然想到，松德拉就是在这位将死之神痛苦的注视之下长大的，这种经历对她长成我看到那副样子起了一点作用：胆怯，不讨喜，被排斥，像只惊恐的小耗子一样在里斯本高中的课堂之间匆匆溜过。

"这是耶稣基督，我的救主，"松德拉的母亲见我盯着看，对我说，"斯蒂夫，你有没有得救呢？"

我赶紧告诉她我得救了，我信基督。可我觉得你再怎么好，这么一位耶稣也绝不会替你说话。痛苦使他失去了理智。你能从他的脸看出这一点。这家伙如果重回人世，不大可能有心救人。

我姑且称另一位姑娘嘟蒂·富兰克林，但女生们都叫她嘟嘟或者杜杜。她的父母只对一件事有热情：参加各种比赛。他们也很擅长比赛，赢过各种奇怪的东西，比如一年免费供应的三钻牌神奇金枪鱼罐头，还有杰克·本尼^①的麦克斯威尔汽车。那辆车停在德翰姆城西南角他们家房子的左侧，渐渐变成当地一景。每隔一两年，当地的报纸——《波特兰先驱报》，路易斯顿的《太阳报》，里斯本《周报》——就会做篇稿子，报道嘟蒂父母参加各种抽奖、买彩票、礼品大放送赢来的那些莫名其妙

---

① 杰克·本尼是当时的一位电视明星，在他出演的系列片中有一辆旧麦克斯威尔汽车。

的破烂，通常还会配张麦克斯威尔汽车或杰克·本尼拿着小提琴的照片，不然就是把两张照片都放上。

不管富兰克林一家赢过什么大奖，里面肯定没有青少年的衣服。嘟蒂和她哥哥比尔在念高中的头一年半时间里，每天穿的都是同一身衣服：哥哥穿的是黑裤子、短袖格子运动衫，妹妹穿的是黑长裙、灰色及膝袜，配一件无袖白上衣。我说"每一天"有些读者可能会以为我夸张了，但是那些在一九五〇到一九六〇年代的乡下小镇长大的人会理解我说的是真的。在我童年时代的德翰姆，生活可没什么色彩。跟我一起上学的小孩，有的好几个月不洗脖子上的灰；有的脸被晒伤之后没有治疗，伤痕久久不退，就像干苹果做的洋娃娃脸，皱巴巴的，挺吓人；有些小孩上学时饭盒里只有几块石头，水壶里除了空气一无所有。那里绝不是什么世外桃源，只是毫无幽默感的穷乡僻壤。

在德翰姆小学，嘟蒂和比尔·富兰克林兄妹过得还算可以，但高中是个更大的环境。对嘟蒂和比尔这样的小孩来说，里斯本高中只意味着嘲讽和毁灭。我们怀着既恐惧又娱乐的心态，眼看着比尔的运动衫渐渐褪色，从短袖往上开始脱线。扣子掉了一个，他就拿曲别针代替。裤子膝盖后面破了一道，他把纸条小心地涂成跟裤子一样的黑色，贴在那里。嘟蒂的无袖白衬衫因为穿了太多次，太旧，又因为被重重汗渍浸泡，变得越来越黄。她越发育，衣服越小，胸罩的带子越发明显地透出来。其他女生都取笑她，先是背着她，后来当面取笑她。开始是开玩笑，后来渐渐发展成羞辱。男生并没有参与这事，我们有比尔（对，我也参与了——参与不多，但参与了）。我想嘟蒂受害更甚。女生们不但嘲笑嘟蒂，还恨她。她们对嘟蒂的一切都避之惟恐不及。

高二的圣诞节假期结束之后，嘟蒂盛装返校。那条邋里邋遢、长到小腿的黑裙子变成了一条莓红色及膝短裙，破烂的短袜变成了长筒丝袜。看起来还不错，她也终于把腿上旺盛的黑毛剃掉了。那件古老的无袖衫变成了柔软的羊毛衫。她把头发也烫了。嘟蒂突然改头换面，你看她的脸就明白，她自己也知道这一点。我不知道她到底是攒钱买了新衣服，还是父母把衣服作为圣诞节礼物送给了她，又或者她经过苦苦哀求，终于拿到零用钱了。这都没关系，因为仅有新衣服什么都改变不了。那天对她的嘲弄格外恶劣。女同学们毫无放过她的意思，她们既然把她扔进这么个盒子，就不许她再出来。她试图挣脱出来，就要受到惩罚。我跟嘟蒂一起上过几堂课，亲眼目睹她的毁灭。我眼看她脸上的笑容退去，目光里快乐的闪烁先是淡去，后来彻底熄灭。那天放学时，她又变成圣诞节假期前的那个嘟蒂——一张大白脸上长满雀斑，像鬼魂一样低垂着眼睛，把书抱在胸前，匆匆穿行在不同的教室。

第二天，她仍然穿着新裙子和羊毛衫。第三天、第四天也仍然如此。那个学期结束时，她还穿着同一身衣服，虽说那时候天气已经很热，穿羊毛衫的季节过了，她的额头上和嘴唇上都是汗。她没再自己烫头发，那身新衣服开始显得暗淡，没精打采，但是对她的嘲笑回复到圣诞节假期前的程度，羞辱彻底停止。有人试图越界，所以必须把她打回去，就这么简单。越狱企图一旦被阻止，全体囚犯论功行赏，生活恢复正常。

我开始写《魔女嘉丽》时，松德拉和嘟蒂两个人都已不在人世。松德拉后来搬出德翰姆的拖车屋，脱离那位濒死救主痛苦的注视目光，搬进里斯本的一座公寓。她肯定在那附近做过工，也许是某家纺织厂或制鞋厂。她患有癫痫，在一次发作中死掉了。她一个人住，所以摔倒在地、扭到了头且有生命危险时，没有人在一旁帮忙。嘟蒂嫁给了电视台的一个天气预报员，这个人在新英格兰地区有点名气，以懒洋洋慢悠悠的腔调著称。嘟蒂生了孩子之后——我想那是他们的第二个孩子——跑到地窖，用一把点二二口径的手枪朝自己的腹部开了一枪。她很幸运（你也许会说不幸，视你的观点而定），击中自己的大动脉，死掉了。城里谣传说她患有产后抑郁症，多让人难过啊。而我总是疑心，高中生活留下的阴影跟这件事有点关系。

我从来都不喜欢嘉丽，她是艾里克·哈里斯和迪兰·克莱伯德①的女生版，但是我通过回忆松德拉和嘟蒂，终于对她有了些了解。我觉得她可怜，她的同学也可怜，而我曾几何时也是她同学中的一员。

30

我把《魔女嘉丽》的手稿寄给达布尔德出版公司，我跟这家公司的威廉·汤普森是朋友。然后我就把这事抛到脑后，继续我的生活，具体就是教书、带孩子、爱老婆、礼拜五下午喝高一回，还有写小说。

我那个学期在第五节课——也就是午饭后的第一节——没课。我通常在这段时间里待在教师休息室里批改学生作业，很

---

① 两人是制造一九九九年美国哥伦比亚高中校园枪击案的高三学生，他们在射杀十三名师生、射伤二十四人之后自杀身亡。

希望能够躺到沙发上睡一小会儿——我在午后就像一条刚吞了只山羊的大蟒蛇，只想歇会儿，专心消化，没力气动弹。这时校内传呼器响了，校办公室的考琳·塞茨问我在不在。我说我在，于是她请我去校办。有电话找我。是我太太。

从南翼的教师休息室走到校办的路似乎很长，要经过几间学生正在里面上课的教室和空荡荡的礼堂。我脚步匆匆，但没跑，心跳得很快。塔碧莎得把两个孩子打扮齐整，穿上靴子外套，才能去邻居家借用电话。我只能想象出两种促使她打电话的原因。要么是娜奥米或者乔从门阶上摔倒，跌断了腿，要么就是我把《魔女嘉丽》卖出去了。

我老婆上气不接下气，激动地给我念了一封电报。是比尔·汤普森①（他后来还发掘了密西西比州的小作家约翰·格里沙姆②）发来的。他试图打电话找我，后来发现金家没电话。电文说：恭喜，达布尔德正式接受《嘉丽》，预付金两千五百美元可否？前途光明。爱你，比尔。

即便在一九七〇年代早期，两千五百美元作为预付金也实在不高，但我当时不知道，也没有经纪人替我知道。我在自己的收入大约到了三百万美元而其中许多都归了出版公司之后，才意识到我可能需要一位经纪人（达布尔德那时候的标准合同比苦工的卖身契好不了许多）。而且我这本中学校园恐怖小说的出版步伐实在是慢得能磨死人。出版社在一九七三年的三月底四月初就接受了书稿，但直到一九七四年春天才将本书排上出

---

① 比尔是威廉的昵称。

② 约翰·格里沙姆如今绝不是什么小作家，他是美国最负盛名的法律小说作家，作品多被改为影视剧，如《塘鹅暗杀令》。

版日程。这没什么不寻常。达布尔德当时就像一个巨大的小说工厂，不断产出悬疑、爱情、科幻等各类小说，每月还有五十多本双 D 系列的西部小说，所有这些书和大牌作家里昂·尤里斯、艾伦·杜鲁里[①]作品一道进入热闹的市场。我只能是奔腾大河里一条不起眼的小鱼。

塔碧莎问我会不会辞去教职。我对她说不行。我如果是一个人，靠两千五百美元的预付金和那之后渺茫的可能性，也许会考虑辞职（见鬼，是很可能辞职）。但我有家有口，不能这么轻率。我记得我们那晚吃着吐司，躺在床上聊到凌晨。塔碧莎问我，达布尔德如果成功卖掉了《魔女嘉丽》的简装本重印权，我们能得多少钱，我回答说我不知道。我曾经读到过报道，马里奥·普佐靠卖《教父》的简装本版权得了一大笔预付金——报纸说是四十万美元——可我觉得《魔女嘉丽》的简装本版权即便能卖出去，价钱也根本不可能有那么高。

塔碧莎问我——我这位通常有话直说的老婆突然变得胆怯——觉得会不会有简装书出版商买这本书。我对她说我觉得机会挺大，大概十之七八。她问可能会卖多少钱。我说我猜能卖个一到六万美元就很不错了。

"六万美元啊？"她很是震惊，"竟然会有这么多啊？"

我说确实挺多的，也许机会不大，但可能性还是有的。我还提醒她，合同注明，简装本版权费五五分成，也就是说，百兰亭[②]或者戴尔如果果真出了六万美元，我们也只能得三万。塔

---

① 前一位以历史小说著称，后一位曾获得普利策奖。
② 百兰亭是美国最大的出版商之一，一九七三年被兰登书屋并购。下文出现的戴尔也是兰登书屋旗下出版公司。

碧莎没有再表现出惊讶——她无需开口。三万美元等于我四年教学工作的总收入，这还是把每年涨的工资也算进去了。那可是一大笔钱。这事八字还没一撇呢，可我们那天晚上心中充满了憧憬与梦想。

31

《魔女嘉丽》终于慢慢进入出版流程。我们用预付金买了一辆新车（这辆车配的是标准变速挡，而塔碧莎痛恨标准变速挡，用她异常生动的纺织工人语言骂了个够），我签下了一九七三至一九七四学年的教学合约。我在写一部新小说，内容是《人间冷暖》①和吸血鬼传奇的独特结合，我给小说起名叫《基督再临》②。我们又搬回班戈城里一幢公寓楼的一层，地方很差，可我们总算回城里了。而且我有了辆有保险的车，我们还装上了电话。

说实在的，《魔女嘉丽》这时候几乎完全从我的雷达监视屏上消失了。孩子们就够我应付的，家里两个，学校里还有一群，而且我开始担心我妈。她六十一岁，仍然在松园培训中心工作，性格跟过去一样开朗，但是戴维说她好长时间都身体不好。她的床头桌上摆满医生开的止疼药，戴维担心她的身体可能出了大毛病。"你知道，她一向抽烟抽得很凶，像烟囱似的。"戴维说。他说得好听，其实他自己抽起烟来也像烟囱（我也一样，我老婆不

---

① 该书于一九五六年出版，作者是格雷丝·麦塔里斯，讲新英格兰一座小镇上三个女人的生活。该小说一问世就迅速登上销售排行榜首，成为继《飘》以来又一部极为成功的畅销书。
② 出版时改名为《撒冷镇》。

知多恨我在这上头的花销，也痛恨屋里整天到处都是烟灰），可我明白我哥哥话里的担忧。我不像戴维住得离妈妈那么近，能经常去看她，但我最近一次去看她时，看出她明显瘦了。

"我们能怎么做？"我问。我的言下之意是我们都了解妈妈的脾气，用她自己的话说，她是"自力更生不求人"。她这种行事哲学造成的结果就是，别人家的家史故事可能很多，我们家的过去却是一片灰蒙蒙，什么都没有。我和戴维对父亲及他的家世背景几乎一无所知，对母亲的过去也所知甚少，只知道她曾经有八个兄弟姐妹夭亡（这个数字让我觉得很不可思议），曾经有心当专业的钢琴演奏家却没能实现梦想（她说自己二战期间在 NBC 几部广播剧里弹过风琴，还参加过教堂礼拜日的演出）。

"我们什么也做不了，"戴维回答说，"得等她主动开口。"

在这次通话过去不久的一个星期天，我又接到达布尔德的比尔·汤普森打来的电话。我当时一个人在家，塔碧莎带着孩子回娘家去了。我在写那本新书，我想可以将这本书改名为《我们镇上的吸血鬼》。

"你坐稳了吗？"比尔问。

"没，"我说，我们家的电话挂在厨房的墙上，我当时是站在厨房和起居室之间的过道里接电话，"我得坐下说话？"

"恐怕是，"他说，"我们把《魔女嘉丽》的简装本版权卖给了图章出版社，价钱是四十万美元。"

在我小时候，外公盖伊曾经对妈妈说："你能叫这孩子闭嘴吗，露丝？斯蒂芬一张嘴，不把五脏六腑都嚷嚷出来不算完。"这话说得没错，我一辈子都是这么个大嗓门话痨，但是在一九七三年五月那个母亲节，我惊得说不出话来。我就那么站在过道里，我投在墙上的身影跟往常并无区别，可我说不出话。比尔问我还在不在，话中带点笑声。他知道我听着呢。

我肯定听错了。肯定是。这种想法让我终于开了口。"你说的是四十万美元吗？"

"四十万美元，"他说，"根据道上的规矩——"他是指根据我们签下的合约，"其中二十万归你。恭喜你，斯蒂夫。"

我仍然站在过道上，目光扫过起居室，又扫到我们的卧室，乔的摇篮就摆在我们的卧室里。我们位于三福德大街上的房子我们是以每月九十美元的价钱租来的，而这个跟我只有过一面之缘的人告诉我刚中了大奖。我脚下一软，但准确地说并没有跌倒在地，只是在过道里原地滑坐下去。

"你肯定没弄错？"我问比尔。

他说绝对没有。我请他再说一遍那个数字，慢慢说，说清楚，好让我听明白，不要误会。他说数额是四，后面跟着五个零。"再后面是小数点，小数点后面还有两个零。"他又说。

我们又通了半小时的电话，我现在一个字也记不得我们当时说了些什么。通话结束之后，我试图往塔碧莎娘家打电话。她妹妹玛塞拉接了电话，告诉我姐姐已经走了。我只穿着袜子，在家里走来走去。天大的好消息来了，可却没人在旁与我分享，我都快爆炸了。我浑身颤抖。最后我穿上鞋，进了城。班戈的大街上唯一开门的商店是拉维蒂尔药店。我突然觉得必须得给塔碧莎买件母亲节礼物，买件奢侈大胆的东西。我找了个遍，却发现生活的真相就是这样令人失望：拉维蒂尔药店的商品里，没一样算得上奢侈大胆。我勉强挑了又挑，最后给她买了个吹风机。

我回家时她已经回来了，正在厨房从婴儿包里往外拿那些零碎物件，一边还跟着收音机唱歌。我把吹风机送给她。她高兴得仿佛头一次见识这东西。"为什么？"她问。

我双手扶住她的肩膀，对她说简装本版权卖掉的事。她似乎没听明白，我又说了一遍。塔碧莎的目光越过我的肩膀，扫视我们这套只有四个房间的小破公寓，然后她跟我一样，也哭了。

32

我第一次醉酒是在一九六六年，我们高三全班一起去华盛顿游览的时候。我们四十几个学生和三个老师（其中之一就是老白球）一起坐大巴去华盛顿，第一天晚上在纽约停留。纽约当时合法的饮酒年龄是十八岁，多亏了我倒霉的耳朵和可恶的扁桃腺，我当时都快十九岁了。绰绰有余。

我们一帮胆子大的男生在住宿的宾馆旁边拐角处发现了一家卖酒的商店。我看了看货架上的展品，知道自己带的那点零花钱买不到什么好东西。东西太多了——各色各样的瓶子，琳琅满目的商标，好多标价都远超十美元。我最后放弃了，问柜台后面的人什么酒便宜。（我相信，自打世上开始有商品交易以来，一直都是这么一个灰衣秃头、一脸不耐烦的家伙卖给不识酒香的年轻人平生第一瓶酒。）他一言不发拿下一瓶老木屋牌威士忌，摆在收银台旁的胶皮垫子上。标签上贴的价格是一点九五美元。我出得起这价钱。

　　我记得那天晚上有人扶我进电梯——也许那时已经是第二天凌晨了——彼得·希金斯（老白球的儿子）、布奇·米考德、莱尼·帕特里奇，还有约翰·奇兹马的确扶我了。但这记忆不像真实存在，倒像是我从电视里看来的一幕。我似乎跳出自己的肉身，在观察着发生的一切。身体里仅剩的理智告诉我，我这次算是搞砸了，搞大了，丢人丢到全世界，丢到整个银河系去了。

　　镜头跟着我们一群人到了女生住的楼层。镜头拍到我在走廊里被人推来推去，像件活动展品，看起来挺滑稽。女生们穿着睡衣睡袍，戴着发卷，涂着冷霜，都在笑我，但笑声里没什么恶意。声音仿佛透过棉花传进我的耳朵里，模模糊糊。我想对卡罗尔·莱姆克说我喜欢她的发型，想说她长着一双全世界最美的蓝眼睛。可我吐出的只是些含混的声音："你呜噜噜呜噜蓝眼睛，咕噜咕噜全世界。"卡罗尔大笑着连连点头，仿佛完全明白我在说什么。我很快乐。全世界都在看着我犯混，可我是个快乐的混账，而且人人都爱我。我又花了几分钟，试图告诉葛劳丽亚·摩尔我发现了迪恩·马丁的秘密生活①。

　　这一切结束之后，我不知怎的就躺在了床上。床原地没动，但房间绕着床转起圈来，越转越快。我觉得床转得就像我的韦伯科牌唱机，我小时候用这唱机听法茨·多米诺，我现在用它听鲍勃·迪伦和戴夫·克拉克五人组②。房间是转盘，我就是中

---

① 迪恩·马丁是美国一九五〇至一九六〇年代著名歌手和演员，意大利裔，爱饮酒，有人说他酗酒。传说他与黑手党有过往来。
② 一支英国流行摇滚乐团，一九六〇年代成为继披头士之后又一支在全世界都受欢迎的英国乐团。

间的转轴，这转轴很快就要开始扔唱片了。

我睡着了一小会儿。我醒过来时发现自己跪在浴室里。我和我朋友路易斯·普灵顿住在那个房间里。我不知道自己怎么会跑到浴室里，但幸好如此，因为马桶里满是淡黄色的呕吐物。看起来就像玉米粒，我一想到这里，马上又开始呕吐。我这时已经吐不出什么东西，只吐出一股酒气的黏液。可我脑袋里难受得要命，好像要爆炸似的。我没力气走路，汗湿的头发粘在眼睛上，就这么爬回了床上。我明天就好了，我想，随后又昏睡过去。

早上，我胃里好受了些，但胸腹之间的横膈膜因为频繁呕吐而酸痛，脑袋里面也痛得突突直跳，就好像满口的牙都在发炎。我的双眼仿佛变成了放大镜，从宾馆窗户透进来的早晨明亮而可恶阳光经过这对放大镜聚光，仿佛很快就能把我的大脑点着。

参加早就安排好的活动——在时代广场散步，乘船游览自由女神像，登帝国大厦楼顶——是根本不可能了。散步？我想吐。乘船？想吐两遍。乘电梯？四倍想吐。上帝啊，我几乎动都动不了。我找了个很弱的借口，那天大多数时候就赖在床上。傍晚时，我感觉略微好了些。我穿好衣服，沿着走廊偷偷溜到电梯口，乘电梯来到底楼。我还是什么也不想吃，可是觉得可以喝杯姜汁汽水，抽根香烟，买份杂志看看。结果我赫然发现在大堂里坐着看报纸的那位不是别人，正是厄尔·希金斯先生，即老白球。我想尽量静悄悄地从他身边经过，但是没有得逞。我从礼品店回来时，发现他把报纸放在腿上，正看着我。我心里一沉。我这下又惹校长的麻烦了，也许比上次《乡村呕吐》那事更大。他叫我过去，这时我发现一件挺有趣的事：希金斯先生其实人不错。他对上次搞笑小报的事件反应那么激烈，也许是因为玛吉坦小姐坚持要严肃处理。再说我当时才十六岁。而我第一次宿醉醒来时已经快十九岁，被州立大学录取，这趟全班出游结束之后，还有一份纺织厂的工作在等着我。

"我听说你生病了，不能跟其他同学一起参观纽约。"老白球说，眼睛上下打量我。

我说是的，我生病了。

"你会遗憾错过今天的活动，"老白球说，"现在感觉好些了吗？"

是的，我觉得好多了。也许是肠胃炎，急性感染，一天就好。

"我希望你不要再染上这毛病了，"他说，"至少这趟旅行中不要。"他又盯着我看了一阵，目光仿佛在问我是不是明白他的言下之意。

"我肯定不会再犯这毛病了。"我认真说道。我如今算是知道醉酒的感觉了——一种模模糊糊的快意翻涌，一种比较清楚的认识，多半的意识离开肉体，像科幻电影的摄像机一样拍下一切，然后就是难受，呕吐，头痛。不，我不会再染上这毛病了，我对自己说，在这趟旅行中不会，以后也不会。一次就够了，为的是知道这种感觉到底是怎么一回事。只有白痴才会做第二次实验，只有神经病——受虐狂神经病——才会酗酒。

我们第二天去了华盛顿，路上在阿米希人①居住区稍作停留。停车场附近有家卖酒的商店。我进去看了一圈。宾夕法尼

----

① 阿米希人是美国宾夕法尼亚、俄亥俄等州和加拿大安大略省的基督新教再洗礼派门诺会信徒，以拒绝汽车及电力等现代设施、过着简朴生活而闻名。

亚州的合法饮酒年龄是二十一岁，但我当时身穿自己仅有的一套好西装，和外公的黑色旧大衣，看上去可能足有二十一岁——事实上，我看上去很可能像个刚刚刑满释放的年轻犯人，个子高大，很饿，脑子很可能还不大正常。店员没让我出示身份证件就卖给我五分之一瓶四朵玫瑰牌威士忌。我们停下来过夜时，我又喝醉了。

大约十年之后，我跟比尔·汤姆森在一家爱尔兰式酒吧里。我们有太多事值得庆祝，其中重要一件就是我完成了第三本书《闪灵》。这本书恰巧说的是一位酗酒的作家，以前也做过教师。当时是七月，全明星棒球赛正在举行。我们计划吃一顿把菜都摆在热腾腾的蒸汽保温桌上的老式晚饭，然后去喝个烂醉。我们在吧台上喝了两杯，然后我开始念墙上的标语。其中一句是"在曼哈顿就要畅饮曼哈顿"，还有一句是"星期二买一送一大优惠"，第三句说"工作是饮酒阶级的恶咒"。这时我发现在我正面前的一条标语："晨间特惠！伏特加鸡尾酒周一到周五八到十点每杯一元。"

我示意吧台服务生过来。他走了过来。他秃头，穿着灰衣，可能就是一九六六年卖给我人生第一瓶酒的那个人。可能真的是他。我指指那条标语，问："什么人会一大早八点五十分跑来喝伏特加配橙汁？"

我对他微笑，但他没笑。"大学男生，"他回答道，"比如你。"

33

一九七一或者一九七二年，我妈妈的妹妹卡洛琳·威莫死于乳腺癌。妈妈和艾瑟琳姨妈（她跟卡洛琳是双胞胎）一起乘飞机去明尼苏达参加葬礼。那是妈妈二十年以来头一次坐飞机。在回程飞机上，她所谓的"私处"突然开始大量出血。她那时早已绝经，可她对自己说，那只不过是最后一次例假。她在那架颠簸的环球航空公司喷气式飞机的小厕所里用棉条塞住（塞住它，塞住它！苏·斯奈尔跟朋友们就是这样喊的），随后又回到座位上。她没跟艾瑟琳说起，也没告诉戴维或者我。她也没去里斯本找乔·门德斯看看，这位大夫不知从多少年前开始就一直是她的全科医生。她什么都没做，这是她在遇到麻烦时的一贯作风：自力更生不求人。有那么一段时间，一切似乎都挺正常。她享受工作，身边有朋友相伴，四个孙儿承欢膝下，戴维家两个，我家两个。后来一切就不再正常。一九七三年的八月，她做了次手术，剥除几条严重曲张的静脉血管，随后的一次检查显示她得了子宫癌。奈丽·露丝·皮尔斯伯里·金女士曾把一碗果冻打翻在地，于是索性在果冻上跳起舞来，两个儿子在旁边看得热闹，笑翻在地。我认为，她实际上是死于难堪。

结束的日子是一九七四年的二月。那时候《魔女嘉丽》的一部分版税已经到了我的手上，我得以帮忙付了部分医药费——我至少在这点上并不遗憾。而且在她的最后的时刻，我陪在身边，我们待在戴维和琳达家房子后部的一间卧室里。我前一天晚上喝醉了，还好宿醉不太严重。谁守在母亲临终的病榻旁，也不希望自己宿醉得太厉害。

早上六点十五分，戴维叫醒我，隔着门轻轻说，他觉得妈妈可能快不行了。我赶到主卧室，见到哥哥坐在妈妈的床侧，替她拿着酷牌香烟让她抽。她拼命喘一阵，再抽一口烟。妈妈当时意识模糊，眼睛看看戴维看看我，然后又看向戴维。我挨着戴维坐下，接过那支香烟，替她送到口边。她伸着嘴唇含住过滤嘴。床边的一堆眼镜让一本《魔女嘉丽》的校样变成了好多本。在她去世前一个月左右，艾瑟琳姨妈把故事读给她听过。

妈妈的目光看看戴维又看看我。她原本体重一百六十磅，如今消瘦得只剩九十磅，皮肤泛黄，紧绷着，看上去就像在墨西哥死神日的大街上巡游的木乃伊。我们轮流替她举着香烟。直到烟烧到过滤嘴，我才把烟掐灭。

"我的儿。"她又陷入沉睡抑或是无意识的状态。我头痛，于是从她桌上许多药瓶里挑了阿司匹林，吃下去两颗。戴维握着她的一只手，我握着另外一只。躺在被子下面的不是我们的母亲，而是一个挨饿的畸形孩子。我和戴维抽着烟，聊了几句。我不记得他说过些什么，只记得前一天夜里下过雨，气温下降，满大街早晨都是冰。我们听到她沉重刺耳呼吸声的间隔越来越久。最后不再有呼吸声，只剩间歇。

34

我母亲被葬在西南角公理教派教堂外面。她生前做礼拜的卫理公会教堂因为天气寒冷关闭了，卫理公会教堂附近也是我们兄弟长大的地方。我念了悼词。我觉得我把所有事情完成得还不赖，在醉成那副德性的情况下。

35

　酗酒的人替自己辩护的劲头绝对不输荷兰人拦海造田的决心。婚后大约头十二年里，我一直安慰自己，我"不过是有点贪杯"。我还借用了闻名世界的海明威式辩词。海明威从来没有明确说过这番话（把话说得这么明白太不够男子气了），但辩词大致如下：我是作家，是个非常敏感的人，但我又是个男人，而真正的男子汉决不能屈服于内心的敏感和软弱。只有娘娘腔才会那样。所以我饮酒。否则我如何面对生活的恐怖真相，并继续工作？再说，少废话，我搞得定。真男人向来说到做到。

　到了一九八〇年代早期，缅因州开始实施一项新法令，回收酒瓶和易拉罐。于是我不再把自己喝的那些美乐清啤易拉罐当垃圾扔掉，而是将它们堆到车库里的一个塑料箱里。有个星期四的夜里，我去那里扔空瓶子，发现星期一还空着的箱子现在几乎全满了。而我是家里唯一一个喝美乐清啤的人——

　我操，我酗酒，我想道，而我的脑袋深处并无不同意见——我毕竟是《闪灵》的作者，虽然我一直没有认识到（直到那天夜里）我写的正是自己。我想到这一点，我的反应并不是要否认或者不认账。我在惊恐之中下了决断。你既然如此，就得小心，我清楚地记得自己这想，因为你如果搞砸了——

　我如果搞砸了，某天夜里在小路上翻了车，或者在上电视直播节目时出了丑，就会有人要求我控制饮酒，而要求酗酒的人控制酒量，就像要求严重腹泻的病人不要拉屎。我有个朋友曾经历过这一切，讲过一件有趣的小事。他第一次试图挽回渐渐失控的生活时，去看了个心理医生，他对医生说太太担心他饮酒有点过量。

"你喝多少？"医生问他。

我朋友不可置信地望着医生。"全喝光。"他说，仿佛事实就这么显而易见。

我明白他的感受。我戒酒已经有十二年了，但是我至今如果在餐厅里看到有人手边摆着喝了一半的红酒，仍然感到异常诧异。我很想站起身，冲过去对着他／她大嚷："喝光杯里的酒！为什么不喝完？"我觉得所谓社交性饮酒是个很滑稽的说法——你如果不想一醉方休，干吗不要杯可乐呢？

在我饮酒的最后五年，我以同样的仪式结束夜间的活动：把冰箱里剩下的所有啤酒都倒进下水道，然后睡觉。否则，我躺在床上，酒就会叫我，直到我起床再喝一罐。然后再来一罐。又来一罐。

36

一九八五年，我在酗酒之余又有了药瘾。但我和许多依赖药物和酒精的人一样，能勉强维持正常的工作和生活。我特别怕做不到这点；我那时根本想象不出，我除此之外还能怎么生活。我尽量藏好药丸，我这么做既是出于恐惧——我没了药会怎么样？我早已忘记不依赖毒品该如何生活——但这也是出于羞耻心。我又在用毒藤叶子擦屁股，还天天如此，不能自已，可我不能开口求救。我们家的为人处世之道不允许。在我们家，你遇到麻烦就猛抽烟，打翻了果冻就在果冻上跳舞，自力更生不求人。

我内心深处的一部分早在一九七五年就知道我酗酒，我那时写了《闪灵》。作为作家的我不肯接受这一点。而知道我在酗酒那一部分的我决不甘心沉默。它用自己唯一了解的方法，借小说和角色之口大声求救。在一九八五年后半年到一九八六年初，我写了《米泽丽》①（这题目很恰当地描述了我当时的心态），小说中有位作家受到一个精神病护士的囚禁与折磨。一九八六年春夏，我写《林中异形》②，经常工作到半夜，心脏狂跳到每分钟一百三十次。我在鼻子里塞着棉球，堵住因为吸食可卡因流出来的血。

《林中异形》是一部四十年代风格的科幻小说，女主角是个作家，发现了埋在土中的一架外星飞行器，飞行器里面的异形还没死，只是在休眠。这些外星生物会进入你的大脑，在里面敲敲打打，四处动作。你会因此变得充满力量，得到某种肤浅的智慧（女主角作家鲍碧·安德森发明了心电感应打字机原子能热水器，还有若干诸如此类的东西）。可你用以交换的是你的灵魂。这是我那筋疲力尽、压力过大的脑袋能够想出的对毒品和酒精的最好比喻。

在那之后不久，我太太终于认识到，我单凭一己之力无法从这丑陋的堕落之路上退步抽身，决定加以干涉。阻止我并不容易——我那时候已经走得太远，喊话声传不到我大脑理智的部分——但她做到了。她组织了一个干预小组，这个小组由朋友和家人组成，给我来了一场"看看你生不如死的生活"大展

---

① 原文为*Misery*，字面含义是"痛苦"，中文译本名为《头号书迷》。
② 小说原名为*The Tommyknockers*，典出美国传说，死去的矿工魂灵会变成Tommyknockers，敲打矿壁，告诉采矿的工人矿石埋藏地，或者提醒他们会有事故。

示。塔碧莎一开场就把从我的书房里搜罗出来的一堆东西倒在地毯上：啤酒罐，瓶装可卡因，塑料袋装可卡因，安定药片，安宁神①，惠菲宁止咳露，奈奎尔感冒药，还有整瓶漱口水。大约一年前，塔碧莎发现浴室里大瓶的李施德林漱口水不见了，问我是不是喝了那玩意。我很愤慨且骄傲地说绝对没有。我确实不喝那玩意，我喝的是绿爽牌②。那东西味道好，有薄荷气。

这场干预让我太太、孩子和朋友们跟我一样不愉快。但它的目的是要让我看到：我眼看就要死在他们面前了。塔碧莎说我可以自己选择：要么去康复中心请人家帮我戒毒，要么就滚出家门。她说她和孩子们都爱我，他们正是出于爱，才不愿意眼睁睁地看着我自寻死路。

我跟她讨价还价——所有的瘾君子都这副德行。我施展魅力，哄她，所有的瘾君子也都擅长这种勾当。最后她答应给我两个星期想清楚。我现在回想起来，觉得这个结果完全可以概括我当时疯狂的状态。这家伙站在起火的大楼顶上，直升机来了，在他头顶悬浮，扔下一条绳梯。站在燃烧着的大楼顶上的那家伙却回答说，给我两个星期想清楚。

我确实想了——尽我当时的混沌脑袋之所能——使我最终下定决心的是安妮·威尔克斯，《米泽丽》里那个神经病护士。安妮就是可卡因和酒精，我认定自己已经厌倦被安妮奴役，为她写作。我担心自己戒酒戒毒以后无法再写作，但我决定（我在筋疲力尽、极端抑郁的状态下，只能做出这么点决定），我如果别无选择，宁肯放弃写作，也要保住婚姻与家庭，看着孩子

---

① 一种精神药物，镇静剂，抗焦虑，又名阿普唑仑。

② 也是漱口水品牌，以口味好著称。

们长大成人。

当然事实并非如此。这种认为创作活动跟精神药物、酒精必然有关的观念，是我们这个时代的通俗知识分子圈里最大的怪谈之一。在二十世纪，有四位作家的作品对这种观念的形成负有最大责任，这四位作家是海明威、菲茨杰拉德、舍伍德·安德森，以及诗人迪伦·托马斯。是他们使我们大致形成了这种看法：英语世界是一片废墟，人们彼此孤绝，生活在精神隔离和绝望的氛围中。大多数的酗酒者都非常熟悉这些观念。对这套说辞最正常的反应是一笑了之。酗酒和滥用药物的作家只是瘾君子——换句话说，他们跟其他的瘾君子毫无二致。药物和酒精是舒缓作家过分敏感内心的必需品这种说法只不过是自欺欺人的普通伎俩。我也曾听开铲雪车的司机说过，他们喝酒是为了让魔鬼安静下来。你不管是詹姆斯·琼斯，约翰·契弗，还是纽约宾州车站打盹的随便什么酒鬼也罢，你只要是个瘾君子，就会不惜代价保住嗑药酗酒的权利。海明威和菲茨杰拉德酗酒，并非因为他们从事创作、隔绝世外，或者是道德感不够坚强，他们酗酒是因为酗酒者停不下来。从事创作的人比起从事其他职业的人也许确实面临更大风险，容易沉沦于酒精或者药物。但是那又如何呢？我们对着水槽呕吐时，丑态无甚差别。

37

这场冒险的结局到来之前，我一晚上能喝掉一箱五百毫升装罐装啤酒，还完成了小说《酷咒》，但我几乎不记得写作的过程。我说这些时并不骄傲，也不感到羞耻，只是带着些许的悲伤和失落。我喜欢那本书。我希望自己当时享受了把得意段落写在纸上的乐趣。

我最低迷的时候，既不想再饮酒，也不想保持清醒。我被生活驱逐在外。我在回程路的起点，只想相信人们对我说的：假以时日，情况会好起来。而我从未停止写作。我那时候写下的东西，有些很平淡，只是试验性的，但是我至少在写。我把那些令我不愉快的、毫无光彩的草稿埋到书桌抽屉的最底层，又开始写一部新作品。渐渐地，我又找回工作节奏，之后又找回写作的乐趣。我满怀感激地回到家人身边，如释重负地重新开始工作——感觉就像经过一个漫长的冬季，又回到避暑小屋，先要检查一番，看看有没有什么东西在寒冷季节里被盗，或者有没有什么东西坏掉。一切都安然无恙。水管解冻，电力恢复，一切开始正常运转。

38

我在这个部分里要讲的最后一件事是我的书桌。多年以来，我一直梦想拥有那种巨大的厚橡木板做的书桌，这张书桌要占据书房最显要的位置——我再也不必窝在拖车屋的洗衣台上，再也不必在租来的房子里屈着膝盖。一九八一年，我终于有了一张想要的那种桌子，把它摆在宽敞明亮的书房里（书房位于我家后部，由马厩改造而成）。六年里，我坐在那张桌子后面，要么喝得醉醺醺，要么神游世外，就像开着一艘船，驶往虚无之地。

我恢复精神一两年之后，终于处理了那张怪物一样的大桌子，把那个房间改成起居套间，在我太太的帮助下挑选家具，还配了块不错的土耳其地毯。一九九〇年代早期，孩子们还没有各自成家，有时候晚上会到这里来，看场篮球赛或者电影，吃吃披萨。他们离开时多半会留下一盒子食物碎屑，但我根本不介意。他们愿意来，似乎也愿意陪着我，而我喜欢跟孩子们在一起。我又买了张书桌——手工制作，非常漂亮，只有那张怪兽桌子一半大。我把它摆在书房最西边、屋檐下面的角落里。那个屋檐跟我当初在德翰姆睡过的卧室屋顶很相似，但墙里没有老鼠，楼下也没有年迈的外婆大叫着让人去喂那匹叫迪克的马。我现在就坐在屋檐下，一个五十三岁的男人，眼睛不好，一条腿跛了，没有宿醉。我在做自己力所能及的事情，尽力把这件事做好。我回看了我告诉你的一切，也回看更多我没写出的往事。我下面要尽我所能，把我的工作讲给你听。正如我之前许诺，我不会讲太多。

开始是这样：把你的书桌摆到屋角，你每次坐下去开始写作时，都要提醒自己为什么不把书桌摆在房间正中。生活并非艺术创作的支撑，反之才对。

写作是什么

当然是心灵感应。停下来思想，这挺有趣的。多年以来，人们一直对心灵感应到底存在与否争论不休，J.B. 莱恩这样的人甚至绞尽脑汁，想设计一个实验来证明它确实存在。而这东西一直都在，就像爱伦·坡先生那封失窃的信，正大光明地摆在那里。一切艺术在一定程度上都要仰仗心灵感应，但我相信写作对其依赖最重。我这种说法也许是偏见作祟。但即便如此，我们还是单举写作为例，因为我们在这里的所谈所想都只关乎文章而已。

我名叫斯蒂芬·金。现在是一九九七年十二月一个下雪的早上，我正伏案写作这个部分的第一稿（书案摆在屋檐下面）。我心里有些念头，有些担忧（我眼睛不好，圣诞将临，我还没开始采购礼物，我太太染了病毒性感冒）。也有些开心的事（我们的小儿子突然从学校回来，给了我们个惊喜；我在一场音乐会上跟"壁花"乐队一起演奏了文思·泰勒《崭新的凯迪拉克》）。但我眼下要把这些想法都束之高阁，我是身在别处，在一个地下室一样的地方，那里光线明亮，充满清晰的形象。多年以来我渐渐为自己建起了这么一个地方。一座瞭望台。我知道，这么说挺奇怪，有点自相矛盾：居然把瞭望台建在地下室里？但在我的想象里，它就是在地下室里。你可以把瞭望台设计在树顶，或者世贸中心楼顶上，或者大峡谷边上。就像罗伯特·麦卡蒙在一部小说里说的，小红车归您了，敬请自便。

这本书计划将于二〇〇〇年夏末秋初出版。计划如果顺利进行，那么看着时光的河流，你是在我的下游某处……但你很可能也身在自己的瞭望台上，在你接受心灵感应的地方。并不是说必须得身处这么一个位置，书籍是一种可以随身携带的魔法器。我开车时通常会听有声书（我总是听未经删节的版本，我认为删节版的有声书是坑人的玩意），去哪里都随身带一本。你永远不知道什么时候会需要暂时逃离：也许是在你排在收费站的队伍长龙里时，你也许得在某幢大学楼的大堂里等导师出来（里头可能有个衰仔因为一门什么课不及格正威胁要自杀），给你签名准许你退课。你也许在机场等候登机，下雨天的下午在自助洗衣店等衣服洗好。还有最糟糕的一种可能，你在医生诊所里，而那家伙看得太慢，你得等上半个钟头，才能轮到你让他将你敏感不适之处捣弄一番。在这样一些时候，我总是觉得书就像一根救命稻草。我如果必须得在炼狱受上一阵煎熬，然后才能进天堂或者下地狱，我想炼狱里只要有间能借书的图书馆，我就没问题（如果真有这个图书馆，我猜里面肯定没别的，都是丹妮尔·斯蒂尔 ① 的小说，还有《心灵鸡汤》那种书。哈哈，好笑吧）。

所以，我在能读书的地方都读，但我有个最喜欢的阅读地

---

① 美国流行女作家，以写言情小说著称。

点——你很可能也有这么个去处，那里灯光明亮，心电感应的信号特别强。我的心爱之处是书房里一张蓝椅子。你的也许是位于晒台的沙发，厨房的摇椅，又或许是床。在床上读书有时候乐似在天堂，如果光线不多不少，恰好照亮书页，咖啡或者干邑白兰地也没有洒在床单上。

那么，我们假设你现在就在自己最钟爱的接收位置，而我待在发送信息的最佳地点。我们跨越空间，还要跨越时间，才能完成这次精神交流。这其实不是个问题。我们如果能够阅读狄更斯、莎士比亚，以及希罗多德（也许要借助一两个脚注），我认为我们也能够跨越从一九九七年到二〇〇〇年这么点距离。那么，我们开始吧——真正的心电感应正在发生。注意，我袖子里没藏什么东西，嘴唇也没动过。你很可能也毫无动作。

看，这里有张桌子，桌子盖着红色桌布，红布上面摆着个小笼子，小笼子比小号鱼缸大不了多少。笼子里有只小白兔，小兔子长着粉红的鼻子和粉红的眼圈，前爪捧着一个胡萝卜头，心满意足地啃着。兔子背上有个用蓝墨水写的清清楚楚的数字八。

我们看到的东西是不是一样？我们得对一下笔记才能确认这一点，但我猜我们能看到一样的内容。当然，有些差别在所难免：有些接收者看到的桌布是土耳其式红，有些人看到的桌布是鲜红色，人们会看到各种深浅不同的红色。（对色盲接收者来说，红桌布是雪茄烟灰的颜色。）有些人可能会看到桌布边缘有圆弧状锯齿，有些人可能看到毫无装饰的整齐桌布。爱装饰的人可能会增加一点蕾丝花边，您请便——我的桌布就是您的桌布，尽管费劲琢磨去吧。

　　笼子也为每个人留下了同样充分的想象空间。首先，我是用粗略类比的方式来形容这笼子，你我用相似的眼光来看世界、丈量事物时，这种描述方法才行得通。用粗略类比方法很可能会犯粗心大意的毛病，但如若不用这种方法，就得执着于细节精确，把写作的乐趣完全剥离。也就是，我会说："桌上有个三英尺六英寸长、两英尺宽的笼子，笼子高十四英寸。"这不是写散文，这是写使用说明。我刚才也没说笼子是用什么做的——铁丝网？钢条？还是玻璃？——但材料真的重要吗？我们都能理解笼子透光，看得见里面。我们不在意除此之外的东西。最有趣的东西不是笼子里吃胡萝卜的兔子，而是它背上的数字。不是六，不是四，不是十九点五。而是八。这才是大家会注意看的东西，大家也都看到了。我没告诉过你。你也没问我。我从未开口，你也没有。我们甚至不在同一年，更不是同处一室……但我们确实想到了一起，我们心有灵犀。

　　我们在开心灵大会。

　　我给你送去一张蒙着红桌布的桌子、一个笼子、一只兔子，还有一个蓝墨水写的数字八。这些你全收到了，尤其是那个蓝色的八。我们进行了一场心灵感应。没有故弄玄虚，就是真正的心灵感应。我不想太啰嗦，但是你在我继续阐述之前，得了解我不是在故作可爱，我是要说明问题。

　　你可以怀着各种不同的情绪开始写作，也许是紧张不安，兴奋不已，满怀希望，或充满绝望——为自己永远无法把内心和头脑里的东西全部写在纸上而绝望。你动手写作时可能双拳紧握，目光如炬，准备迎头痛击，报仇雪恨。你动手写作，可能是为了让某个姑娘答应嫁给你。你写作，也有可能是想以此改变世界。为了什么写作都可以，但不要轻易开始。让我再说一遍：决不能轻易开始在一张白纸上写作。

我并非请求你心怀敬意，或者不存疑问地开始写作。我不求你政治正确，或是抛开幽默感（上帝许可的话，你会有幽默感）。这不是人气大比拼。这里既不是道德奥运会现场，也不是教堂。但它是写作，要命的写作，不是洗车或者画眼线。如果你能够严肃对待，我们可以正经地谈。你如果做不到或者不愿意，那么现在还是放下这本书。去做点别的为好。

也许去洗车。

工具箱

1

爷爷是个木匠

他造房子盖商店建银行

一支一支不停地抽骆驼烟

钉子砸到木板上

一丝不苟地工作

刨平每一扇门窗

投票支持艾森豪威尔

因为林肯赢了一场漂亮仗。

在约翰·普莱恩①写的歌词中，这是我最喜欢的一首之一，这很可能是因为我外公也是木匠。我不知道伊·皮尔斯伯里盖没盖过商店银行，但是他的确建了不少房子，而且多年不停地修复文斯洛·荷马②位于普鲁特海峡的那处房产，确保它不被

---

① 约翰·普莱恩，一九七〇年代成名的美国著名歌手，音乐创作人。
② 文斯洛·荷马（1836—1910），美国艺术家，以描绘海洋题材的油画和版画著称。下文中提到的作品创作背景就是缅因州的普鲁特海峡。

大西洋和海滨寒冷的冬季吞没。但我外公抽的是雪茄而不是骆驼烟。我姨父奥伦抽骆驼香烟，他也是个木匠。外公退休以后，奥伦继承了老爷子的工具箱。我不记得我当初在车库里把水泥板砸到自己脚上时，那箱子是不是在那儿。箱子很可能就在那里，在我表兄唐纳德的冰球棒、冰刀和棒球手套旁边。

我们管那个工具箱叫"大家伙"，工具箱有三层，上面两层可以取下，三层都装着精致的小抽屉，机巧得好像中国匣子。箱子当然是手工制作的，深色木板被小钉子和黄铜片接起来。箱盖被大闩子闩住，我小时候觉得那锁闩大得好像是巨人饭盒上的闩。箱盖里面铺着一层丝绸衬里，衬里跟箱子的功能结构很不相称。衬里的图案更是令人匪夷所思，居然是粉红色的蔷薇花，但油污渐渐增多，图案越来越黯淡，看不清楚了。箱子侧面有很大的提手。你在沃尔玛或者西部车城绝对买不到这样的工具箱，真的。我姨父刚拿到箱子不久，发现里面有块铜版蚀刻的荷马名画——我相信那幅作品是《退潮》。几年之后，奥伦姨父去纽约请荷马专家鉴定过，的确是原作。我相信他又过了几年以相当高的价钱把那块铜版卖掉了。谁也不知道外公一开始是怎么搞到那块铜版的，但工具箱的来历没什么神秘——他自己做的。

有一年夏天，我帮奥伦姨父换家里一块坏了的隔扇。我当时大概八岁或者九岁。我记得自己头顶着那块打算换上去的隔扇，跟在他身后，就像《人猿泰山》电影里的那些土著挑夫。他拎着工具箱，箱子大概到他的大腿部位。奥伦姨父跟往常一样，身穿卡其裤，上着干净的白T恤衫。他的军人式短发有点花白，其中夹杂着亮闪闪的汗水。他的下唇上挂着一支骆驼香烟（若干年后，我怀揣一包切斯特菲尔德牌香烟回到那里，奥伦姨父很不屑地管那种烟叫"战俘烟")。

我们终于走到隔扇坏掉的那扇窗户旁，他发出如释重负的声音，把工具箱放下。我和戴维有一次在车库里想试着把这箱子搬起来，两人各抓住一个提手，箱子却几乎分毫没动。当然，我们那时候还是孩子，但是即便如此，我猜外公的工具箱装满东西后重量总得有八十到一百二十磅。

奥伦姨父让我把大锁闩打开。最常用的工具都在箱子的最上面一层：锤子、锯子、钳子，几个尺寸不同的扳手，还有一个可以调节的扳手；有一块平板，中间有个神秘的黄色缺口；一把电钻（其细小配件分门别类地装在下面的抽屉里），还有两把螺丝刀。奥伦姨父让我给他一把螺丝刀。

"哪一把？"我问。

"随便。"他说。

坏掉的隔扇是用环型头螺丝固定的，他用一般的螺丝刀还是飞利浦电动螺丝刀的确没什么区别。你只消把螺丝刀头伸到这种环型头螺丝里头使劲转，就像轮胎螺丝松了，你只消用铁撬棍使劲转，直到把螺丝转紧。

奥伦姨父把螺丝都卸了下来——一共有八个——交给我，让我拿好。然后他把坏隔扇取下来。他把旧隔扇靠墙放好，把新的举高。隔扇框上的小洞跟窗框上的洞眼完全吻合。奥伦姨父看到这个满意地咕哝一声，随后从我手上把环型头的螺丝一个一个拿回去，用手指固定好。然后他跟卸螺丝时一样，将螺丝刀头插进环型口，转动，把螺丝装了回去。

奥伦姨父装好隔扇以后，把螺丝刀给我，吩咐我将它放回箱子里："把箱子盖好。"我照做了，但我有点不明白，问他为什么那么费劲地把外公的工具箱拖过整幢房子，他需要的只是里面的一把螺丝刀。他只要把一把螺丝刀放在裤子后面的口袋里就成了。

"没错，斯蒂夫，"他说，弯腰去抓箱子的提手，"但是我到了这边万一发现还需要别的东西呢，对不对？最好把工具带在身边。不然你如果碰到意料之外的问题，就很容易会因为没准备而气馁。"

我的建议就是，你为了尽最大的能力写作，有必要建造自己的工具箱，然后增强肌肉力量，才有力气把箱子带在身边。你这样做，就不必在面对艰难任务时感到气馁，而是一把抓过适用的工具，立刻投入工作。

外公的工具箱有三层。我认为你的至少应该有四层。我猜四层五层都可以，但工具箱层数太多就会过大，无法随身携带，那样它就没有什么用处了。你也需要许多小抽屉放你的螺丝、螺帽、螺钉，但你到底把抽屉装在哪儿，在里面放什么……说到底，这是你的小红车，对不对？你会发现自己已经有了所需的大部分工具，但我还是建议你把每样工具往工具箱里收时再检查一遍。让每一件都灵活适用，提醒自己它的功能何在。如果有的工具生了锈（你若长时间不用心检查，这些家伙的确会生锈），那你就得把它们打理干净。

把常用的家伙放在上面。其中最常用的（写作的基本素材）是词汇。就词汇而言，你大可以满足于自己已经有的，丝毫不用妄自菲薄。就像妓女对害羞的水手说的："你有多少不重要，甜心，怎么使用才重要。"

有些作家词汇量惊人；这些家伙知道世上的确有所谓有害

的酒神赞歌，有巧言善辩的说书人；这些家伙连续三十年不曾错过一期威尔佛莱德·芬克的《扩大词汇量》多项选择题答案。试举几例：

> 这种坚韧不破不可摧毁的特质是该物质结构的内在特征之一，属于无脊椎动物进化过程的某种第三纪周期，远非我们的推断力所能及。
>
> ——H.P. 洛弗克拉夫特，《疯狂的山中》

喜欢吗？下面还有：

> 有些（杯中）找不到种植过任何东西的痕迹；其余杯中有枯萎的褐色茎秆，显示曾经发生过某种令人费解的破坏行为。
>
> ——T.C. 博伊尔，《锦绣前程》

还有第三个——这个不错，你会喜欢的：

> 有人扯掉了老妇人的蒙眼罩，把她和骗子一起推走了。一行人上床睡觉时，微弱的火焰仍然像活物一样在疾风中翻腾。但四个人还是蹲在火光边上，在他们那些奇怪的奴隶中间，看着参差的火焰顺风而逃，虚空中仿佛有个无形的大漩涡，把火光吸了进去。废墟中的这样一个漩涡，瞬息的人生，人生的报应，都在这片废墟里一笔勾销。
>
> ——科马克·麦卡锡，《血色子午线》

其他作家用词更为短小简单。举例说明似乎毫无必要,但我还是要列出我最喜欢的几句:

他来到河上。河就在那里。
——厄内斯特·海明威,《大双心河》
他们抓到那孩子在体育场看台下面做坏事。
——西奥多·斯特金,《有你的血》
事情就是这样。
——道格拉斯·费尔拜恩,《射杀》
有些主人很友善,因为他们讨厌自己非做不可的事,有些很愤怒,因为他们讨厌残酷,有些人很冷漠,因为他们很久以前就明白了,除非冷漠,否则当不了主人。
——约翰·斯坦贝克,《愤怒的葡萄》

斯坦贝克的这句话特别有意思。里面有五十个单词。五十个词里有三十九个都是单音节。剩下还有十一个词,可这个数字具有一定的欺骗性:斯坦贝克用了三次"因为",两次"主人",还有两次"讨厌"。整句话里没有超过两个音节的单词。结构挺复杂,但词汇堪比初级儿童读物。《愤怒的葡萄》当然是部优秀小说。我相信《血色子午线》也是,虽然我不完全明白其中的很多部分。那又如何?我也搞不明白自己喜欢的很多流行歌词。

你在词典里怎么也查不到一些词,但它们仍然是词。来看下一条:

"Egggh, whaddaya? Whaddaya want from me?"

"Here come Hymie!"

"Unnh! Unnnh! Unnnhh!"

"Chew my willie, Yo'Honor."

"Yeggghhh, fuck you, too, man!"

大意是：

"哎，你干吗？你想要干吗？"

"海米驾到！"

"哦！噢！噢！"

"咬我的老二吧，大人。"

"好小子，操你娘的！"

——汤姆·伍尔夫

最后一段是作家按照街头语言的发音写的。很少作家有伍尔夫这本事，能把这种语言呈现在纸上（埃尔莫·伦纳德也做得到）。部分街头挑衅词句最终会被收进词典，但都是在它们过时死去之后。我不认为你会在韦氏大词典里查到 Yeggghhh。

把词汇放在你工具箱的最上层，不用特地去改进它。（当然，你阅读时自然会改进词汇库……我们以后再谈这个。）关于词汇，最糟糕的做法之一是粉饰语汇，你也许对自己用小短词有些羞愧，所以想找些大词来代替它们。这就好比给家养的宠物穿上晚礼服。宠物很难受，特地设计这种可爱造型的那位更该感到难堪。现在就对自己郑重承诺吧，决不用"酬劳"代替

"小费"，决不说"约翰停留了完成一次排泄行为的时间"，直接说"约翰停了拉泡屎的工夫"。你如果认为读者会认为"拉泡屎"有所冒犯或是不大合适，也可以说"约翰停了大个便的工夫"（又或者"约翰停了上大号的工夫"）。我不是教你说脏话，只是叫你有话直说。记住，用词的第一条规矩是用你想到的第一个词，只要这个词适宜并且生动即可。你如果犹豫不决再三思索，定会想出另外一个词——你当然能，总会有另外的词可以用——但这个词很可能不如你想到的第一个词，或者这词不如第一个词准确。

准确描述很重要。你如果有所怀疑，想想你是不是经常听到这样的说法："我实在无法形容这个"，或者"我不是这个意思"。想想你多少次也曾这么说，说的时候是不是常常或多或少带些挫败感。词汇只代表某个意思；写作水平再高的作家，也经常无法传达出全部的意思。既然如此，看在上帝的分上，你为何还要退而求其次，不说你真正想表达的意思，而用个近义词呢？

还有，选词时考虑礼貌、适宜没什么不妥，乔治·卡林曾经说过，在某些场合竖起中指、做出鸡鸡形状没什么不合适，但当众用手指玩鸡鸡绝对不行。

2

你还得把语法放在工具箱的最上层。不要发出怒叹或是哀叫来烦我，说你搞不懂语法，说你从来都没搞懂过语法，说你在高二时英语语法没及格，说写作很有趣，但语法实在是个操蛋的东西。

放松点，冷静。我们不会在这上头花很多工夫，因为用不着。人们交谈、阅读时也许能吸收到母语语法的基本规则，也许不能。高中二年级英语课教给你的（或者说试图教会你的），只不过是语法构成的名称。

我们这里不是中学。你在这里不需要担心：1）因为裙子过短或者过长而被其他小孩笑话，2）进不了校游泳队，3）到毕业时还是处子之身，满脸痘疮（这些到你死可能都变不了），4）物理老师期末打分时不会放你一马，也许还有5）没人真心喜欢你，从来没人真心喜欢过你……你在这里不需要把所有这些不相干的小事放在心上，你在这里进行某些学术钻研时能够集中注意力，而上那些照本宣科的课程时做不到。你一旦开始学，会发现你其实早就会多半内容了——就像我在前面说的，这在很大程度上就好比清理钻头上的锈渍，或者磨利锯子。

再说……见鬼，语法没什么好说的。你如果能记住该给最漂亮的外衣搭配哪双鞋哪个包，包里有些什么零碎，纽约或休斯敦棒球队出场队形是怎么排的，或者麦考伊斯乐队的单曲《盯紧斯露匹》是哪家唱片公司出的，你一定也能记清楚动名词（作为名词使用的动词）跟分词（作为形容词使用的动词）的区别。

我想了很久，很使劲地想，要不要在这本小书里单独写一章，详细说说语法。部分的我很想写这么一章：我曾经教过中学语法，教得还不错（课程名称是"商务英语"）；我自己读书时还挺喜欢语法课。美式语法不像英式语法那么严格（一位受过一定教育的英国广告商能把螺纹避孕套的杂志广告文字写得像他妈的大宪章），但不修边幅的美式语法自有它的魅力。

我最终放弃这个念头，原因也许跟威廉·斯特伦克相类，他在《风格的要素》第一版中就决定不复述基本要点，因为你如果没弄懂，那也来不及了。有些人实在是没办法掌握语法——就像我学不会用吉他演奏某些乐句或者和音——这样的一本书对他可能压根没什么用处。我如果硬要讲语法，就好比向改了宗的教友传道。但是，且容我再多说一点——恕我啰嗦吧。

口语和写作中用到的词汇分为七种不同词性（如果算上"哦！天哪！算了吧①！"这种感叹词，那就是八种）。人们按照共同认可的规则把这些词组织在一起，进行交流。打破这些规则，就会出现误会和意义含混。坏语法导致坏语言。我非常喜欢斯特伦克和怀特举的一个例子："作为五个孩子的母亲，肚里还怀着一个，我的熨衣板总是撑开着。"

语言中不可或缺的两个部分是名词和动词。缺了任何一个，一组单词都不能成为句子，因为句子的定义就是：一组由主语（名词）和谓语（动词）构成的结构；这一串单词的第一个字母要大写，结尾是句号，合在一起表达一个完整的意思，这意思出自作者的脑袋，而后跳进读者的大脑。

是不是总是得写完整的句子呢？必须如此吗？打消这念头吧。你的作品如果完全由片语和断句构成，不会有语法警察来把你抓走。即便是威廉·斯特伦克，这位修辞学界的墨索里尼，也认识到了灵活多变的语言的美妙。他写道："人们很久以前就认识到，最好的作家有时候会对修辞的规则置之不理。"但他又

---

① 所谓"算了吧"原文为Fuhgeddaboudit!

补充了下面这句话，我强烈建议你想想这句话："作者除非确认自己写得很好，否则最好遵守规则。"

关键部分是"作者除非确认自己写得很好"。你如果不能自如地将不同成分和词性的词连成连贯的句子，如何确认自己写得很好？你如何知道自己其实写得不好？当然，答案是你不知道，你没办法知道。而掌握基础语法的人会发现，语法核心内容很简单，令人安心，那就是句子只需要名词和动词。这就够了。

任何一个名词，跟任何一个动词放在一起就是一个句子。决无差错。岩石爆炸。珍发报。山漂浮。这些都是完全正确的句子。许多这样的句子并没有实际意义，但这些奇怪的组合（李子崇拜①！）具有不错的诗意。这种简单的名词-动词结构很有用——至少可以为你的写作提供一个安全网。斯特伦克和怀特提醒作者不要把一连串短句放在一起，简单的句子可以给你一条小路，你顺着走即可——如果你害怕迷失于复杂的修辞——有限定性从句，非限定性从句，修饰短语，同位语，以及主从复合句。你如果见到这些毫无标注的句子，感到害怕（或者感到陌生），只消提醒自己岩石爆炸，珍发报，山漂浮，还有李子崇拜。语法不仅是件烦人的东西，它还是一根竿子，你抓住它就可以让思想站稳脚跟，走起来。再说，海明威就一直用这种简单句子，写得不也挺好？他即便醉得不成体统，也是个见鬼的天才。

---

① 作者举了一个很极端的例子来说明任何名词加动词都可以构成句子。事实上，原文 "Plums deify！"作为一个句子很难成立，因为deify只能作为及物动词使用，后面要带宾语。这个动词的意思是"把……当做神来崇拜"，"把……奉为神明"。

你如果想提高运用语法的能力，到你家附近的二手书店去找本《英语语法与作文》。我们那时的高中二三年级学生，大多数都曾把这本书带回家，用牛皮纸小心地包起来。我想你会很欣慰地发现，你所需要的大部分内容都已经被这本书在卷首卷尾的空白处概括清楚了。

3

威廉·斯特伦克的风格指南写得非常简短，但留了些空间谈他对遣词造句的个人好恶。比如，他不喜欢"学生体"①这个短语，坚持认为"学生群"这个词更为清晰，并且不像前面一个短语让他产生残酷联想，以为是学生的尸体。他认为"个人化"（personalize）这个词很做作。（斯特伦克建议不说"将你的信笺个人化"，而说"加个信笺抬头"。）他讨厌像"事实是这样的"，还有"照这个意思"这样的说法。

我也有个人好恶——我坚信应该罚写"这太酷了"的人去站墙角。而对于使用其他一些更加可恶的短语的人，应该罚他们不吃晚饭（或者就事论事，没收他们写作用的纸张），比如"就在这个时候"，还有"到一天结束的时候"。我个人还深恶痛绝两个用法。这件事涉及写作基础，我想一吐为快，然后再说别的。

动词有两种语态，主动式和被动式。动词以主动形式出现时，句子的主语在做某件事。而动词以被动形式出现时，句子

---

① 所谓"学生体"，原文为"student body"，而斯特伦克认为更恰当的说法是"studentry"。

的主语被施加了某种动作，主语只是任由事件发生。你应该尽量避免使用被动语态。我不是唯一一个说这话的，你会在《风格的要素》里发现同样的建议。

斯特伦克和怀特两位先生不曾分析过许多作者何以喜欢用被动语态，但我愿意分析一下其中原委。我认为胆怯的作者喜欢使用被动语态，其原因类似于胆怯的人喜欢被动的伴侣。被动语态很安全，主语不需要跟某种烦人的行动竞争，闭上眼睛想着英格兰即可——容我借用维多利亚女王的这句话。我认为没信心的作者还觉得被动语态能给他的话增添权威性，也许还能为其增加点威严感。你如果认为操作手册和律师函很威严，那么我猜你也会觉得被动语态有这效果。

胆怯的家伙会写"会议将于七点整被举行"，因为他不知从哪儿得了这么种印象："你这么说话，大家会认为你真的内行。"快放弃这种汉奸式的思路吧！别傻了！快挺起胸膛，抬起下巴，把会议的主动权夺过来！这么写："会议定在七点整。"瞧，看在上帝的分上，你不觉得这样好得多吗？

我不是说被动语态毫无用处。比如说，假如有个人死在厨房，却陈尸别的什么地方："尸体被从厨房搬走，放到了客厅的沙发上"，这么说没什么不妥，但"被搬走"、"被放到"这种说法还是让我烦得够呛。我接受这些说法，但决不真心拥戴。我真心拥戴的说法是："弗莱迪和玛拉把尸体搬出厨房，摆在客厅的沙发上。"为什么非要用尸体做句子的主语呢？见鬼，他都死了。快得了吧！

随便什么公文，更别提大堆的坏小说了，常常会两页纸都是被动语态，我会看得想大叫。被动语态无力，冗长，还经常拐弯抹角。试举一例："我的初吻常会被作为我跟莎伊娜恋情的开始，被我回忆起。"哎呀，伙计，真是臭不可闻，对不对？表达这意思的简单方式——更亲昵也更有力的说法——应该如下："我跟莎伊娜的恋情是从我们的初吻开始的。我一直没忘记。"我也不是特别喜欢这种表达方式，因为四个词中间有两个"with"，但我们至少总算是摆脱了要命的被动语态。

你还会注意到，把意思分在两个句子里之后，句子变得更加容易理解了。这样的句子更容易为读者所接受，而你应该总是把读者放在心上。若没有忠实的读者，你将只是个冲着虚空絮絮叨叨的声音而已。接收你信息的那个人实在是过得不容易。"（威尔·斯特伦克）感到读者多数时间都身陷困境，"E.B. 怀特在《风格的要素》引言中写道，"读者就像在沼泽里挣扎，任何试图用英语写作的人都有责任尽快将沼泽抽干，将读者救到平地上，或者至少扔给他一根绳索。"记住：是"作家扔出绳索"，而不是"绳索被作家扔出去"。拜托了。

我在谈工具箱的下面一层之前，还有一个建议给你，那就是：副词不是你的朋友。

你在商务英语课本里学到过，副词是修饰动词或者其他副词的单词，通常以"-ly"结尾。副词跟被动语态相类，大概也是为了胆怯作者的需要被创造出来的。被动语态通常会让作者显露出怕人家不认真对待他的担忧；使用被动语态有如小男孩用鞋油往嘴巴上抹两撇小胡子，或者小姑娘踩着妈妈的高跟鞋跟跄踱步。而使用副词则会透露出作者担心自己无法清楚表达意思，说不到点子上，或者讲不清状况。

试举一例："他用力地关上门。"这个句子绝对算不上糟糕

（里面的动词至少是主动形式）。但请你扪心自问，是不是真得说出这个"用力地"。你可以争辩，说这是要表达力度介于"他关上门"和"他摔上门"之间，我对此无可辩驳……但你的上下文呢？"他用力地关上门"之前那些启发性的（更不用说还有令人动情的）文字呢？那些句子难道不该告诉我们他将如何关门吗？前文如果的确透露了信息，那么"用力地"是不是赘辞呢？是不是多余呢？

肯定有人在指责我了，说我烦人，有"肛门克制型人格"①。我坚决否认这种指控。我相信通往地狱的路是副词铺就的，我要站在房顶，大声疾呼这个观点。换个比方，副词好比蒲公英。你家草坪上如果长了一棵蒲公英，看上去挺漂亮，与众不同。可你如果不赶紧把它拔掉，第二天你就会发现五棵蒲公英……第三天五十棵……然后，我的兄弟姐妹们哪，你的草坪就"完全地、彻底地、肆无忌惮地"被蒲公英所覆盖了。你到那时才会意识它们其实是杂草，应该坚决将其铲除，但是那时已经——哎！——太晚了。

我也能把副词运用得挺好。我的确可以。但有个例外：对话界定。我坚持认为，只有在极罕见、极特殊的情况下，你才可以用副词修饰"某人说"……而且，即便在这些情况下，你也应该尽量避免使用副词。我为了清楚表达论点，写下了下面三句话：

"把它放下！"她叫道。

---

① 译者实在不舍得把原文中这个心理学术语意译掉，"anal-retentive"是指婴儿时期克制排便以求类似性的快感，从而导致成人后产生固执、贪婪、斤斤计较等性格特点和价值观。

　　"还给我，"他哀求，"那是我的。"

　　"别傻了，金克尔。"乌特森说。

　　在这三句话里，"叫道"、"哀求"和"说"都是用于界定对话的动词。我们再来看看这几句话不靠谱的改写版：

　　"把它放下！"她威胁地叫道。

　　"还给我！"他凄惨地哀求，"那是我的。"

　　"别傻了，金克尔。"乌特森鄙夷地说。

　　后面三句话的效果比前面三句弱，多数读者立刻就能看出这一点来。"'别傻了，金克尔。'乌特森鄙夷地说"是其中最好的一句。但它也只是套话，另外两句都滑稽可笑。这种界定对话的方式有时被称为"斯威夫特体"，维克多·阿普尔顿二世创作的系列少年历险小说中那位勇敢的英雄小发明家汤姆·斯威夫特常常使用它。阿普尔顿很喜欢这样的句子："'尽管使坏吧！'汤姆勇敢地叫道。"还有："'我父亲帮我解了方程式。'汤姆谦逊地说。"在我年少时流传一个游戏，大家聚会时比赛急智（或许是小聪明），看谁有本事造斯威夫特体句子。我记得其中一句是："'你屁股长得好美。'他厚颜无耻地说。"还有一句："'我是管道工。'他边冲水边说。"① （这句话里的修饰成分是个副词性短语。）我建议你在思考是否应该用副词这种有害的蒲公英

---

① 中英语法不同，此处原句为 "'I'm the plumber,' he said, with a flush"。"with a flush" 是个介宾短语，作为状语修饰动词 "said"，作者 说它是个 "adverbial phrase"。译者为了跟作者此部分主题保持一致，将其译为 "副词性短语"。

类植物界定你的对话时扪心自问：你是否真心想写出这等文字，然后在聚会中为大家所耻笑。

有些作家试图绕开这条不许使用副词的规则，往他的对话界定里大量注射类固醇，用意思很夸张的动词来代替"说"。所有阅读流行小说和初版简装书^①的人想必都不会对其造成的结果感到陌生：

> "把枪放下，乌特森！"金克尔咬牙道（grated）。
>
> "别停下，吻我！"莎娜喘息道（gasped）。
>
> "你这个混账刻薄鬼！"比尔怒斥（jerked out）。

拜托，千万拜托，别这么造句。

界定对话最好的方式就是"某某说"。比如"他说"，"她说"，"比尔说"，"莫妮卡说"。你如果想看看这条规则是如何被严格付诸实践的，我强烈推荐你读一读拉里·麦克穆特里的小说，这位作家就是界定对话的圣人。这话写在纸上显得很虚伪，但我是真心诚意这么说的。麦克穆特里很少纵容副词这种蒲公英长在他的草坪上。即便是在情感大爆发的时刻（在拉里·麦克穆特里的作品里，这种时刻多着呢），他也仍然坚信"他说／她说"。请你务必如法炮制。

我是不是眼高手低，"说得到，做不到"呢？读者完全有权利这么问，我也有义务如实回答。我的确做不到。你只需回头看看我前面几本小说就会发现，我也是一个惯犯。我一向比较

---

① 西方出版界的通常做法是：出版新作品时，先出定价较高的精装版，如果市场反响好，再出简装版。而初版就以简装本面世的作品，多为价值不高的快餐类读物。

注意避免使用被动语态，但我在写作中用了不少副词，其中颇有一些（说来惭愧）用来界定对话（可我从未堕落到写"他咬牙道"或是"比尔怒斥"这种地步）。我用副词的理由跟任何作家用副词的理由一样：我怕我如果不这么说，读者不会明白。

我相信恐惧是多数坏作品的根源所在。人如果纯粹为了个人愉悦而写作，也许不会那么恐惧——我想用"胆怯"来形容他们的心态就足矣了。但是某人如果是被最后期限赶着在写作——学校作业、新闻写作、毕业考试作文——就会非常恐惧。小飞象邓波靠着一根神奇羽毛飞上天空；你也许会为了某种原因迫切想要抓住一个动词的被动语态或者可恶的副词。你，在这么做之前，请务必记住邓波并不是必须仰仗那根羽毛，他本人会魔法。

你也许确实知道自己要写什么，并且能够通过使用主动态的动词给你的文字增添活力。你也许已经可以把故事讲得很不错，相信读者看到"他说"就会知道他讲话的语气与动作——是慢是快，是愉快还是伤心。但你的读者也许还在沼泽里挣扎，甭管怎么说，扔给他一根绳索……但绝对没必要拿根九十英尺的钢索把他迎头打晕。

作者放下恐惧和造作通常才能写出好东西。造作是心怀恐惧的表现。你要想写出好东西，还得选对工作用具。

没有任何一个作者在这些问题上毫无过错。E.B. 怀特还在康奈尔大学读本科时，威廉·斯特伦克就把他抓过去（趁他们年轻时把他们抓在手，他们就永远逃不出我的手心了，嘿嘿嘿）。怀特理解并且跟斯特伦克抱有同样态度，讨厌松散的文风以及产生这种文风的散乱思想，但他还是承认："我猜我写作劲头最足时，写过不下千次'事实是'，过后冷静下来，删掉了大约五百处。赛季至今只击中百分之五十的球，错过了一半的球，这让我很难过……"但 E.B. 怀特在一九五七年初次改写斯特伦克的"小书"之后的许多年里继续写作。我虽然犯过"'你不是当真的吧。'比尔不可置信地说"这种蠢错误，也会一直写下去。我估计你也一样。英语和它的变体——美式英语的核心是简洁的，但很难抓住这个核心。我只求你尽力而为，并且记得，凡人皆错误地用副词，但写"他（或她）说"方为王道。

4

掀起你工具箱的最上面一层——词汇、语法等——来看第二层。第二层存放我之前提到过的风格的那些要素。斯特伦克和怀特提供了你能想到最好的工具（还有最好的规则），而且讲得简单明了。（规则别具一格又非常严格，第一条规则就是如何表示所有格：你要使用其所有格的词即便以"-s"结尾，你也要为其加上"'s"——永远要把"托马斯的自行车"写作"Thomas's bike"而不是"Thomas'bike"。最后一条教你把句子最重要的部分摆在何处。他们认为应该把重要部分放在最后面，人们对此可以各持己见，但我决不相信"用一把大锤，他杀死了弗兰克（With a hammer he killed Frank）"比"他用一把大锤杀死了弗兰克（He killed Frank with a hammer）"好。

我们在思考完这些关于形式和风格的基本要素之前，还应该想一想段落（单句之后的语言组织）结构。为此，请你从书架上取下一本小说——最好是你尚未读过的小说。（我讲到的内容适用于大部分散文写作，但我既然是小说作家，考虑写作时想到的通常是小说。）翻到书中间，任选两页来看。观察其页面构成——行距、页眉页脚——尤其注意段落起始和结尾处的留白。

你不需阅读就能发觉你选的这本书是难是易，对不对？容易读的书里面有许多短小段落——对话段落可能只有一两个词——还有许多留白。它们就像冰雪皇后牌的蛋卷冰淇淋，中空透气。而难读的书充满观念、陈述或者描写，看起来更壮硕、紧凑。书的外形和书的内容几乎一样重要，就像是标志了目的地的地图。而书的外形和内容都是由段落构成的。

说明文的段落可以（并且应该）简洁。理想的说明段落应该以概括性句子起头，接下去的句子解释或者详述第一句的内容。下面是两个段落，出自一篇"非正式随笔"，这种文章一向很受欢迎。这两段是简单却有力的段落形式的范本：

我十岁时很害怕姐姐梅甘。她每次进我的房间，都会弄坏至少一件我心爱的玩具，通常还是我非常爱的一件。她的注视似乎具有毁灭性的力量。她看某张海报一眼，海报不出几秒钟就会从墙上掉下来。我心爱的衣服会从衣柜里消失不见。她没有把衣服拿走（我想没有），她只是把衣服变没了。我通常几个月之后才会发现那件宝贝 T 恤衫或者那双耐克鞋躲在床底深处，积满灰尘，仿佛被丢弃了，叫人看了难过。梅甘在我的房间里时，音箱会爆掉，百叶窗帘会突然砰的一声开启，桌上的台灯常常会不亮。

梅甘有时会故意作弄我。她有一次把橙汁倒在我的麦片粥里。还有一次，她在我洗澡时把牙膏挤在我袜子的脚趾部分。她虽然从来不承认，但我确信，我星期天下午在沙发上看橄榄球比赛时睡着后，她总把鼻屎抹到我的头发里。

所谓"非正式随笔"大多写滑稽琐事。你除非在当地小报上开专栏，否则写这等琐屑零碎的本事在这个布满商场和加油站的现实世界中根本派不上用场。教师想不出别的办法来浪费学生时间时，就会布置这种作文。最为臭名昭著的非正式随笔题目是《我的暑假生活》。我在缅因州立大学教过一年写作课。有一个班的学生全都是运动员和拉拉队员，他们都喜欢写随笔，像欢迎高中的老同学一样欢迎这种作业。我一整个学期都在抑制冲动，不请他们写篇两页纸的作文，题目是《耶稣基督如果是我的队友》。我确信，他们中的大多数人将会满怀热情地接受这项作业任务，有的甚至会在创作的阵痛中流下热泪。我意识到这一可怕的情况，才抑制住了冲动。

但是在非正式随笔的写作中也可以看出基本段落形式的力量。概括性句子打头，描述和支持性语句紧跟在后。这种结构要求作者必须理清思路，而且这种结构可以使作者避免游离主题。写非正式随笔时游离主题不算什么大毛病，跑题事实上几乎是时尚，必须这样干——但你如果正式写作严肃题材的文章，跑题了是个很坏的习惯。写作是对思维的精炼。你的硕士论文如果并不比一篇题为《我为什么喜欢莎妮娅·吐温①》的高中生

---

① 美国当代著名乡村女歌手，色艺俱佳。

作文更加有条理，那你的麻烦就大了。

小说的段落结构并没有这么清晰——段落构成小说的节奏，但并非小说的真正旋律。你读、写小说越多，就越会发现，段落是自动形成的。你需要的正是这种效果。写作小说时，最好不必过多考虑何时另起一段。诀窍就是顺其自然。你过后如果不喜欢自己写下的段落，修改即可。这就是改稿的目的。我们来看下面这一段文字：

> 大个子托尼的房间跟戴尔想象的很不一样。屋里的灯发出一种奇怪的黄光，让他联想起自己曾经住过的廉价汽车旅馆。那种旅馆窗外的风景通常是停车场。房间里唯一的一张画是梅小姐的照片，照片歪挂在一个大头钉上。一只闪亮的黑皮鞋从床底露出来。
>
> "我不知道你干吗老问我欧利里的事，"大个子托尼说，"你以为我会改变说法吗？"
>
> "你要改变说法吗？"戴尔问。
>
> "真事不会改变。真相总是一个熊样，今天明天没什么两样。"
>
> 大个子托尼坐下来，点上一根香烟，抬手捋了一下头发。
>
> "我从去年夏天就没再见过那个他妈的爱尔兰小子。我让他待在这里，是因为他很会搞笑，他有一次还给我看他写的一篇东西，那篇东西说基督如果是他们高中橄榄球队队员会怎么怎么，那篇东西里还有张基督戴着头盔护膝、全副武装的画。谁知道那家伙竟成了这么个小混账！我希望从来没认识过他！"

这几段话够我们上一堂五十分钟的写作课用了。里面有对话界定（读者如果看得出说话者是谁，那就不必对对话加以界定；规则第十七：省略不必要的词语：dunno, gonna[①]；逗号的用法（"真事不会改变"这一句后面没有逗号，因为我想让你听到这句话是被一口气说出来的，中间没有停顿）；我决定不在字母被省略之处加单引号[②]……把所有这些放在工具箱的最上面一层。

但我们主要还是谈段落。注意段落是如何自然流动的：故事的转折和节奏决定段落的起承转合。开头一段是经典结构：主题句打头，后面的句子支持这个主题。但其余的段落纯粹是为了区分戴尔和大个子托尼两人的对话。

第五段最有趣："大个子托尼坐下来，点上一根香烟，抬手捋了一下头发。"这段话只有一句，陈述或解释性的段落绝少只由一个句子构成。从语法上来说，这不能算个好句子。照语法和作文教材的说法，这句子中间还应该有个连接词"又（and）"。再说，这个段落到底有什么意义？

首先，这个句子可能有语法方面的缺陷，但在整篇中是个好句子。这句话风格简短，就像电报电文，改变了整篇的节奏，使行文清新。悬疑小说作家乔纳森·凯勒曼把这种写作技巧运用得很成功。他在《适者生存》里面写道："船有灰色饰边，长

---

① 口语中吞音之后，"don't know"变成"dunno"，"going to"（将要）变成了"gonna"。

② 英语中，字母被省略的位置常有单引号，如：int'l=international, I'm=I am，这段话里有几个此类词汇中没有该字符。

三十英尺，由圆滑的白色玻璃纤维制成。桅杆很高，帆都系起。船体上写着一个金边黑字'悟'。"

这种精练短语很容易被滥用（凯勒曼有时就会这么做），但把短语用得漂亮，可以让叙述紧凑，塑造出清晰的形象，创造出张力，还可以使句型丰富多变。一连串多么灵活。语言纯粹主义者不喜欢听这种话，到死都不会认可这种说法，但这是真的。语言文字不需要总是西装革履，正襟危坐。小说存在的意义不是创造语法精准的语言，而是创造让读者开心的好故事……尽量让读者忘记他/她是在读故事。这个一句话段落更像是口语而不是叙述文字，会创造出很好的效果。写作是一种引诱。好的谈话是引诱的一部分。如若不然，许多二人晚餐约会何以最终都以上床为结局呢？

这个段落还有其他功用。其中一种作用类似于舞台指导，轻微但有效地突出人物和场景；它还可以提供过渡时刻，这个时刻很重要。大个子托尼之前在抗议，说他说的是事实，然后坐下来回忆欧利里。说话的人仍然是大个子托尼，作者可以将他坐下来点烟的动作与前后说的话放在同一个段落里，但作者没有选择这种方式。大个子托尼换了个话题，所以作者把谈话分成两个段落。这个决定是作者在写作中间临时做出的，因为作者听到了自己脑袋里的节奏。这种节奏感部分出自天然本能（凯勒曼写很多短语，只因为他经常听到这样的节奏），但这种节奏也源自作者几千个小时的写作经验和几万小时的阅读经验。

我坚持认为段落而非句子才是写作的基本单位——意思在

段落中连贯起来，词语有了更多的意义，不再仅仅是单词。段落也体现了节奏的快慢。段落这东西非常奇妙，可长可短，短的只有一个单词，长的连绵几页纸（堂·罗伯森的历史小说《天堂陷落》中有个段落长达十六页；罗斯·洛克里奇的《雨树县》中也有这种长达许多页的段落）。你要想写得好，就必须学会使用段落。这就意味着你得反复练习，必须掌握写作的节奏。

5

请你再把你刚才看过的书从书架上取下来。你把书放在手里掂量掂量，就能知道一些无须阅读也能知道的事情。当然，你知道了小说的长度，但不仅如此：还有作家为了创作这本小说作出的承诺，忠诚的读者为了读这本书而必须做出的承诺。长和重不是好作品的标志；许多史诗巨著都是长篇垃圾——我的批评家们也会说，我那些傻书的出现，导致加拿大整片整片的丛林被砍伐掉，怎不令人哀叹。反过来说，短小的作品也并不一定甜美可人。某些作品（比如《廊桥遗梦》）短小，但甜得令人发腻。但承诺一直都在，不论一本书是好是坏，成功失败。语言是有重量的。请教一下图书公司仓库的运输部门或者大书店仓库的工作人员。他们深有体会。

词语连缀成句，句子连缀成段；段落的节奏有时加快，段落呼吸起来。你若愿意，想象弗兰肯斯坦创造怪物的过程。而作家灵光一闪，段落也就这么出现了，它并非来自天上的雷电，而是由英语单词构成。你平生第一次写出真正的好段落，它是如此脆弱却又充满可能性，让你不禁心慌意乱。你的感受一定跟维克多·弗兰肯斯坦相似。由死人的身体部件组成的一件东西突然张开水汪汪的黄眼睛。上帝啊，它在呼吸，你意识到，它可能还在思考。老天哪，我下面该怎么办？

当然，你得翻到工具箱再下面一层，开始真正创作小说。为什么不呢？你害怕什么呢？木匠不会造怪物，他们造的是房子、商店和银行。他们一板一眼、一砖一瓦地从头造起。你也要从一个一个段落写起，用你的词汇、语法知识和基本风格。你只要脚踏实地地做，把每扇门都刨平，想造什么都能成功——你要是有精力，可以盖幢大厦。

建造一幢词语大厦有什么意义吗？我想是有的。玛格里特·米歇尔作品《飘》的读者，查尔斯·狄更斯《荒凉山庄》的读者一定能够理解：有的时候，怪物未必真的就是怪物。它有时候很美，我们会爱上它，觉得这个故事比任何电影、电视节目给予你的都更多。你即便看了一千页，仍然不想离开作者为你创造的世界，不想离开生活在那个世界里的虚拟人物。书如果有两千页，你看完两千页仍然舍不得离去。J.R.R. 托尔金的《魔戒》三部曲就是这种现象的一个精彩范例。二战之后的三代魔幻小说爱好者嫌一千页关于霍比特人的故事不够；人们读完笨拙突兀的续篇《精灵宝钻》尤嫌不足。于是有了特里·布鲁克斯、派尔斯·安东尼、罗伯特·乔丹这些作家，以及《海底沉舟》里面那些上下求索的兔子，以及其他五十多种类似的奇幻作品。这些书的作者都在创造自己仍然热爱并且渴望再见的霍比特人。他们试图把弗罗多和山姆①从灰港找回来，因为托尔金已不在，无法替他们做到。

---

① 《魔戒》三部曲的两位主人公，都属于虚构的矮人族霍比特人。

我们谈的是一种可以习得的技巧，一种最基本的技巧。但我相信大部分人都赞同，最基本的技巧有时能够创造出大大出乎我们意料的东西。我们谈了工具和木匠活，遣词造句和语言风格……我们现在继续往下讲。你一定也知道，我们刚才也谈到了魔法。

论写作

　　一本广受欢迎的驯狗指南书可以说世上没有坏狗，但是千万别对那些孩子被比特①或者罗威纳犬咬过的家长说这话，他们肯定会恨不得撕烂你的鸟嘴。我不论多么想鼓励那些尝试严肃写作的男男女女，也不能撒谎说世上没有坏作家。我必须很抱歉地说，世上有许多坏作家。有些在你们当地报纸供职，写些小制作戏剧的剧评，对当地球队指手画脚或是大加吹捧。有些一路乱写，竟然也在加勒比海边买上房子，身后拖着一长串跳跳跶跶的副词，木呆呆的人物，以及丢人的被动语态句子。还有些坏作家出现在大众诗歌会上，身穿黑色高领衫和皱巴巴的卡其裤，冲口而出的打油诗都是"我愤怒的女同性恋的乳房"，"在那崎岖的小巷里我大喊母亲的名字"这种调调。

　　和人类一切需要天分和创意的领域一样，作家这个群体也是呈金字塔状。金字塔的底部是坏作家。上面一层是不那么重要却广受欢迎的作家，他们是称职的作家。地方小报的作者队

---

① 又称"美洲斗牛犬"，跟下文提到的罗威纳犬类似，都是性情暴躁、不易控制的犬种。

伍里有这样的写手，地方书店的书架上也有这种作家的作品的身影，大众诗歌朗诵会上也有他们的声音。这些兄弟能够明白，女同性恋再怎么愤怒，她的乳房也还是乳房。

再上面一层要小得多。他们是真正的好作家。在他们的上面——在大多数作家上面——是莎士比亚、福克纳、叶芝、萧伯纳和尤多拉·韦尔蒂这些人。他们是天才，是造物的神来之笔，他们的天分非你我所能明了，更不要说获得。见鬼，大多数的天才自己也搞不明白是怎么回事，他们中许多人生活得很痛苦，知道（至少在一定程度上知道）自己不过是运气好一点的怪胎，就像 T 台模特，只是脸颊胸脯碰巧长得对，符合某个时代的审美。

在本书进入核心部分之前，我提出两个简单看法。第一，要写出好作品，就必须掌握基础（词汇、语法、风格的要素），还要往你工具箱的第三层装满称手的工具。第二，坏写手怎么也不可能被改造成称职的作家，同样，好作家再怎么努力也成不了伟大的大师。但是一个勉强称职的作家经过辛勤的工作，身心的投入，及时得到帮助，能进步为一个好作家。

我这种观点恐怕会被许多批评家和写作老师驳斥。这些人大多持开明的政治立场，但在专业领域是死硬派。这些男女会冲上大街，抗议当地乡村俱乐部拒收非洲裔公民或者原住民美国人[①]（我想象得出斯特伦克先生会怎么对付这种政治正确却笨重拗口的名词），但经常也是这批人在课堂上告诉学生写作能力与生俱来，非人力所能左右，一朝卖身，永世是婊子。即便某

---

① 指黑人和印第安人。

位作家超越一两位评论大家的论断，也将终生背负早年的微薄声誉，就好比一位正经人家的太太，一辈子难以摆脱少女时代风流放肆的名声。有些人就是不肯忘记，仅此而已。有些文学批评只会强化文学圈里的种姓制度。知识圈的势利态度养育出这种高低贵贱分明的种姓制度，两者都根深蒂固，年代久远。雷蒙德·钱德勒如今大概可以被认为是美国二十世纪文学中一位重要人物，是较早描写二次大战之后混乱的都市生活的一个声音，但是仍然有许多批评家会一口否定这种论断。他们会愤慨地大叫：他是个雇佣文人！矫揉造作！最差劲的作家！居然还想混进文学圈，冒充我们中的一员！

有些批评家试图冲破知识分子圈的这种动脉硬化，但通常只能取得有限的成就。他们的同道也许会接受钱德勒，将其纳入大作家行列，但倾向于让他叨陪末座。他们会对他说出各种絮语：写流行小说出身，你知道的……算是那种人里混得还不错的，是不是？你知道吗，他三十年代为《黑面具》写过稿……的确令人遗憾……

查尔斯·狄更斯、小说家里的莎士比亚，也经常遭遇批评家的攻击，因为他太耸人听闻的主题和内容，他旺盛的繁殖力（狄更斯不创作小说时，就跟太太创造小孩），还因为他有广泛的读者群，不论在他的时代还是在我们这个时代，他的作品都广受欢迎。评论家和学者通常对畅销书抱有怀疑态度。他们的疑虑经常是有理有据的。但这种疑虑也经常成为逃避思考的借口。说到在思想上偷懒，没人比得上那些真正的聪明人；那些聪明人但凡有半点机会，就会把桨橹打包运走，任由小船在水上漂荡……或者大梦神游拜占庭。

我料到有人会指责我，说我这是在宣扬快快乐乐、不动脑筋的霍拉旭·阿尔杰[①]哲学，借机为自己并不清白的声誉做辩护，同时还鼓励"非我族类"的老家伙申请加入乡村俱乐部。我觉得，你要这么想，我也没办法。但是请容许我再重复一遍我的基本前提，然后再继续论述：你如果是个坏写手，谁也不能把你变成一个好作家，哪怕让你勉强称职也做不到。你如果已经是个好作家，想成个伟大作家……趁早算了吧。

我接下来就要谈谈我对于如何写出好小说这个问题所了解的一切。我会尽量长话短说，因为你的时间宝贵，我也一样，并且你我都理解，我们花费时间来谈论写作，始终不如花时间真的去写。我会尽量以鼓励为主，这一方面是我天性如此，另一方面也是因为我热爱这份工作，希望你能爱上它。但是你如果不准备拼命干，玩命写，那你根本就没打算试着写出点好东西——你还是安心做个称职的写手吧，并且心怀感激，因为那点本事勉强够用。缪斯确实存在，但他[②]决不会飘到你的书房，然后把创作的仙尘洒满你的打字机或是电脑。他住在地下，是个地下室住客。你得降到他的位置，以后还得给他装修出个房间居住。你必须亲自完成这些苦差事，换句话说，这位缪斯会坐在一旁，抽着雪茄，欣赏他的保龄球奖杯，假装完全无视你的存在。你认为这公平吗？我觉得这很公平。缪斯这家伙看起来可能不咋地，可能也不大好说话（我的缪斯不当班时，经常

---

① 霍拉旭·阿尔杰（1832—1899），美国畅销少儿小说家，作品通常讲述出身贫穷的男孩刻苦耐劳，冲破种种障碍，终于成就一番大事业。他的作品在十九世纪末二十世纪初广受欢迎，单在美国就售出两千万本。

② 传统上缪斯都是女性，但我的缪斯是男的；恐怕我们得接受这一现实。——作者

只给我几声不耐烦的哼哼），但他有灵感。你就该辛苦干活，点灯熬油，因为这个抽雪茄、长小翅膀的家伙有一袋子魔法。那里面的东西足以改变你的人生。

相信我，我知道的。

1

你如果想成为作家，必须首先得做到两件事：多读，多写。据我所知别无捷径，哪个作家都得干这两件事。

我读书速度很慢，但每年通常也要读七八十本，其中多半都是小说。我读书并非为了学习写作；我读书是因为我就喜欢。躺倒在蓝椅子上读书，这是我晚间的消遣。我读小说并非为了研究小说的艺术，纯粹是因为我喜欢故事。但我在不知不觉中学到了一些东西。你拿起来读的每一本书都对你有教益，写得不好的书比好书通常会给你更多教益。

我读八年级时，偶然间读了穆瑞·莱恩斯特的一本简装版小说。莱恩斯特是位通俗科幻作家，作品主要写于四五十年代，《神奇故事》这种杂志当时出的稿费是每个词一美分。我也读过莱恩斯特先生的其他作品，知道他的写作水平不大稳定。我八岁时读的那本说的是在小行星带采矿的故事，那算不上是他的成功作品。这么说太客气，那小说事实上写得糟透了，人物单薄如纸，情节发展荒诞不经。最糟糕的是（至少在我当时看来），莱恩斯特爱上了"热情"①这个词。角色望着储有矿藏的行

---

① 原文为"zestful"，意为"热情，有滋味"。

星带，露出"热情的"微笑。小说快结束时，男主角给大胸脯、金头发的女主角来了个"热情的"拥抱。我读了这本书之后，就像被注射了文学意义上的牛痘，终生对天花免疫：据我回忆，我写短篇也好，长篇也罢，从来没有用过"热情的"这个词，总是尽力避免。

这本《星际矿工》（这并非小说原题，但跟原题离得不太远）算得上我读者生涯中一本重要的书。每个人大概都记得自己失去童贞的经历，而大多数作家都记得自己丢下手的第一本书，心里想：我都能写得比这本书强些。见鬼，我写得比他好！一位艰苦奋斗的作家发觉自己的作品毫无疑问要比某个靠写作赚到钱的人更棒，还有什么比这更让他/她感到鼓舞？

最容易让你学会不该怎么写的方式是阅读烂文章——一本《星际矿工》这样的小说（或者《玩偶山谷》《阁楼之花》《廊桥遗梦》，试举一二而已），胜过优秀写作学校一学期的课程，这还是把那些名人讲座也算在内。

而好的作品能教给学习写作的人风格、优雅叙事、情节发展、丰满可信的人物创作，还有实事求是的态度。一部《愤怒的葡萄》这样的小说可以令一个新手作家充满绝望，还有那种美好而古老的嫉妒——"我永远写不了这么好，哪怕活上一千年"——但这种感受可以变成激励，诱使作家更加努力，把目标定得更高远。一个好故事再加上好文笔，能让人读得血脉贲张，仿佛被击倒在地。这是任何一个作家经受锻造的必由之路。你除非曾被好作品震倒，否则决不可能希望自己的作品也有如此力量，将读者震住。

我们阅读、体会平庸之作以及绝对烂书的经验会帮助我们，因为这些东西悄然出现在我们的作品中时，我们能有所识别，避免写成那样。我们阅读也是为了拿自己跟好作家及伟大作家的作品做个比对，对自己能做到哪一步心里有个数。我们阅读还是为了体验不同的写作风格。

你可能会发觉自己借用了一种特别触动自己的写作风格，这没什么不妥。我少年时代读雷·布拉德伯里时，写的东西也像他的东西———一切都翠绿青葱，异常神奇，仿佛是我透过陈旧而模糊的镜头看到的。我读詹姆斯·M. 凯恩时，写的一切都简洁脆快，硬朗坚决。我读洛弗克拉夫特时，我的行文风格也变得华丽繁复，有拜占庭之风。所有这些风格糅合于我少年时代写的小说里，所以小说很是杂乱可笑。糅合不同风格，是你形成个人风格之前的必经阶段，但杂糅不是凭空发生的。你必须广泛阅读，同时不断精炼并且重新定义自己的作品。我很难相信那些很少阅读或根本不读的人竟然也打算写作，并且期望别人喜欢他们的著作。但我知道确有这种人。如果每次有人告诉我他／她想当作家，却"没时间读书"，我就可以收到一毛钱，我靠这件事攒到今天的钱足够我吃一顿很不错的牛排大餐了。可否容我直言不讳？你如果没时间读书，那你就没时间（也没工具）写作。道理就这么简单。

阅读在一个作家的生活和创作的核心。我走到哪里都带着本书，我发现我有很多机会抽空读上几页。我的意思是，读书既可一气呵成，也可浅斟小酌。候诊室、候机厅简直是现成的读书室，但待在剧场大堂和漫长而无聊的等候队伍里也可阅读。而大家共同的最爱，厕所，更是阅读的好地方。托了有声读物这种革命性发明的福，你现在甚至可以一边开车一边读书。在我每年读的书里，有六到十二本是磁带。说你因此错过了广播节目？快得了吧，你究竟能听深紫乐队①唱《公路之星》多少遍？

在文明社会，就餐时阅读被认为是失礼之举，但你倘若期望成为成功的作家，粗鲁失礼什么的是你最不需计较的第二件事。你最最不需要计较的头一件事，是这文明社会和它对你的期许。反正你如果有心真诚坦白地写作，你作为文明社会一员的日子也快到头了。

还有哪些地方可供阅读？健身房的跑步机或者其他运动器械。我尽量每天花一个钟头运动，我觉得，我若没有一本好小说相伴，这过程非把我搞疯了不可。大多数健身器械（家里外头都一样）上如今都备有电视机，但电视机——不论是健身器材上的还是别处的——实在是一位胸怀大志的作家最不需要的东西。你如果感到自己确实需要看 CNN 的新闻分析家吹大牛，看 MSNBC 的股市大话，或者 ESPN 的体育大话，那么你是时候自问：你对当作家这回事到底有多认真？你必须准备转向内心想象的世界，这就意味着，杰拉尔多、凯斯·奥伯曼、哲·莱诺这些电视名嘴恐怕必须退后。阅读要花时间，而电视机这个玻璃奶嘴会占用你太多时间。

大多数人一旦戒除了对电视机的短暂渴望，会发现自己能享受阅读时光。我很负责地说，关掉那个嘎嘎叫个不停的盒子不但可以提高你的生活质量，还可以提高你的写作水准。况且这算是多大的牺牲呢？要看多少遍《弗雷泽》或是《急诊室的

---

① 英国摇滚乐队，成名于一九七〇年代，是较早采用重金属和硬摇滚风格的乐队之一，其音乐结合古典、布鲁斯等多种曲风。

故事》重播，生命才能够完整？要看多少理查德·西蒙斯电视购物？看多少CNN政坛黑幕揭秘？得了吧，哥们，快别招我说个没完。杰里-斯普林格-德雷博士-朱迪法官-杰里-伐沃尔-唐尼和玛丽，我还是打住吧。

我儿子欧文在大约七岁时，爱上了布鲁斯·斯普林斯汀及东大街乐队，尤其爱乐队里魁梧的萨克斯风演奏家克拉伦斯·克莱门斯。欧文决定学习像克拉伦斯那样演奏萨克斯。我和老婆都为他的这种雄心感到高兴又好玩。我们也像一般家长那样满怀希望，希望自家孩子有天分，能成气候，乃至出息成神童。我们送给欧文一支低音萨克斯风作为圣诞礼物，还请了位本地音乐家做他的老师，这位老师名叫格顿·伯伊。然后我们祈求一切顺利，静候佳音。

七个月后，我对老婆说，欧文如果赞成，我们可以终止他的萨克斯课程了。欧文果然同意，明显也松了一口气。他不想主动提出终止课程，毕竟是他先提出要买萨克斯的，但是七个月的时间足以让他明白，他虽然很喜欢听克拉伦斯·克莱门斯洪亮的演奏，他自己不是演奏萨克斯的那块料。老天没赋予他这种天分。

我并非因为欧文停止练习才明白了这一点，而是因为他只在伯伊老师规定的时间练习演奏：每周四天放学后练半个钟头，周末再练一个钟头。欧文掌握了音阶与读谱——他记东西没问题，肺活量够用，手眼也协调——但我们从未听到他摆脱乐谱，即兴吹出一曲新调子，让自己也喜出望外一把。而规定的练习时间一结束，他就把琴放回盒子，跟喇叭摆在一起，直到下次上课或者练习时间才拿出来。在我看来，我儿子跟萨克斯真的是玩不到一处；永远都是练习、排练，没有真正的演出时段。这样不成。你如果不能乐在其中，就不能成器。还是趁早探索其他领域，也许还有更高的天赋和更多的乐趣有待你发掘。

天赋使得练习这回事完全失去了意义；你如果发现自己在某件事上天赋异禀，会主动去做这件事（不管是什么事），直到手指流血，眼睛都要从脑袋里掉出来。即便没有人听你演奏（或是读你写的东西，看你的表演），你每次出手也都是一场炫技表演，因为你感受到了作为创作者的快乐或狂喜。这说法适用于读书写作，也适用于玩乐器、打球，或者跑马拉松。你如果乐在其中并且有这方面的天赋，那么我倡导的这种刻苦阅读和写作的模式——每天四到六小时，天天如此——就不会显得太艰苦；你很可能已经在这么做了。但是，你如果觉得需要某种许可才可以这么畅快地读书写作，我在此衷心赋予你这种权力，放手去做吧。

阅读真正的意义在于，它能够让写作变得容易上手。你来到作家国度时，应该准备好各种证书。持续阅读会将你带入一种状态（换句话说，就是让你做好精神准备），你可以很迫切很放松地写作。阅读也会持续告诉你，前人做过些什么，没做过什么，什么是陈腔滥调，什么会令人耳目一新，怎么写算是言之有物或者死气沉沉。你读得越多，下笔或者敲键盘时才越不会显得像个傻瓜。

2

"多读多写"是第一戒律——我敢保证的确如此——那么

写多少才算上多呢？这点当然因人而异。关于这事，我来讲个我非常喜欢的段子——段子也许跟事实小有出入，说的是詹姆斯·乔伊斯①。据说，有位朋友某天去看他，发现这位伟大作家趴在书桌上，一副绝望之态。

"詹姆斯，出什么事了？"朋友问道，"工作不顺利吗？"

乔伊斯没有抬头看朋友，只是做出了一点肯定的表示。当然是因为写作不顺，向来不就如此吗？

"你今天得了多少字？"朋友追问道。

乔伊斯仍然绝望地脸朝下趴在桌上，回答道："七个。"

"七个？不过詹姆斯……这就不错了，反正对你来说这算不少了！"

"没错，"乔伊斯说，总算抬起头来，"我猜确实是这么回事……可问题是，我不知道这七个字谁先谁后！"

还有些作家，例如安东尼·特罗洛普，是另外一个极端。他写的小说巨长无比（《你能原谅她吗？》就是个典型例子；对当代读者来说，倒不如把小说题目改为《你能读得完吗？》），他以惊人的自律，坚持不懈地把这些小说写完。他白天是大英邮政局的职员（遍布英国的红色信箱就是他发明的），但他每天早晨都要坚持写作两个半钟头，然后再去上班。他的写作时间固定，雷打不动。两个半小时结束时，他如果有一句话写到半截，他就第二天早上写下半句话。他的某本六百页皇皇巨著完成，而还差十五分钟才到他规定的结束时间，他就写下"完"，

---

① 关于乔伊斯有很多逸事。我最喜欢的一个是这样的，他视力下降之后，一定要穿上牛奶工人的制服才能写作。据说这是因为他相信这种白色制服能够将阳光反射到纸页上。——作者

把手稿收好，开始写下一本书。

英国推理小说作家约翰·克里西用十个不同的笔名写下了五百本（没错，就是五百本）小说。我迄今一共写了大约三十五本书——有些书长度堪比特罗洛普的作品——人们普遍认为我是个多产作家，但是我跟克里西一比，这几本实在算不得多。当代有几位作家（露丝·伦德尔/芭芭拉·瓦恩，伊万·亨特/艾德·迈克贝恩，迪恩·孔茨，乔伊丝·卡洛尔·欧茨等）作品数量跟我不相上下；有些作家作品更多。

另一个阵营——詹姆斯·乔伊斯那一头——有哈珀·李。她只写了一本书（即《杀死一只知更鸟》这本杰作）①。许多作家——包括詹姆斯·阿基，马尔克姆·劳里，还有托马斯·哈里斯（迄今为止）——作品不超过五部。这也没什么，但我老想问这帮伙计两个问题：他们已经写出来的作品是花了多久写成的？他们在那些时间之外在干吗？编织阿富汗毛毯？组织教堂集市？崇拜李子？我这么说很可能有点妄自尊大，但是请相信，我确实感到好奇。上帝赋予你一件你力所能及的工作，看在上帝的分上，你干吗不做呢？

我本人的时间表大体很清晰。上午写新作品——进行中的著作。下午小睡一会儿，处理信件。晚间阅读，陪伴家人，看电视转播的红袜队比赛。如果有非校不可的稿子，就校稿。大体来说，我主要在上午写作。

我一旦开始写某本书，除非万不得已，我不会停下来，也不会放慢速度。我如果不每天都写，我脑子里的人物就会开

---

① 该作家于二〇〇五出版第二本书《设立守望者》。

始走样——他们开始变得像是小说里的人物，而不是真实的人。叙述故事的刀锋开始生锈，我开始对故事情节的进展失去控制。最糟糕的是，那种创作新东西的兴奋感会逐渐消退。写作开始让我觉得像份工作，而对大多数作家来说，这简直就是死神之吻。写作最棒的时候——向来如此，亘古不变——就是作家觉得他是满怀灵感、享受写作的时候。我如果不得已，也可以不动感情地写，但我喜欢鲜活滚烫、几乎灼人的写作状态。

我曾经对采访我的人说，我每天都写，除了圣诞节、国庆节以及我本人的生日。我那是撒谎。我那么说，是因为你得给记者提供素材，你的段子如果有点俏皮，那就更好了。我那么说也是因为，我不想让自己显得像个工作狂马屁精（我猜最多是工作狂）。事实是，我一旦开始写东西，就每天都要写，管他工作狂马屁精什么的，在圣诞节、国庆节以及我的生日（我到了这把年纪，最好不过生日）也写。我不工作的时候，就根本不写，但我在这些完全停工的日子里通常会有些自我放纵，夜里还睡不好觉。对我来说，不写作才是真正的工作。我写作的时候，就像在游乐场，在我感觉最糟糕的三个钟头里，我的感觉其实还是真他妈的爽。

我过去写得比现在快；我有一个星期写完了《跑步者》，这样的成就大概可以得到约翰·克里西的赏识（但我曾经读到，克里西有几本推理小说是他在两天之内完工的）。我想大概是戒烟让我的速度变慢了；尼古丁在加强神经键功能方面功效很强。当然，问题是这东西在帮助你写作时也在要你的命。可我还是相信——哪怕是大部头——应该在三个月内完成一本书的初稿。

这也是一个季节的长度。至少对我来说，写作超过了这个时间，故事就会产生一种奇怪的异质感，就好像罗马尼亚公共事务部派出的一支小分队，或者太阳黑子活动剧烈时高频短波收音机发出的声音。

我希望一天能写十页，也就是大约两千英文单词。三个月就是大概十八万字，这是一本书非常适宜的长度——小说如果写得好，故事很鲜活，读者可以享受迷失其中的过程。有些时候，我能顺利完成这十页；到上午十一点半，我就已经从书桌旁起身，走出书房，处理杂事。但随着年岁增长，我越来越经常地发现，自己得在书桌上吃午饭，到下午一点半才能完成工作量。我有的时候写得不顺，到下午茶的时间还在书桌旁留连。但我无所谓几点站起来，我只有在极糟糕的状态下，才会容许自己不完成两千字就关机。

要进行这种有规律的创作（或者说特罗洛普式的创作），工作环境要安静。天生最多产的作家在一处警报频传、老让其分心的环境里也很难坚持工作。当然，偶尔分散精力可以被原谅。我被问到"成功秘诀"（这提法很没道理，但肯定会有人提）时，有时候会说到两点：一是我一直比较健康（至少我一九九九年在路边被小货车撞倒之前是这样），二是我没离婚。这答案挺好，因为我很容易就把这问题打发掉了。这个答案里有真实的成分。健康的身体加上稳定的婚姻使我的写作生涯可以一直延续。我太太是个独立女性，不买我或者其他任何人胡说八道的账。我相信这句话反过来也是通的：我的写作以及我从中获得的快乐对我保持健康和稳定的家庭生活很有帮助。

3

你几乎在哪里都能读书，但你要是写作，图书馆的阅览室、公园长椅或者出租屋都是不得已时的选择——杜鲁门·卡波蒂曾经说，他最好的作品都是他在汽车旅馆里写出来的，但他属于例外，我们大多数人还是在自己的房间里写得最顺。你在没找到一个属于自己的空间之前，会发现很难严肃对待自己刚立下的写作决心。

你不必非要以花花公子推崇的派头装修写作用的书房，也不需要拿一张美国早期式样的拉盖书桌摆放写作工具。我出版的头两部小说，《魔女嘉丽》和《萨冷镇》都是我在一辆双倍宽拖车房的洗衣间里写出来的，儿童书桌搁在我腿上，好不容易才能保持平衡，我用我太太的奥丽维蒂牌手提打字机玩命敲打。传说约翰·契弗在他位于花园大道的公寓楼的地下室里，紧挨着锅炉写作。地方不妨简陋（或许简陋更好，我想我此前对此已有所暗示），但有一样东西必不可少：一扇你甘心关上的门。你关门，等于是以你的方式告诉世界，也告诉自己，你言出必行；你已做下要写作的严肃承诺，一诺千金，说到做到。

你终于走进书房，关上门，应该已经定好每天的写作目标。你得像进行体育锻炼那样，起初最好把目标定得低一点，免得泄气。我的建议是每天一千单词。我想我可以再慷慨一点，建议你每星期休息一天，至少刚开始时可以每周休息。就一天，休息日子多了，你就会失去写故事给予你的紧迫感。你目标定好以后，就要下定决心，不达目标决不开门。赶紧动手把这一千个单词写在纸上，或者写在软盘里。我早年接受采访（我想是在宣传《魔女嘉丽》时），一位广播节目主持人问我是如何写作的。我的回答是"一个字一个字地写"，他似乎一时无言以对。我想他是在琢磨我是不是在说笑话。我是认真的。终极答案总是这么简单。不论是只有一页的小短文，还是《魔戒》这样的三部曲史诗巨著，都是作者一个字一个字写出来的。门把世界都关在外面，把你关在了里面。你要集中精力，完成手上的工作。

如果可能，你的书房里不该有电话，当然更不该有电视或者电脑游戏这些让你打发闲暇的玩意。房间如果有窗户，除非窗外是一面光秃秃的墙，不然你要把窗帘拉上，阳挡外面的世界。任何作家都应如此，新手作家尤应如此。消除一切会让你分心的可能性是明智之举。你坚持写下去，会本能而自然而然地把这些会让人分心的因素屏蔽掉。但在开始阶段，你最好还是在动手写作之前就尽量把这些处理好。我听着很吵的音乐写作——AC/DC，枪与玫瑰，金属乐队这种摇滚乐一直是我的偏爱——但是对我来说，听音乐是另外一种关门方式。音乐环绕着我，将凡俗事物隔离在外。你写作时，会想让世界整个消失，难道不是吗？当然是这样。你写作时是在创造自己的世界。

我想，我们其实正在讨论创造性睡眠。你的书房应当是卧室一样的私密处所，是你可以在那里入梦的地方。你的时间表——每天几乎在同一时间进入书房，在软盘里或者纸上写出一千字方可出来——存在的目的就是让你养成习惯，让你很容易入梦，就像你每晚大致在相同时间完成基本固定的动作，然后上床，让自己更容易入眠。睡眠与写作的相似之处在于，我们都要学会让身体平静，尽量让头脑从日常生活单调的理性思考中解脱出来。你的大脑和身体对此渐渐习惯，每天会休息一定的时间——六七个小时，或睡到医生建议的八小时——你也可以让清醒的头脑进入想象的睡眠，做生动的想象之梦，即成功的小说作品。

但是你需要一个房间，需要房门，需要关上门的决心。你也需要一个具体的目标。你坚持的时间越长，写作对你而言就会越容易。不要等待缪斯从天而降。我在前面已经说了，他是个固执的家伙，不容易受到创作悸动的蛊惑。我们不是在谈论灵异世界或者占卜板，而是在谈论与装下水道、开大卡车差不多的一份差事。你的工作就是要保证让缪斯知道，每天九点到中午，或者七点到三点，你都在。他如果真的看到你这么做，我向你保证，他迟早会现身，咬着雪茄，施展魔法。

4

那么好了。你在自己的房间里，窗帘拉上了，门关上了，电话线也被拔掉了。你还把电视炸了，下定决心不管水深火热每天要写出一千字才肯罢休。大问题来了：写什么？答案同样重大：你想写什么就写什么。什么都行……你只要讲真话。

从前，写作课上的箴言是"写你了解的事"。这话听起来不错，但你如果想写乘飞船探测外太空其他行星，或是丈夫谋杀老婆，然后用碎木机毁尸灭迹，那怎么办？作家该怎么搞定这两个题材，以及其他成千上万种神奇构思呢？如何用"写你了解的"这句箴言指导写作?

我想你首先要宽注地理解"写你了解的"。你如果是管道工,当然懂得装管道,但你的知识绝不仅仅限于此。你的心了解很多东西,想象力也一样。感谢上帝,若没有了心和想象力,虚构世界一定会是个糟糕的地方。或许根本不会存在。

说到题材,这样说吧,从你喜欢读的题材开始写起。我早年迷恋恐怖漫画,直到再也不能在这类漫画中读到新意才将其丢开。我真的喜欢那些漫画,也喜欢《我嫁给了外星怪物》这样的电影,结果就写出了《我是一个少年盗墓者》这样的故事。我如今写的东西仅仅是这种故事的复杂升级版。我天生就爱黑暗夜色以及让人恐惧的棺木,就是这样。你若觉得我品位不高,我只能无可奈何耸耸肩。我就是爱。

你如果是个科幻迷,自然会想写科幻小说(你读得越多,写的时候就越可能做到不落窠臼,不去重复这一领域的传统主题,比如太空歌剧,或是反乌托邦讽刺故事)。你如果喜欢推理小说,自然会想写推理小说。你如果爱读言情小说,自然会想自己写浪漫爱情故事。写任何题材都没问题。我认为,你如果背弃自己了解并且喜爱的东西(或者说热爱,就像我曾热爱旧时代的恐怖漫画以及黑白恐怖片那样),转而投向你认为可以让你赢得亲友和写作圈同仁尊敬和青睐的题材,那才是大错特错。为了赚钱特意去写某种类型的小说也大错特错。这是因为这样做于道义上站不住脚——写小说是为了布一张虚构故事的大网,从中捕捉真理,而不是为了求财犯下文学欺诈的罪。从另一方面说,我的兄弟姐妹们啊,你这么做根本赚不到大钱。

有人问我为什么要写我写的这种故事时,我总是觉得,问题本身比我可能给出的任何答案都更能说明问题。这问题有如图西牌棒棒糖，里面裹着耐人咀嚼的东西，包含着一种先入为主的观念，即作家可以控制他写的素材，而不是素材控制作家。[1] 一个创作态度严肃认真的作家没有办法像投资者估算不同股票的价值那样，去估算他的小说素材，从中选出可能获利最高的一种。这种办法如果可行，每本正出版的小说都会是畅销书，付给某十几位"大牌作家"巨额预付金的情况也将不复存在。出版商肯定希望这样的情况发生。

格里沙姆、克兰西、克里奇顿还有我本人——以及其他几位——能够得到巨额稿费是因为我们卖给异常多的读者群异常多的书。书评家们有时候认为我们掌握了其他一些作家（通常指更出色的作家）未能发现或者不肯屈尊使用的神秘语汇。我怀疑事实并非如此。我也不相信某些畅销书作家的论点（我想到已经去世的杰奎琳·苏珊，但是不止她一人持这种看法），他们认为自己成功是因为他们文学成就高——即大众读者能够理解他们的伟大之处，而那些嫉妒成性的文学正统不能理解。这种观点很荒唐，是虚荣和缺乏安全感的表现。

大多数情况下，读者不会冲着文学成就买一本书。读者想要一个好故事，这个故事可以在他坐飞机时一下子抓住他，吸引他从第一页翻到最后一页。我想，读者如果认同书中人物以及他们的行为、环境和言语，上述现象就会发生。读者听到他／她自己生活和信念的强烈回响，就会更喜欢这故事。我得说这

---

[1] 我的第一位真正意义上的经纪人科比·迈考利谈到这个问题时，曾引用科幻作家阿尔弗雷德·贝斯特（著有《群星，我的归宿》以及《被毁灭的人》）的话。阿尔菲曾经以不容辩驳的口气说："作品说了算。"——作者

种联想决不是预先设计所能达到的效果，没有谁能够像赛马探子刺探情报那样，估算图书市场，并凭此获利丰厚。

处于起步阶段的作家模仿别人的风格无可厚非（哪个作家都必定会模仿别人，作家进入一个新阶段的标志就是某种模仿的出现），但你不可能模仿一个作家处理某种题材的独特方式，虽然那种处理方式看起来平淡无奇。换句话说，写书不可能像发射导弹那样精准。有人决心写出约翰·格里沙姆或者汤姆·克兰西那样的作品，结果写出的多半是些苍白无力的模仿之作，因为两者的词汇跟感觉不是一回事，两者的故事情节与人们的心灵感受以及头脑理解的真相距离十万八千里。你看到某本小说封面上印着"秉承（约翰·格里沙姆／帕特里夏·康威尔／玛丽·希金斯·克拉克／迪恩·孔茨）的传统"，立刻就能知道这是一本被高估的（通常还很无聊的）模仿之作。

喜欢什么就写什么，注入真实生活，结合自己对生活、友谊、爱情、性爱以及工作的了解，让作品与众不同。尤其是工作。人们喜欢读关于工作的描写。上帝才知道为什么，但确实如此。你如果是个管道工，又爱读科幻小说，可以考虑写本小说，说说管道工上了飞船或者到了外星球的事。听起来愚不可及？已故的克里弗德·D.斯马克有一本叫《太空工程师》的小说，内容跟上述相去不远，而且读起来令人相当愉快。你需要记住，不要像上课那样，长篇大论地讲知识，而是用知识充实小说。这两者不是一回事，后者可取，前者可免。

用约翰·格里沙姆的开山之作《律师行》这个例子来说明吧。在这个故事里，一个年轻律师发现自己看似妙不可言的第一份工作很不对劲——他是在为黑手党干活。《律师行》充满悬念，引人入胜，节奏紧凑，销售量大到不可计数。小说最令读者着迷之处大概是年轻律师的道德两难处境：替黑帮卖命毫无疑问是不对的，但薪水可不是盖的！还可以开宝马，这还只是新人的待遇！

读者同样享受主人公使尽浑身解数从这种困境中挣脱出来的过程。大多数人也许不会选择主人公那样的做法，且小说最后五十页的情节发展相当生硬，但大多数人一定会希望自己能这么做。我们在生活中不曾希望救星从天而降，问题迎刃而解吗？

我不是百分百确定，但敢拿身家性命打赌，约翰·格里沙姆从来没有替黑帮做过事。与这一点有关的部分纯属虚构（纯粹的虚构正是小说作家最纯粹的乐趣来源）。但他的确曾经是个年轻律师，从来没有忘记过当时的挣扎奋斗，也从未忘记过那些金融陷阱和甜蜜圈套，正是这些使得公司法领域黑幕迭出。他用直白的幽默讲述这个领域，决不让行话废话代替故事，最终描画出一个达尔文式适者生存的丛林世界，只是其中的野蛮人都身着三件套西装。还有——这一点最妙——你真的相信这个世界存在。格里沙姆亲自到过那里，勘察了地形和敌军驻地，带回一份完整的报告。他如实但巧妙地讲述自己了解的一切。从这一点讲，他靠《律师行》这本书赚的每一分钱，都是他应得的。

有些批评家认为《律师行》以及作者后来的作品写作水平不高，还有人声称他的成功令人百思不得其解。这些人如此不得要领要么是因为他们太蠢，看不见显而易见的事实，要么是故作迟钝。格里沙姆的虚构故事扎根于他所了解的现实生活，他本人的经历，他以极端诚实（几乎是天真幼稚）的坦白态度把故事写了出来。其结果就是，这样一本书——有人说他的人物扁平，缺乏生命力，这是可以讨论的方面——勇敢坦率，很有特色，读起来很过瘾。你作为一个新手作家，最好不要模仿这种似乎由格里沙姆开创的受困律师题材，而应该学习格里沙姆的坦诚写法。他似乎没别的招儿，只会直奔主题。

约翰·格里沙姆了解律师。而你所了解的知识会帮你在其他方面独树一帜。勇敢些。记下敌军的位置，回来告诉我们你了解到的情况。还要记住，太空管道工具的不一定是个糟糕的故事点子。

5

在我看来，短篇小说也罢，长篇小说也罢，都是由三部分构成的：叙事，将故事从 A 点推至 B 点，最终推至 Z 点，故事结束；描写，把读者带进现场；对话，通过具体言语赋予人物生命。

你可能会奇怪，应该把情节构思摆在什么位置？答案是——至少我的答案是——没它的位置。我不会试图让你相信我从来没有构思过情节，就好像我不会试图让你相信我从来不曾撒谎。但我尽量避免做这两件事，认为少做为妙。我基于两个理由不信任情节构思：首先，真实的生活多半是未经构思的，我们所有的合理预警和精心计划对真实生活影响甚微；其次，我相信情节构思和真正创作的自发性是互不相容的。我最好把这一点讲清楚些——我希望你能理解我对于写小说的基本信念：故事几乎都是自发的。作家的职责就是为它们提供发展的空间（当然还要把故事写出来）。你如果能像这样看待问题（或者至少尝试这么想），我们就可以比较舒服地一起工作。但是你如果认定我是个疯子，那也没关系。你不是第一个这么想的人。

我曾经在接受《纽约客》的一次采访时，对采访我的马克·辛格说，我相信故事有如埋在地下的化石，是被人们发掘出来的。他说他不相信我的话。我回答说这没关系，他只要相信我是这么相信的就够了。我确实这么认为。故事不是纪念T恤衫或是掌上游戏机，它们是遗迹，属于一个未被发现但已经存在的世界。作家的工作就是利用他／她工具箱里的工具，把每个故事尽量完好无损地从地里挖出来。你有时候发掘的化石很小，可能只是颗贝壳。你有时候发现的化石巨大，是头骨架庞大、牙齿凌厉的霸王龙。无论你发现的是哪种化石，短篇小说或一千多页的巨著，挖掘的技术大致上相同。

不论你天分多高，经验多么丰富，要想把化石完整地从土里挖出来并让其没有些许损坏或损失，基本是不可能的。你哪怕是为了得到化石的大部分，也得让铁锹让位于更精细的工具：吹气管，微型鹤嘴锄，也许还需要一把牙刷。情节构思作为一种工具实在是太大了，对作家来说有如一把开山锤。你确实能用一柄开山大锤把化石从坚硬的地里弄出来，这点没什么好争论的，但你我都知道大锤掘出来多少东西，差不多也就砸碎了多少东西。这东西笨拙、机械，与创造性格格不入。在我看来，好作家惟有不得已时才求助于情节构思，愚人却把它当作第一选择。这种构思出来的故事通常会令人感觉造作，不自然。

我主要依靠直觉，我能够这么做，是因为我的书多半是基于某种情势而非故事。这些书最初通常只是些很简单的点子。当然有些要更复杂些，但大多如同百货商场的展示窗，或者蜡像造型一般单纯明了。我想要将一群人物（也许是两个，也许只有一个）放到某种困境中，然后观察他们如何竭尽全力脱身。我的工作并非帮助他们脱身，或是操纵他们的命运，把他们从困境中弄出来——这些工作需要情节构思这柄大锤，这种力道大、动静响的工具才能完成——而是观看发生的事情，然后把它写下来。

首先出来的是情势。人物——开始时总是平板、毫无个性——随后出现。这些东西一旦在我脑子里固定下来，我就开始叙事。我对于结局常会有个大致的想法，但从来不曾命令任何一群人物必须按照我的旨意行事。相反，我希望他们照自己的意思做。有的时候，结局跟我想象的一样。但大多数时候，结局完全出乎我的意料。这对于一个悬疑作家来说可是件大好事。毕竟我不单是小说的作者，还是它的第一个读者。如果连我都无法准确猜出这倒霉东西到底会变成个什么样，哪怕我对即将发生什么心有所知也没用，那么我基本可以放心地认为读者一定会焦虑得手不释卷，一页页读下去。再说了，何必担心结局呢？控制欲何必那么强？或迟或早。每个故事总会走到个结局，管它结在哪儿呢。

一九八〇年代早期，我和妻子去伦敦，这是一次半公务半游览的旅行。我在飞机上睡着了，梦到一个流行作家（那人也许是我，也许不是，但上帝作证，绝不是詹姆斯·卡恩①）落入一个精神病崇拜者之手，被困某个地处偏远的农场。这粉丝是女性，因为偏执狂越来越厉害，跟社会渐渐疏远脱节。她养了

---

① 美国演员，出演过电影《教父》的主要角色以及《危情十日》（《头号书迷》）的男主角。

几头牲畜，还有一头宠物猪，这头猪名叫米泽丽。猪和这位作家的畅销系列图书主人公同名。我醒来后，对这个梦最清楚的记忆就是这女人对作家说了句什么。作家断了一条腿，被关在房子后部的一间卧室里。我把这句话写在泛美航空的一张鸡尾酒纸巾上，免得忘记，然后把纸巾塞在口袋里。我不知道自己把那张纸巾丢在哪儿了，但基本记得我写下来的东西：

> 她讲话很快，但很少跟你对视。是个大块头女人，身体很结实。她是个滴水不漏的人。（鬼知道这句是什么意思，别忘了我那时候刚睡醒。）"我给猪起名米泽丽并非是恶意取笑，不，先生。请您别这么想。不，我给猪起这样的名字是出于崇拜者的热爱之情，这是世上最纯的爱。您应该感到荣幸。"

我和塔碧莎住在伦敦的布朗酒店，我在第一晚睡不着。这部分是因为我正上方的房间里有三个体操运动员小姑娘在搞三重唱，部分无疑是因为时差，但这最主要是因为飞机上的那张纸巾。我自认为在纸巾上写下了一个非常不错故事的种子，故事可能既好玩又有讽刺意味，还很吓人。我觉得不把故事写出来太可惜了。这么好的素材。

我起床，下楼，问门房有没有僻静地方可以让我写点东西。他带我到二楼楼梯口一张非常漂亮的书桌前。他不乏自豪地对我说，这曾经是罗德亚德·吉卜林①的书桌。他也许有理由自

---

① 吉卜林（1865—1936），英国作家，一九〇七年获诺贝尔文学奖。

豪。这一信息搞得我有点胆怯，但是这地方很安静，书桌似乎也很舒服，樱桃木桌面摊开来足有一英亩大，可供我在上面工作。我一边写，一边一杯接一杯地往肚里灌茶水（我写作时常一加仑一加仑地喝茶……当初喝啤酒时除外）。我在一个小笔记本上写了整整十六页。我很喜欢手写，但唯一的问题是，我一旦写得兴起，手往往跟不上脑子里涌动的文字，我容易疲惫。

我终于停下手，经过大堂时停了一下，再次感谢门房允许我使用吉卜林先生美丽的书桌。"我很高兴您喜欢那张桌子，"他回答道，脸上浮现出神秘的笑容，仿佛回忆起了过往，又仿佛他跟那位作家是旧相识，"吉卜林就死在那里。心肌梗塞。就在他写作的时候。"

我回到楼上，想补几个钟头的觉。我心想，我们很多时候得到的信息太多了。很多事情我们还是不知道的为好。

我在吉卜林的书桌上给那个故事起的题目叫《安妮·威尔克斯版》。我当时觉得这故事大概会是三万字，差不多是个中篇小说。我在吉卜林先生那张美丽的书桌前落座时，脑子里只有个大概的场景——残疾作家，神经病"粉丝"。具体的故事当时并不存在（话说回来，故事已经存在，但还是埋在地里的遗迹——我手写下来的那十六页除外），但我并非一定要知道了故事才开始工作。我已经知道了化石的位置，我只需耐心地挖掘。

我认为，这种方法既适用于我，很可能也适用于你。你如果受制于（或是被这些东西吓倒）提纲和写满"人物要点"的笔记本这些烦人的东西，这种方法会令你得到解脱。至少能够让你的大脑从"情节发展"转到一些更有趣的东西上。

（趣闻插播：本世纪，"情节发展"这一信条最为坚定的支持者名叫埃德加·华莱士，他是一九二〇年代一个畅销烂书作家。华莱士发明了一种东西，并且申请了专利，这种东西叫埃德加·华莱士情节发展转轮。你如果在情节构思上遭遇瓶颈，或是临时需要一个出人意料的情节转折，只需转动该轮，读一下转轮窗口出现的文字即可：也许是"幸运降临"，再不然就是"女主角吐露真情"。这种玩意当时卖得很好，大家趋之若鹜。）

我完成在布朗酒店的第一阶段写作，写到保罗·谢尔顿醒来，发现自己成了安妮·威尔克斯的阶下囚时，自以为知道接下来会发生什么事。安妮会要求保罗再写一部新作，新作要仍然从系列前面几本中勇敢的女主角米泽丽·洽斯泰恩为主人公，这部新书只为她一个人而写。保罗一开始不同意，后来当然会改变主意（我想，一个神经病护士的说服能力可能很强）。安妮会对他说，她打算将自己心爱的猪米泽丽作为牺牲献给这本书。她说，《米泽丽归来》将只有一册：一部猪皮封面、精装的完整手稿！

我想我们到这里要快进，来到六到八个月后安妮位于科罗拉多的偏僻隐居地，看看这个故事令人意想不到的结局。

保罗已经不在，他的病房变成了米泽丽·洽斯泰恩的祭坛，但那头叫米泽丽的猪显然还在，就在牲畜棚旁边的猪圈里低声咕噜着。"米泽丽房间"的墙上挂满书的封面，米泽丽电影剧照，保罗·谢尔顿的照片。也许还有一张报纸，报纸的头条报道是《著名言情小说家仍无音讯》。房间的正中央的小书桌上（当然得是樱桃木的桌子，为了纪念吉卜林先生），精心设置的灯光打在单独摆出的一本书上。这就是安妮·威尔克斯的版本,《米泽丽归来》。书的包装很漂亮,理该如此;封面正是保罗·谢尔顿的皮。保罗·谢尔顿本人?他的尸骨也许就被埋在牲畜棚后面,但我想,那头猪很可能把比较合胃口的部分吃掉了。

　　还不错,我确实可以将它写成一个很不错的中短篇小说(但这不是个好长篇,没人愿意牢牢盯着一个人物的命运读三百页,最后发现这个人在第十六章和十七章之间被猪给吃掉了),但故事最终的发展和我想得不一样。保罗·谢尔顿比我一开始设想的要才智过人。他尽力扮演山鲁佐德①,挽救自己的性命。我有了一个讲述写作的救赎力量的机会,我很久以来就对此心有所感,但没表达出来。安妮也比我一开始想象的更加复杂,写她给我带来了很多的快乐——这个女人想骂脏话时只憋出一句"屁小破孩"②,但她最喜欢的作家试图从她身边逃跑时,她毫不犹豫地砍掉他的脚。最后,我甚至觉得安妮可怕也可怜。故事的所有细节和情节都不是来自精心设计;都是出自天然,从开始的情境之中自然发生,每个情节都是被挖掘出来的化石局部。我带着微笑写下这一切。我就像很长时间以来沉溺于药物与酒精那样,用这个故事过足了瘾头,获得了无穷的乐趣。

　　我的另外两部小说,《杰拉尔德的游戏》和《爱上汤姆·戈登的女孩》,也是纯粹的情境小说。《头号书迷》如果说的是"两个人物被困一幢房子",那么《杰拉尔德》就是"一个女人被困

① 阿拉伯神话《一千零一夜》的女主人公,传说她为了制止暴虐的国王每天杀死一个新娘,主动请嫁,入夜则给国王讲故事,国王迷恋于她的故事,不忍杀她,如是一千零一夜之后,她终于成了真正的王后。
② 原文是斯蒂芬·金造的一个词:"cockdoodie brat"。

卧室"，而《女孩》的情境则是"森林里迷路的小孩"。正如我所言，我写过精心设计的小说，比如《失眠》和《疯狂玫瑰》[①]这两本书，但这些书都不是特别出色。它们（尽管我很不愿意承认）都很生硬，过分勉强。唯一一部我自己真心喜欢、情节经过设计的书是《死亡地带》（我真的很喜欢这本书）。我有一本书——《尸骨袋》——，这本书的情节看似经过精心设计，但它其实还是一个特定情境下的故事："鳏居作家被困鬼屋。"《尸骨袋》的背景故事有点还不错的哥特意味（至少我这么觉得），而且还很复杂，但细节无一经过预先设计。TR-90 这个镇子的历史，还有鳏夫作家麦克·诺南的妻子在她生命的最后一个夏天到底在忙些什么这些故事都是自然而然冒出来的——换句话说，所有这些情节都是化石的一部分。

情境只要足够强，就会让情节设计完全失去意义，而我认为这样正好。最有趣的情境通常可以用"如果"式问题来呈现：

吸血鬼如果入侵某个新英格兰小镇，会发生什么？（《撒冷镇》）

内华达州某偏远小城里一个警察如果突然狂性大发，见人就杀，会怎么样？（《绝望》）

一个清洁女工如果摆脱了杀人嫌疑（谋杀她丈夫），却又因为另一桩她没犯的杀人案（她的雇主）受到指控，会如何？（《多丽蕾丝·克莱波恩》）

一个年轻母亲和儿子如果被一条有狂犬病的狗追着，被困抛锚的车里，会发生什么？（《酷咒》）

---

① 这本书的原名叫*Rose Madder*, rose madder本是一种颜料或者颜色的名字，由茜草的根部制成，呈暗红色。作者借这个名字暗示小说女主人公的超现实遭遇。

　　这些情境都是无意间浮上我脑海的——在我洗澡，开车，或是进行每天例行的散步时——我最后将它们写成了小说。以上任何一种情境都没有经过设计构思，哪怕片纸上零星的笔记都不曾有过，虽然其中有些故事（比如《多丽蕾丝·克莱波恩》）很复杂，跟你平日看到的谋杀悬疑故事不相上下。但是请你记住，故事与构思有很大的不同。故事正直体面，可堪信赖；构思与设计却很不靠谱，最好将其软禁起来。

　　上述每部小说在编辑过程中都经过加工，又有细节被增添其中，但绝大部分内容从一开始便已存在于故事中。"看粗略剪辑版就应该大致看出电影的全貌。"电影剪辑师保罗·赫尔奇曾经对我说过。书亦如此。我认为改写一稿这么点小工作很难解决问题，比如故事枯燥或者不连贯。

　　这不是一本教科书，所以不会有太多练习作业，不过，我现在想给你布置一篇练习作业，以防你觉得我这套以情境代替构思的说辞都是废话，我脑子发昏了。我打算为你指出一个化石的位置。你的工作就是根据这处化石，写出五六页不经构思的叙述文字。换句话说，我想让你挖掘出这些骨头，看看它们是什么样子。我想结果很可能会让你喜出望外。准备好了吗？我们这就开始。

　　下面这个故事的基本细节大家都很熟悉；但每份都市日报的罪案版块几乎每隔一周就会刊登这么一个故事，虽然故事偶有变化。一个女人——姑且叫她珍妮——嫁了个聪明机智、富有男性魅力的丈夫。我们暂且管这男人叫迪克[①]；这算得上世界上最弗洛

[①] Dick是Richard（理查德）的昵称，"迪克"在俚语中指男性的性器官。

伊德式的名字。不幸的是，迪克有黑暗邪恶的一面。他脾气火暴，控制欲超强，甚至可能（你通过他说话做事会发现）是个妄想狂。珍妮想方设法忽略迪克的缺点，让婚姻能够维持下去（她为什么一定要维持婚姻？这需要你去弄明白；她会登台告诉你）。他们有了一个孩子，有那么一段时间，情况似乎有所好转。后来，小女儿到三岁左右时，那些长篇大套的辱骂和嫉妒又开始发作。开始只是辱骂，后来就成了暴力殴打。迪克认定珍妮外头有人，奸夫或许是她的同事。到底有没有一个具体的人呢？我不知道，也不关心。迪克最终也许会告诉你他怀疑谁。他说出来，我们就知道了，不是吗？

最后，可怜的珍妮再也受不了了。她跟那个蠢人离了婚，赢得了小女儿奈尔的监护权。迪克开始跟踪她。珍妮的对策是申请限制令，许多受虐妇女会告诉你，拿着这张纸就好比撑把女用遮阳伞，阻挡飓风来袭。最后，经过一件事——也许是当众殴打，你得在这里展开生动描写，把吓人的细节放进去——蠢蛋理查德被捕入狱。前面这一切都是背景故事。如何把这些写进去，写多少，都取决于你。反正这还不是我们的特定情境。接下来的事才是。

迪克进本城监狱坐牢之后不久一天，珍妮去托儿所接回小奈尔，送她到朋友家参加生日会。然后珍妮自己回了家，希望可以有两三个钟头没人打扰的清静时间。她想，她也许可以小睡一会儿。她是个年轻的职业女性，但这会儿要去一处住宅——情境需要。她怎么会到了那里，为什么这个下午不用上班，故事会告诉你。你想出的理由如果很不错，这一段会很像是精心构思的结果（也许房子是她父母的；也许她在帮人看房子；也许根本另有原因）。

她进门的时候，心底不禁一阵悸动，什么东西让她感到不自在。她弄不清楚是什么让她不自在，于是自我安慰，说自己神经紧张，这只是她跟亲善大使先生共度五年好时光的一点后遗症。不然还会是什么？迪克被关在大牢里呢。

珍妮决定先喝杯草药茶，看看电视新闻，然后就上床小睡一阵子。（在炉子上烧着的一壶热水在后来的故事中会起作用吗？也许，也许吧。）三点新闻的头条是个爆炸性消息：当天上午，三名男子从本城监狱越狱逃跑，途中杀死一名守卫。三名逃犯中的两名很快就被重新捉拿归案，但第三名仍然在逃。新闻节目没有公布这三名逃犯的名字（至少这段新闻没有公布），但是珍妮只身坐在空荡荡的家里（你得为此提供一个合理解释），虽然觉得自己多虑，但在心底里认定其中一人就是迪克。她终于知道自己在门厅时感觉到的悸动是怎么回事了。活力牌护发素的气味很淡，近似于无。这是迪克喜欢用的护发素牌子。珍妮坐在椅子上，吓得动弹不得，起不了身。她听到迪克下楼的脚步声，心想：全世界只有迪克才会什么时候都不忘用护发素，在监狱里也不例外。她必须起来，必须逃跑，但她动不了……

这故事还不错，对不对？我觉得它还行，但不算独特。如前所述，"分居丈夫殴打（或谋杀）前妻"这种故事几乎每隔一个礼拜就会登上报纸头版头条，令人难过，但从未绝迹。我希望你在这个练习中做的就是，在开始讲故事和设置情境之前，先把主角和反面角色的性别调个个儿——换句话说，就是让前妻当跟踪者（她也许不是从监狱而是从精神病院里逃出来），让丈夫当受害人。不要构思，直接讲故事——让事件发展和这种意料之外的角色倒错带着你往下走。我预计你会成功……前提是你得如实描绘出角色的一言一行。如实讲述能够很大程度上弥补写作风格的不足，西奥多·德莱塞[①]和安·兰德[②]这些行文笨拙呆板的作家就是例子。而撒谎是无可救药的错误。俗话说骗子发达，话是没错，却这话只适用于大场面大事，在写作这样的丛林世界行不通。在这里，你必须一步一个脚印，一字一句往下写。在这个荒蛮世界，你一旦开始撒谎，不真实地讲述你所了解的事实和感受，一切都会分崩离析。

你完成这个练习后，请到 www.stephenking.com 给我留言，对我说说这练习对你是不是有用。我不能保证回复每条留言，但可以保证，我会满怀兴趣地阅读你们部分的历险过程。我很想知道你们会挖出什么样的化石，有多少化石能够毫发无伤地出土。

6

描写可以使读者对故事身临其境。可以通过学习掌握描写技巧。这就是你除非大量阅读与写作，否则决不可能取得成功的重要原因之一。如何描写是个问题，描写多少才合适也是个问题。阅读会使你得到多少问题的答案，而你只有通过大量的写作练习，才能学会如何描写场景。只能在实践中学习这种技巧。

---

① 德莱塞（1871—1945），美国作家，著有《嘉丽妹妹》《美国悲剧》等长篇小说。
② 安·兰德（1905—1982），俄裔美国作家，鼓吹自私是美德，利他是罪恶，颠覆基督教传统道德观，其小说和散文作品在美国非常畅销。

你开始描写之前，首先需要想象出你希望读者感受的场景。描写的目的就是将你脑海中呈现出来的场景诉诸文字，令其跃然纸上。这决非易事。我在前面说过，我们都曾听过这样的说法："天哪，这简直太神了（再不然就是太可怕／怪异／滑稽）……简直无法言喻！"你如果想当个成功的作家，就必须将场景付诸言语，描绘出来，让读者有身临其境的感受。你如果能做到，你的工作会有报偿，你也该得到报偿。你如果做不到，将会收到一大堆退稿信，也许该去试试电话销售这份有前途的职业。

描绘不足会让读者感到迷惑，仿佛近视眼，看不清事物。过度描写则会将读者淹没在细节和意象中。窍门就是找到一个适中的度。分清主次同样重要，哪些事值得多费笔墨，哪些不必，毕竟，你还有更重要的工作要继续，那就是讲故事。

我不是很喜欢那种事无巨细地描述人物外形特征及穿着打扮的写作风格（我尤其受不了衣物描写；我如果想读衣物描写，随时可以拿本克鲁（J.Crew）^①的商品目录看看）。我不记得我的小说经常遇到非要把人物长相描述清楚的情况——我更愿意让读者想象面容、身形以及衣着。我只想告诉你嘉丽·怀特是个备受冷落的高中生，皮肤不好，穿衣打扮是灾难，我想你可以自己补充剩余的细节，对不对？我不需要把一个个痘痘、一条条裙子都详细写到。毕竟我们大都记得中学时代的一两个大输家；我如果把我记忆中的那个写出来，你脑海里的形象就会被冻结，我一直试图在你我之间建立的那种相互理解的关系就会

---

① 美国休闲服装品牌，价格亲民，服饰活泼而不过分张扬，由于奥巴马总统夫人喜爱穿着而更受瞩目。

被损害。描述始于作家的想象，但最终要落脚于读者的想象中。说到这点，作家比拍电影的要幸运得多。拍电影几乎注定要讲太多……十之八九，连怪兽道具服背上的拉链都会露出来。

我认为，相比人物的外在形象，现场感和典型特征更容易让读者产生身临其境的感受。我也认为外貌描写不是塑造人物的捷径，因此，请你务必不要描写男主人公犀利的蓝眼睛和坚毅的下巴，以及女主角傲慢的颧骨。这类描写质量很差，并且是偷懒行为，跟那些无聊副词是一路货色。

在我看来，好的描写通常由少数几个精心选择的细节构成，这些细节足以代表其他一切。大多数情况下，这些细节就是首先浮上作者心头的意象。这样开始落笔至少绝对没问题。你写到后来如果想要改变或者有所增减，大可以放手去做——修改就是为此才存在的。但我觉得你一定会发现，在大多数情况下，首先浮上你脑海的那些细节都是最真实最出彩的东西。你要记住（你万一开始动摇，阅读经验会一次又一次地证实这一点），描写不够和过分描写都是很容易犯的错误。过分描写也许更常见。

我最喜欢的纽约饭店之一是第二大道上一家名叫"又见棕榈"的牛排馆。我如果决定把小说中的一幕场景放在"又见棕榈"，必然会写到我所了解的情况，因为我多次去过那里。我在动笔之前，会花一点时间，从头脑里调出那家饭店的形象，根据记忆勾勒出画面，让画面呈现在我脑中的视线里。这头脑中的第三眼，越是经常被使用，视线就越清晰。我管它叫第三眼，是因为大家对这个名字耳熟能详，但我其实要动用所有感官。这一调动记忆的过程虽然短暂，但剧烈，有点类似催眠术。而且，你主观上越想尝试，就越容易达到目的——这一点也与催眠术一样。

我想到"又见棕榈"时，首先浮上脑海的四点是：

1）酒吧区很暗，吧台后的镜子捕捉并且反射了大街上的光，非常明亮，与酒吧区形成鲜明对比；2）地板上的锯木屑；3）墙上那些别致的漫画人像；4）煎牛排和鱼的气味。

我再多想一会儿，可以想得出更多内容（我可以虚构记不起来的部分——画面在脑海中呈现时，事实和虚构是融合在一起的），但我不需要更多内容。这毕竟不是泰姬陵游览指南，我也不想把这家饭店卖给你。必须记住，场景不是最重要的——故事才是，永远都是。你我都犯不着在细节的枝杈间徜徉，虽然这么做很容易。我们煎完牛排和鱼，还有别的事要忙。

记住这些。下面是一小段描述，是一个人物在"又见棕榈"出场的情境。

在一个明亮的夏日午后，差一刻钟四点时，出租车停在"又见棕榈"门前。比利付了车费，下车迈到人行道上，然后迅速扫视周围，寻找马丁的踪影，但没找到。比利满意地走进门。

跟第二大道的炎热和明亮相比，"又见棕榈"黑得好似洞穴。吧台后面的镜子捕捉到大街上的一些光亮，在黑暗处有如幻景一般闪着光。有那么一会儿，比利所能看到的只有这些，随后他的眼睛适应了环境。酒吧区坐着几个孤独的酒客。餐厅领班在这处，领带解开，袖口挽起，毛茸茸的手腕露出。他正在跟酒保讲话。比利注意到地板上仍旧撒满锯末，仿佛这是一九二〇年代一家贩私酒的地下酒吧，而不是二十世纪的现代餐厅，吸烟尚且不许，更不可能随口将烟草啐在双脚间。墙上那些跳舞的漫画人物都是八卦专栏上的漫画形象，画的是城里著名的骗子政客以及新闻人物。这些人早已退休或是醉死，是些大家不大认得的名人，但此刻仍旧在墙上欢呼雀跃，直上重霄。室内弥漫着煎牛排和洋葱的香气。一切依旧，从未改变。

领班走上前来。"您要点什么，先生？我们六点钟才开始供应晚餐，不过酒吧——"

"我找里奇·马丁。"比利说。

比利乘坐出租车到场属于陈述——或者说动作，你如果更喜欢这个词的话。他踏进餐馆大门之后的内容基本上都属于描述性文字。我翻检对于真实"又见棕榈"餐馆的记忆，将其中一下子浮上心头的几乎所有细节都放在这段文字里，还加了几样——我觉得那个工间休息的领班很不错；我喜欢他领带解开、袖口翻上去、毛发旺盛的手腕露出来这些细节，就像照片似的。我没把煎鱼的气味写出来，因为洋葱的气味更浓郁。

我们用简单陈述（领班上前一步，来到舞台中央）和对话将故事带回主线。我们现在已经清楚自己所处的位置。我本可以加进更多细节，比如房间如何狭长，音响里放着托尼·本奈特的歌，收款机上贴着支持扬基队的车用胶纸，但这些文字有什么意义呢？说到场景布置和各种细节描述，一蔬一饭足以果腹，并不比一顿大餐逊色。我们想知道的是比利有没有找到里奇·马丁——这才是我们花二十四块钱买这本书读的原因。对餐馆描述过多会拖慢故事的步伐，甚至可能会令读者生厌，破了好故事编织的魔咒。很多时候，读者因为一本书"太闷"而将它放到一边，这种"闷"产生的原因是作者对自己描述的力量着了迷，忘记了自己的第一要务，即推动故事发展。读者读了上文后，如果还想对"又见棕榈"这家餐馆了解更多，下次去纽约时可以去店里体验一下嘛，或者请店里寄份宣传册给他。我在这里已经颇费笔墨，暗示"又见棕榈"餐馆将是我的故事的重要场景之一。我写到后来如果发现这里不是主要场景，将在改稿时将这些描述文字删减到短短几行字。我绝对不能仅仅因为这段写得好就把它留下来；我写作如果能有钱赚，那我写得好是应该的。人家付钱不是为了纵容我自我陶醉。

在我这段关于"又见棕榈"餐馆的描述性文字里，既有平铺直叙（"酒吧区坐着几个孤独的酒客"），也有一些比较诗意的描写（"吧台后面的镜子……在黑暗处有如幻景一般闪着光"）。两种写法都说得过去，但我比较喜欢形象的语言。比方、隐喻等是小说带给人的最主要的乐趣之一——对读写者皆然。恰当的比喻带给我们的喜悦，和我们在一群陌生人中遇到一位老朋友一般。将两件看似毫不相关的事物放在一起比较——餐馆酒吧区与洞穴，镜子与幻境——有时可以令我们用一种全新的生动目光来看待寻常旧事。[①] 我认为即便没写出美文佳句，而只是讲清楚状况，读者读到后，也算与作者参与了一次奇迹。我这么说也许稍嫌夸张，但是的——我相信这种

---

① 不过"黑得好似洞穴"不能算是绝妙比喻，我们之前一定听过类似的说法。坦白说，写这个比喻有点偷懒，不至于是陈词滥调，却也差不多了。——作者

说法。

比喻或者隐喻如果不恰当，也许会显得滑稽可笑，或令人难堪。我最近在一本即将出版的小说里读到这么一句——恕我不方便透露小说的名字："他木然坐在尸体旁边，等待验尸官到来，仿佛在等一个火鸡三明治那般耐心。"二者也许有什么内在联系，但我反正是没看出来。我看到这里就合上书，没再读下去。作家如果知道自己在干吗，我很愿意搭他／她的车，跟他／她走一程，他／她如果不知道……我也年过半百了，世上的书多着呢。我没那么多时间浪费在烂书上。

上文这个禅语般的比喻令人百思不得其解，这只是写比喻容易遭遇的陷阱之一。最常见的问题——追根溯源与踩到这个陷阱，多半又是因为阅读量不够——是比喻陈旧，陈词滥调，老一套。他像疯子一样狂奔，她美得有如夏日，那小子好似一张热门票子一样抢手，鲍伯像老虎般勇猛作战……快别用这种老套话来浪费我的（以及任何人的）时间了。这种比喻会让你显得要么懒惰要么无知。这两种印象对你的作家声誉都没什么好处。

顺便说一下，我一直以来最喜欢的几个比喻都来自一九四〇和一九五〇年代的硬汉侦探小说，以及所谓"一毛钱小说"①作者的文坛传人。我最爱的比喻包括"黑得好像一车厢屎眼"（乔治·V.希金斯），还有"我点了一根香烟，（香烟的）味道好似管子工的手巾"（雷蒙德·钱德勒）。

好描写始于所见清晰，终于落笔清晰，意象清新，词汇简单。我在这方面的能力首先得益于阅读钱德勒、哈米特以及洛

---

① 专指十九世纪末二十世纪初的廉价流行小说，一般人认为这些小说通俗肤浅，故事耸人听闻。

斯·麦克唐纳；我通过阅读 T.S. 艾略特（粗粝的爪子，急匆匆穿过静寂的海底；那些咖啡勺）①，还有威廉·卡洛斯·威廉斯（白鸡，红色独轮车，冰盒里的李子，那么甜又那么冰凉）②，更是大大加深对紧凑描述文字的尊敬。

至于叙事艺术的其他方面，你经过反复练习会取得进步，但所谓熟能生巧并不是说刻苦练习就能达到绝妙高度。何必呢？果真达到后又有什么乐趣？答案是你越努力做到简洁明了，就越能了解我们美国语言的丰富繁杂，难以捉摸；真的很难以捉摸。反复练习，时刻提醒自己，你的工作就是把你看到的写下来，然后继续讲故事。

7

接下来，容我就咱们这个主题的听觉部分——即对话——说几句。对话赋予了你的人物音容笑貌，是塑造人物的关键——除此之外，唯有人物的所作所为可以体现其形象，而话语自有其诡谲：他人可以从你的话语中观察到你的性情为人，而你作为讲话者对此毫无知觉。

你可以通过直接叙述告诉我，你的主要人物巴茨先生从来就不是个好学生，根本就没上过几天学，但你也可以选择通过他的言语传达同样的信息，而且这样做更传神……更何况，好小说的重要法则之一就是，你如果可以将某事表现出来，让读者看到，就绝不要明讲出来：

① 括号内文字引自T.S.艾略特的名诗《J·阿尔弗雷德·普罗弗洛克的情歌》。
② 括号内文字引自美国诗人威廉·卡洛斯·威廉斯的诗《红色独轮车》。

　　"你是怎么看的？"那孩子问道。他没抬头，捏着根小棍在土上乱画。他画的东西看上去是个球，也许是颗行星，但也可能只是个圆圈。"你认为，地球真如他们所说，绕着太阳转吗？"

　　"我不知道他们怎么说，"巴茨先生答道，"我从来没研究过谁说过什么，因为每个人说的都不一样，到后来你脑袋直疼，被口也没了。"

　　"什么是被口？"孩子问。

　　"你就不能不问问题！"巴茨先生大声嚷道，把孩子的小棍夺过来，一掰两段，"你到吃饭时肚子会有被口！生病了就没有！他们倒说我不懂！"

　　"哦，是胃口。"孩子淡然道，随后又画起来，这次是用手指。

　　好对话会表现出一个角色聪明还是愚笨（巴茨先生不会说"胃口"并不表明他一定就是个白痴；我们必须听他多讲几句话，才能得出明确的结论），诚实还是狡诈，滑稽还是个老正经。好的对话读来令人愉快，例如乔治·V.希金斯、彼得·斯特劳伯和格雷厄姆·格林写的对话；而坏对话是致命的。

　　作家们在对话方面的功力高下有别。你也可以提高这方面的技巧，但是，一位伟人曾经说过（克林特·伊斯特伍德①说的）："人得有自知之明。"H.P.洛弗克拉夫特是个写恐怖小说的天才作

---

① 美国著名演员和导演。早期以在动作片中扮演硬汉形象著称，后凭借《百万美元宝贝》获得奥斯卡最佳导演奖。

家，但他的对话很蹩脚。他自己似乎也知道这一点，在他所写的好几百万字小说中，只有不足五千字是对话。下面一段摘自《空间外的色彩》，写的是一个将死农民描述外星生物侵入他水井的情景。从中可以看出洛弗克拉夫特在对话方面的问题。伙计们，人类不这么讲话，快死时也不这样：

> "没有……没什么……那颜色……燃烧……又冷又湿……但是在燃烧……它住在井里……我见过……一种烟……就像去年春天那些花……井在夜里会发光……一切都活了……把一切生命都吸走……石头里……它一定渗到石头里去了……把那块地方全给污染了……不知道它要什么……从大学来的那些人从石头里挖出来的圆东西……颜色跟那一样……完全一样，跟那花、那植物……还有种子……我这个星期头一次见到……它让你受不住，然后把你……点着……它从别的地方来，跟这里的东西不一样……一个教授说的……"

用精心设计的省略句不时透露些信息。很难准确说出洛弗克拉夫特的对话到底有什么毛病，但有一点很明显：它们不自然，毫无生气，充满做作的乡音（"从别的地方来，跟这里的东西不一样[①]"）。对话如果写得对劲，我们能看出来。对话如果不对劲，我们也能分辨出来——就像没调准音的乐器，在你耳边嘈杂作响。

据说洛弗克拉夫特为人势利，又过分腼腆（还是个很不靠

[①] 上段引文有多处语法和拼写错误，表现说话者的乡音土调。这一句的原文如下："some place whar things ain't as they is here"。

谱的种族主义分子，他的小说里经常有罪恶的非洲人，诡计多
端的犹太人，我那位奥伦姨父当初四五瓶啤酒下肚以后，也总
是不放心犹太人），是那种能长篇大套地写信、却没办法跟人面
对面相处的作家——他如果活在今天，大概会在因特网上各种
聊天室里异常活跃。喜欢与人交谈并且倾听别人讲话的人最擅
长学习对话的技巧——倾听尤其重要，注意口音、节奏、方言，
还有不同的人特有的用词。洛弗克拉夫特这种孤僻的人一般写
不好对话，用非母语写作的作家也是如此。

我不知道当代作家约翰·卡特岑巴赫为人是否孤僻，他的
小说《哈特的战争》中有一些令人过目不忘的糟糕对话。卡特
岑巴赫是能把教文学创作的老师逼疯的那种作家，故事很棒，
但小说存在明显缺陷，一是他自我重复（这个问题可以解决），
二是他有一副对话语充耳不闻的铁皮耳朵（这毛病很可能没得
救）。《哈特的战争》是一本悬疑小说，故事发生在第二次世界
大战期间的战俘营里——构思很巧妙，但故事发展到激烈处时，
卡特岑巴赫对故事的处理有些问题。下面一段是空军中校菲利
普·普莱斯在负责战俘营十三队的德国人来带他走之前对朋友
们说的话，德国人声称要将他遣返回国，但事实上，他们很可
能是要将他带到林中处死。

　　普莱斯再次抓住汤米。"汤米，"他悄声说，"这决非偶
　然！表象不代表任何真相！往深里挖！救救他，小伙子，
　救救他！我现在比以往任何时候都更加坚信斯科特是无辜
　的！往后就只能靠你们自己了，孩子们。记住，我希望你
　们挺过这一切！活下去！不论发生什么事！"

他回头转向德国人。"好了，霍普特曼，"他的声音突然变得坚决，虽然依旧平静，"我准备好了。我随便你们把我怎样。"

卡特岑巴赫要么是没意识到这位空军中校的每句话都出自二十世纪四十年代末战争片的老套对白，要么就是故意采用这种熟悉的词句，希望借此激发读者的同情和伤感，也许还有怀旧之情。不管他究竟为何这样写，他的对话不成功。这段话唯一能够激起的是不耐烦和难以置信之感。你会怀疑可曾有编辑读过这段文字，如果有，又是什么止住编辑落笔修改的手。卡特岑巴赫在其他方面的天分相当不错，他在这方面的失败加深了我的想法：写好对话是种技术，更是一种艺术。

许多擅长写对话的作家都似乎天生有一副好耳朵，就像有些音乐家和歌手对音准的判断几乎完全准确。下面一段摘自埃尔莫·伦纳德的小说《耍酷》。你可以与上文洛弗克拉夫特及卡特岑巴赫的片段加以比较。你首先就会注意到，这是实实在在、你一言我一语的对话，而不是呆板造作的自言自语：

奇利又抬头，对汤米说："你混得还好？"

"你是问我是不是在乱搞？"

"我是问你工作的事怎么样了。我知道你那部《拿下雷欧》反响挺好，片子棒极了，真的很好看。你知道吗？那真是部好片子。但是续集——叫什么来着？"

"《失踪》。"

"没错，正是这样，我还没来得及看，它就失踪了，不见了。"

　　"片子一开始反响就不大，所以电影公司就没太重视。我打从一开始就不赞成拍续集。但是塔沃公司负责制作的那家伙说他们是一定要拍续集的，有我没我都要拍。我想，既然这样嘛，我如果能想出个好故事……"

　　这两个人在好莱坞的贝弗利山庄一带吃午饭，我们根据这寥寥数语就知道他们都是影视圈的人。他们也许装腔作势（也许不），但读者一下子就会接受这两个人物。事实上，我们恨不能张开双臂欢迎这样的角色。他们的对话如此真实，我们甚至会得到些微犯罪的快感，仿佛有意拨弄调频，偷听到了一段有趣的对话。我们读完这寥寥数笔还对人物有了大致的认识。这一段出现在小说开始的部分（第二页），这伦纳德绝对是个老手。他知道无须一下子把招数全亮出来，可是汤米对奇利言之凿凿地说《拿下雷欧》不但好看，而且是部好片子时，我们是否可以窥见汤米此人性情之一二？

　　我们不妨自问，这样的对话到底是忠实于生活呢，亦或只是出自某种生活观念，某种对好莱坞影视圈中人、好莱坞午餐以及好莱坞业务的传统印象？这问题提得很有水准，而答案很可能是后者。但这段对话入耳仍然让我们觉得真实。埃尔莫·伦纳德状态最好时，能写出一种大街上特有的诗意（《耍酷》是部很吸引人的小说，但远非伦纳德的佳作）。要写出这样的对话，必须经过长年坚持不懈地练习，而要臻化境，就少不了有创意的想象力。这种想象力全力工作时，你会乐在其中，可能写出上升到艺术高度的对话。

与小说创作这门虚构艺术的其他一切一样，写好对话的关键在于坦诚。不过你如果坦白地将人物口中的话语写出来，会发现自己会被批评所包围。我每个星期都会收到至少一封气急败坏的读者来信（大多数时候不止一封），来信指责我满口脏话、偏执狂、仇恨同性恋、残酷、轻浮，或者直接说我心理变态。把这些来信者惹毛的多半是对话中的内容，比如"我们快从这个操蛋地方出去"，或者"我们这里不大欢迎黑鬼"，还有"你以为你在干吗？你这个混账鸡奸犯"。

我的母亲——愿她安息——从来都不赞同说亵渎神灵的话和脏话，她说"那是无知愚人的语言"。但是她如果烧菜煳了锅或是往墙上钉钉子挂画时狠狠砸到手指，也会大叫一声："狗屎！"同样，基督徒也好，不信神的也罢，狗如果吐在他们家羊毛地毯上，或是他们换轮胎时千斤顶一滑，撑不住车身，也会说出这类或是语气更强的脏话。实事求是很重要，威廉·卡洛斯·威廉斯写红色独轮车的诗说，许多事都取决于它①。礼仪风纪检查团也许不喜欢"屎"这个词，你也许也不大喜欢，但你有的时候还就是深陷其中，不能自拔——哪家的孩子也不会跑到妈妈面前，说他妹妹刚刚在浴缸里"排泄"了。我猜他可能会说"便便"或者"噗噗"，但是他最有可能说的还是"拉屎"（小家伙毕竟有双大耳朵，学得快着呢）。

你要想让对话传达出真实感，让读者产生共鸣，就必须实话实说。《哈特的战争》虽然讲了个好故事，但对话几乎毫无真实性可言，不禁令人深感遗憾。你必须一以贯之。人被锤子砸到手

---

① 威廉·卡洛斯·威廉斯短诗《红色独轮车》作于一九二三年，赋予真实的日常事物以非同寻常的重要意义。作者说："诗歌必须真实，不是'现实主义'，就是单纯的现实。"

指头时会说什么，你就写什么。你如果认为礼仪风纪检查团不赞同，因而将"狗屎"改作"蜜糖"，那就违背了作者和读者之间心照不宣的约定——你许诺通过虚构故事表现人们真实言行。

不过反过来说，你的某些人物（比如主人公的老处女姨妈）如果被锤子砸到手指，也许真会说"蜜糖"而不是"狗屎"。你如果了解你创造出的人物，就会知道该用什么词，从而让我们也了解这个讲话的人，他或者她在我们心中的形象会更加生动有趣。最重要的是，要让每个角色自由地开口讲话，你完全不必考虑礼仪风纪检查团或者基督教女子读书会对你写的字赞同与否，否则你就是懦弱，外加不诚实。我再说句实在话，在二十一世纪的美国，精神懦夫绝对成不了小说家。有很多人想当审查官，他们的不满各不相同，但最终要求都一样：你得从他们的角度看世界……或者至少闭嘴不谈你的不同观点。他们是完美世界的代言人。不一定是坏人，但对你相当危险，如果你碰巧信奉精神自由的话。

我在这事上倒是跟我母亲看法一致：脏话和亵渎性词句的确是无知蠢人以及言语贫乏者的语言。应该说在大多数情况下是如此，但例外也是有的，比如有些谚语俗话里的脏字粗字就特别生动鲜活。"免下车快餐店最操蛋①"，"我忙得好比独腿人参加踢屁股比赛"，还有"一手接美好愿望，一手接臭狗屎，等着瞧哪只手先抓满"……以上这些语句，以及许多类似说法，也许难登大雅之堂，但犀利传神。大家可以再参考下面摘自理

---

① 这是电影《致命武器Ⅱ》中的一句著名台词，其上下文大致如此：我来给你们提个醒，绝对不要光顾那种你可以把车开到窗口、买了食物直接开车走的餐厅，这些免下车的快餐店最操蛋，因为你想起来要看看食物到底是什么样子时，你的车已经开出好几公里了。

查德·督灵《头脑风暴》的一段文字，他赋予粗话以诗意：

> 展品之一：一根粗笨无比、愣头愣脑的阴茎，一个浑身上下没有一丁点礼义廉耻的野人，一门心思搞女人。流氓中的流氓。猥琐下流，蠕虫般不招人待见，一只独眼闪烁着蛇蝎之光。一个傲慢的突厥暴徒，阴茎如同雷霆闪电，击打着黝黑的肉穴。饿狗一般追寻幽暗阴影，滑溜可入的缝隙，金枪鱼这等低级生物的快感刺激和睡眠……

我如果是亨利·詹姆斯或简·奥斯丁那样的作家，笔下人物不是名流公子就是念过大学的聪明主儿，可能压根用不到一个脏字或亵渎词汇；我也不会有任何一本书被禁止进入美国的校园图书馆，也不会收到某些原教旨主义者善意的来信，提醒我会在地狱里遭受炙烤，我虽然赚得几千几百万，在那里买不到哪怕一滴水来解渴。然而我并非在那样的环境中长大，我生长在美国的中下阶级，他们才是我最了解、能写得最真实的人群。也就是说，他们如果砸到手指，喊的多半是"狗屎"而不是"蜜糖"，但我如今已经可以坦然接受这一切。其实我早些年也没觉得这是个问题。

我收到一封这样的来信或是看到一篇书评，发现又有人指责我是个粗俗的下流坯——这话在一定意义上是对的——总是从十九世纪末二十世纪初的社会现实主义作家弗兰克·诺里斯的文字里寻找安慰。他的作品包括《章鱼》《深渊》以及《麦克提格》，最后一本是名副其实的杰作。诺里斯写的都是在农场、城中或工厂卖苦力的工人阶级。他最杰出的作品《麦克提格》的主人公是个没上过学的牙医。诺里斯的书引起相当大的公愤，诺里斯冷淡以对，语含不屑："我为什么要理会他们的意见？我从不曲意奉承。我说的都是实话。"

当然，有些人不想听实话，但这不是你的问题。想当作家，又不想实话实说才是你的问题。甜言蜜语抑或污言秽语，都是表现人物的索引；鲜活的语言可以给密闭的房间带去一阵清爽的凉风，而有些人宁愿闷在屋里不透气。总之，问题不在于你故事里的语言是庄严圣洁还是污秽亵渎；唯一的问题是你的语言是不是生动，听起来对劲不对劲。你如果期望自己的语言生动真实，一定得自己怎么说话就怎么写。更重要的是，你必须闭上嘴听别人说。

8

我在前面说的关于对话的一切同样适用于塑造人物形象的其他方法。这差事说到底就是两点：留心你周围真实人物的行为举止，然后把所见如实写出来。你或许会注意到隔壁邻居会在以为别人看不到时挖鼻孔。这是个很棒的细节，但是你作为作家，除非乐于将它写进小说里，否则只关注这种细节对你毫无用处。

虚构人物是不是直接来自真实生活呢？显然不是，至少不是一个萝卜一个坑。你最好不要让小说里的角色与现实中的人一一对应，否则可能会招来官司，或是在某个大好清晨去邮局的路上被冷枪打死。有许多小说，比如《玩偶山谷》这样的真人小说，其中人物大半出自现实，但读者玩够了"猜猜谁是谁"的老套游戏之后，这些小说往往就会显得令人不满意，净是些拿姿作态的名流，互相睡来睡去，读者脑子里对人物的印象很快就会变淡。《玩偶山谷》出版不久我就读了（我那年夏天在缅因州西部一个度假村厨房当小工），我猜我大概跟所有买了这书的人一样，如饥似渴地把这本书看完了。但我如今几乎不记得这书说的是什么。总的来说，相比之下我更喜欢《国民问讯报》①每周提供的那些无稽之谈，那里不光有丑闻，还有菜谱和奶酪蛋糕的照片可看。

我觉得，人物在故事发展的过程中会发生什么完全取决于我在这个过程中对人物有何发现。换句话说就是，他们会怎么变化。他们有时候变化比较小。人物如果变化很大，就会影响故事的发展，而不是被故事牵着鼻子走。我通常总是从一种具体情境开始写作。我不是说只有这种方法正确，只不过这是我的工作方式。但故事如果以偶然性的情境结束，那么不论别人或者我自己觉得故事本身有多么精彩，我都会认为自己失败了。我认为最好的故事到头来说的总是人而非事，也就是说，是人物推动故事。但是，除非指两千到四千个英文单词的短篇小说，否则我不相信所谓人物研究这一套；我相信故事永远是老大。我说，你如果想研究人物，大可以去买本传记，再不然就去当地大学生实验剧场买张季度票。你想研究多少人物就研究多少，直到你受不了为止。

还要记住，真实生活中没有所谓"坏人"，"最好的朋友"，"有一颗金子般真心的妓女"。在真实的生活中，人人都认为自己是主角，是主要人物、大块奶酪。宝贝，摄像机拍的不是别人，正是我们。你如果能把这一真相带入小说，可能会发现塑造出彩人物并不容易，但你也不大会写出那种单调肤浅的傻瓜式人物，流行小说里尽是这等角色。

---

① 一份历史悠久的美国八卦小报，以报道名人逸闻、坊间流言以及罪案新闻著称。

《头号书迷》中那个将作家囚禁在家中的护士安妮·威尔克斯可能有精神病，但我们得记住很重要的一点：在她自己看来，她完全正常，行动合情合理——几乎称得上英勇，一个饱受折磨的女人，努力在这个充满屁小破孩的可怕世界里求生存。我们眼看她情绪骤变，险象环生，但我始终避免直说"安妮那天非常消沉抑郁，甚至想自杀"，或是"安妮那天似乎特别开心"。我如果这么明说，我的小说就失败了。但是从另一方面来说，我如果能给你呈现一个沉默不语、头发脏脏的女人形象，强迫症一般大吃糕饼糖果，然后你得出结论，安妮此时是处于狂躁与抑郁交替周期中的抑郁状态，那么我的小说就成功了。我哪怕能让你只有一小会儿通过安妮·威尔克斯的视角来看世界，理解她的疯狂，那么我也许就能让你对她产生一点同情，甚至认同感。这会导致什么结果呢？她比任何时候都更可怕，因为她逼真。话说回来，我如果将她写成一个喋喋不休的干巴巴老太婆，那么她只不过是个动不动跳出来吓人的老套的女怪物。那么我就输大发了，读者也损失很大。谁会对这么个老泼妇的陈旧故事感兴趣呢？《绿野仙踪》头回上映时，安妮的形象就已经是老一套了。

我想读者这么问也正常：《头号书迷》中的保罗·谢尔顿是不是你本人。当然局部是我……但我想，你如果坚持写作就会发现，你所塑造的每个角色中都有你的一部分。你自问某个角色到了某个具体场景中会怎么做时，你的决策一定是基于你自己在这种情况下会怎么做（如果是反面人物该怎么做，你会取与自己选择相反的做法）。然后你根据观察他人所得，为这些不同形式的自我添加或可爱或讨嫌的人物特征（比如一个会在以为别人没注意他时挖鼻孔的人）。还有第三种美妙的事：青天白日，自由想象。正是这种想象，使得我在写《头号书迷》时，可以让自己暂时变成一个神经质的护士。而且，在大部分情况下，做安妮是件易如反掌的事。事实上做安妮不乏乐趣。我觉得当保罗反倒比较困难。他有理智，我也是，我写他丝毫体会不到去迪斯尼乐园狂欢四天得到的那种乐趣。

我的小说《死亡地带》是从两个问题延展开来的：其一，一个政要刺杀者是否可能有其正义性？他如果有，你能不能让他作为好人担当一部小说的主角？在我看来，要想让以上问题的答案都是肯定的，就需要一个危险乖戾的政客——这家伙在公众面前扮出一副开开心心的普通人模样，用他那不走寻常路的作风迷倒选民，借此攀着政治阶梯往上爬。（二十年前，在我的想象中，格莱戈·斯蒂尔森的竞选战术与杰西·文图拉成功赢得明尼苏达州长之位的竞选招数很是相似。感谢上帝，幸亏文图拉与斯蒂尔森在其他方面并不相似。）

《死亡地带》的主人公约翰尼·史密斯也是个寻常人物，普普通通，只是约翰尼并非假装普通。他唯一的与众不同之处在于他有超能力，可以看见未来。童年时代的一次事故使他获得了有限的超能力。在某次政治集会上，约翰尼跟格莱戈·斯蒂尔森握手时，脑海中浮现出这样的情境：斯蒂尔森当上了美国总统，继而发动了第三次世界大战。约翰尼最后决定，他唯一可以阻止这一情境成为现实的办法——换句话说，即他拯救世界的唯一方法——就是将一颗子弹射入斯蒂尔森的脑袋。约翰尼与其他残暴的妄想狂和神秘主义分子只有一点不同：他真的可以预见未来。可那些家伙又何尝不是这么说的呢？

这种情境有些正邪莫辨，我很喜欢。我想，我如果能把约翰尼写成一个地道的好人，而不是石膏圣人塑像式的人物，这故事没准能站得住脚。而写斯蒂尔森的方法完全相反：我想把他写成个坏到骨子里的家伙，让读者不寒而栗，斯蒂尔森不仅要总是处在暴力大爆发的边缘状态，而且要极具煽动性。我希望读者时不时这么想："这家伙完全失控了——怎么就没人看透他呢？"我想，约翰尼看得透他，所以读者会更加坚决地站在约翰尼这一边。

我们第一次见到这位未来刺客时，他正带着女朋友到县里赶集凑热闹，骑马玩游戏。还有什么比这更寻常更让人觉得亲切的事？我们发现他准备向女友萨拉求婚时，更喜欢他了。后来，萨拉提议要给这次完美约会来个精彩收场，当晚就入洞房，约翰尼回答他想把初夜留到两人结婚之后。我在这个情节上必须非常小心——我希望读者眼中的约翰尼很真诚，真心爱着女友，是个心口如一的真君子，而不是个死心眼或假正经。我为了让他这种讲原则的性格不那么难以接受，赋予他一些孩子气的幽默。他当天刚出现在萨拉面前时，戴着张会在黑暗中发光的万圣节面具（面具也有一定的象征意义；他戴着它拿枪指着候选人斯蒂尔森时，人人肯定都会觉得他是个恐怖怪物）。"还是老约翰尼。"萨拉笑道。我想在他们两人搭着约翰尼的大众甲壳虫从集市上赶回家的路上，约翰尼·史密斯已经成了我们的朋友：一个寻常美国人，但求一生平安幸福。他如果在街上捡到你的钱包，会把钱包和里面的钱一起还给你。他看到你的车在路边抛锚，会停下来帮你换轮胎。自从约翰·F.肯尼迪在达拉斯被刺身亡以来，握着来复枪躲在高处的形象成了全美国最吓人的恐怖人物。但我想把这个刺客变成读者的朋友。

约翰尼很难写。把一个普通人写活，写得有趣，向来就是件很难的事。格莱戈·斯蒂尔森跟许多反面角色一样，更容易写，写他时也更有乐趣。我想在他一出场时就表现他的分裂人格和危险个性。于是我写到斯蒂尔森在新罕布什尔州竞选众议院议员之前几年，还是个年轻的旅行推销员，向中西部那些乡下人叫卖圣经。他在一座农场停留时，被一只狂叫的恶犬吓到了。他仍然保持友好态度，面带微笑——老好人先生——直到确定这家农户没人在家。然后他朝狗的眼睛喷催泪剂，把狗活活踢死。

如果通过读者反响判断一本书是否成功，那么《死亡地带》（这是我的第一本精装畅销书）的开场可以算得上是我最出色的成就之一。这一幕显然触动了敏感的神经。我被大批来信淹没，绝大多数信，抗议我虐待动物，情节恶心得令人发指。我给这些人回信，老生常谈以下几点：（1）格莱戈·斯蒂尔森是虚构的；（2）那条狗也是虚构的；（3）我本人平生不曾穿靴抬脚踢过自家的任何一只宠物，他没踢过别人家的。我也指出了没那么显而易见的一点——我必须从一开始就让读者明确认识到格里高利·阿玛斯·斯蒂尔森是个极为危险的人物，而且善于伪装。

我在接下来的章节里让场景交替出现，继续塑造格莱戈和约翰尼的性格，在故事要结尾时让他们发生正面冲突。故事的谜团揭开，我希望结局能够出乎读者意料。我的主角和反派人物的性格都由我要讲的故事决定——换言之，就是我发掘出

的化石说了算。我的工作（也是你的工作，如果你认为这样讲
故事可行）就是确保这些虚构的人物的行为举止符合故事的要
求，且根据我们对他们的了解（当然还有我们对现实生活的了
解），确保其行为合乎常理。恶人有时会对自己产生怀疑（比如
格莱戈·斯蒂尔森），有时也会生出怜悯之情（比如安妮·威尔
克斯）。好人有时会想退缩，不想去做他该做的事，比如约翰
尼·史密斯……耶稣基督也有过这样的时刻，想想客西马尼园
中那句祈祷①（"你若愿意，就把这杯撤去"）。你的工作如果出
色，你笔下的人物会鲜活起来，自己拿主意干自己的事。我知
道没亲身经历过这一切的人会觉得这说法很玄，怪瘆人的。其
实这事真正发生的时候，你的感觉会棒极了，你会觉得好玩极
了。你的很多的问题都随之得解。相信我。

9

我们已经谈过讲好故事的几个基本要素，几个要素可以归
结到同样的核心思想，即：实践是无价之宝（写作实践应该感
觉很爽，一点也不像是训练），而坦诚必不可少。叙事技巧、对
话以及人物塑造最终都要落到实处，就是要看得清听得真。然
后你用同样的清晰和真切把所听所见记录下来（无须动用不必
要的累赘副词）。

还有许多敲钟吹哨的杂音——拟声词、渐进式重复、意

---

① 客西马尼园是耶路撒冷橄榄山脚下一个花园，也是耶稣被钉十字架之前与门徒共度最后一
晚的地方。《路加福音》中说，耶稣极其伤痛，"泪珠如大血点，滴在地上"。这句祈祷
词的全文是："父啊，你若愿意，就把这杯撤去，然而，不要成就我的意思，只要成就你
的意思。"后常用客西马尼园比喻使人受精神折磨的地方，亦译作"蒙难地"。

识流、内心对话、动词时态转换（近来流行用现在时态讲故事，这种现象在短篇小说中尤多），还有背景故事这样的棘手问题（怎么把故事插进来，讲多少才合适），主题、节奏（我们会在下文专门讲最后两个问题），以及十几个别的问题。写作课程和标准写作教材对这些问题都有专门论述，经常还是长篇大论。

我处理所有这些问题的做法很简单。把一切事无巨细地都摆到明处，只要对你的写作质量有提高，又不妨碍你故事的东西，都该为你所用。你如果喜欢某句押头韵的短语——the knights of nowhere battling the nabobs of nullity（乌有地武士大战无其人富豪）——不管三七二十一，先把这句话写下来，看看白纸黑字是个什么样子。这句话如果看上去还行，你就留着它，它如果不行（在我看来，这句话实在不行，挺糟糕的，好比斯派罗·阿格纽①跟罗伯特·乔丹②撞了个满怀），你电脑上那个"Delete"（删除）键的存在还是很有道理的。

写作时完全不必墨守成规保守教条，同样，你也不必因为《乡村之声》或《电报书评》说小说已死，就非要用实验性、非线性文体写作。传统与现代都可以为你所用。你他妈的要是乐意，倒挂着写也没问题，用"绘儿乐"图案写都成。但是你不论怎么写，总归逃不过这一步：你要给自己的文章做个评判，

---

① 希腊裔美国人，在尼克松执政时任副总统。其在政治生涯中喜欢用押头韵的俏皮话对政治对手、记者以及反战人士大张挞伐，一时间广受欢迎。一九七三年因为受贿及不明收入案发被迫辞职，成为美国历史上第一个因为被控犯罪而被迫辞职的副总统。
② 美国著名奇幻小说作家，著有十一卷系列巨作《时间之轮》。作家于二〇〇七年去世，其系列作最终卷，第十二卷由其寡妻选定的作家完成。《时间之轮》借鉴了东方宗教和哲学中关于生命轮回、自然与均衡等多种观念。

看看自己写得到底好不好。你除非很有信心，感到自己的小说读来不算佶屈聱牙，否则我认为你根本就不该放它出你书房或是工作间的房门。你不可能在所有时候取悦所有读者，甚至不可能在所有时候取悦某些读者，但你确实应该试着至少在有些时候取悦部分读者。我觉得这话是莎士比亚说的。我行文至此已经挥过警告旗，适时满足了 OSHA（职业安全与卫生条例）、门萨（号称是全世界智商最高的人的俱乐部）、NASA（美国国家航空和航天局），以及作协指导纲领的要求。我重申一遍，把一切都摆在台上，随意取用。这想法真令人陶醉，不是吗？我觉得是。见鬼，你可以尝试一切，不论是最寻常的闷俗套路，还是令人发指的过激场景。写出来的东西如果中用，很好。它如果不中用，你拿掉它，即便喜欢也照删不误。亚瑟·奎勒-库奇爵士 ① 曾曰"谋杀至爱"，他说得对。

我经常在讲故事的工作基本完成之后发觉我还可以给稿子增添些许修饰和点缀，偶尔可以得些点睛之笔。我开始写《绿里》不久，发现主人公是个无辜者，却很可能会因为别人的罪孽而被处死，于是决定用 J.C. 来做他姓名的缩写，借用了史上最著名的无辜受刑人的名字 ②。我在《八月之光》(这至今仍然是我最钟爱的福克纳小说）里读到过这种做法，那本书中作为牺牲的羔羊名叫乔·圣诞（Joe Christmas）。于是死囚约翰·伯伊斯变成了约翰·克菲。我快写完小说时仍然不能确定我的J.C. 最终是死是活。我希望他活下来，因为我喜欢他，同情他，

---

① 英国十九世纪作家以及文学评论家，以Q为笔名写作，著有《一二五〇——一九〇〇牛津英国诗选》。

② 这位"最著名的无辜受刑人"，显然指Jesus Christ，耶稣基督。

但无论结局如何，我觉得这样的缩写无甚不妥。[1]

　　大多数时候，我直到故事结束我才会发现这样的机会。我一旦发现机会，会跳回去重读写过的东西，看故事里有没有暗藏深意之处。这样的地方如果存在（我一般总能找到），我可以在第二稿中把有待发掘的深意充分表现出来。我可以举两个例子来说明第二稿的作用，一是象征，二是主题。

　　你如果在上学时学过《白鲸》中白色的象征意义，以及霍桑《青年古德曼·布朗》等短篇小说中森林有什么象征意义，并在下了课后觉得自己像个傻蛋，你现在可能会举起双手护头，赶紧往后躲，摇着脑袋直叫："得了吧您，谢谢，饶过我吧。"

　　但是且慢。象征不一定很高深，背后不一定有多么大的智慧，你也不必非得精心设计象征，把它弄得好像是某种华丽装饰的土耳其地毯，得将故事如同家具一样摆放在上面。你如果能够接受这一概念：故事是一种已然存在的东西，如同埋藏地下的化石，那么象征也肯定是早已存在的，对不对？不过是你新发现的另外一块骨头（或是一套骨头）。它如果碰巧存在，固然很好。它如果不存在，那又怎么样？你还有故事呢，不是吗？

　　象征如果确实存在，而你也注意到它了，我想你应该尽力将它挖掘出来，把它打磨得晶光闪亮，然后如同珠宝匠切割宝石一样，将它切割成型。

　　我前面提过的《魔女嘉丽》是一部篇幅较短的长篇小说，说的是一个老被人取笑的女孩，发现自己有心灵致动的超能

----

[1] 几名评论家指责我给人物取名约翰·克菲是滥用典故，做法过分简单直白。我的回答："这算得了什么，犯得着这么较真？这又不是火箭科学。"我意思是说，得了吧，哥们。——作者

力——来通过集中意念移动物体。嘉丽的同学苏珊·斯奈尔为了补偿自己参与某次浴室恶作剧的恶意行为，说服自己的男朋友邀请嘉丽参加毕业舞会。结果他们两人当选为舞王和舞后。在庆祝过程中，嘉丽的另一个同学，讨人厌的克里斯汀·哈根森又搞了一个恶作剧来作弄嘉丽，这个玩笑的结果是致命的。嘉丽利用她心灵致动的超能力将同学杀了大半（还杀了她暴虐的母亲），自己也送了命。整个故事不过如此，简单得好似童话。完全没必要画蛇添足，给故事增加些闲笔杂音，但我在故事间隙添加了些书信断章（虚构之书的章节，一篇日记，几封信，还有电报、公告）。我这么做部分是为了增加现实感（我当时想的是奥森·威尔斯的广播剧《世界大战》），但更主要是因为这本书的第一稿他妈的实在是太短了，根本不像本小说。

我开始写《魔女嘉丽》第二稿之前读了一遍本书，注意到故事的三个关键点都有血出现：开始（嘉丽的超能力显然是随她的月经初潮而来），高潮（舞会上那个导致嘉丽发飙的恶作剧用到了一桶猪血——"猪血送给猪。"克里斯·哈根森对男朋友说），结尾（苏珊·斯奈尔，这个试图帮助嘉丽的女孩最后来了例假，发现自己没有像之前半怕半盼的那样怀孕）。

当然，大多数恐怖故事里都有很多鲜血——你可能会说，套路嘛。但是在我看来，《魔女嘉丽》中的鲜血不是随意喷洒的。这血似乎另有意义。然而这层意义不是我有意创造出来的。我在写《魔女嘉丽》时，从来不曾停下来想过："啊，这么多血的象征意义一定会让批评家们对我刮目相看"，或者"好家伙，这肯定能让我的书进到一两个高校的图书馆"。别的不说，我作为本人还没有疯狂到这种地步，以为《魔女嘉丽》是部发人深省的精神食粮之作。

甭管这故事能不能发人深省，我重读那份泼洒着啤酒和茶渍的第一稿时，这么多血的重要意义是不容忽视的。于是我开始拿这一点做文章，渲染鲜血的形象以及情感内涵，尽量联想。鲜血能引起很丰富的联想，多数都很沉重。血与"牺牲"紧密联系在一起；对年轻女性而言，流血就意味着发育成熟，有了孕育下一代的能力；在基督教信仰（以及其他多种宗教信仰）中，鲜血既意味着罪恶又意味着得救。最后，它还意味着血脉和天赋的传承。人们经常会说，我们之所以长成这个样子或是这样行事，因为这些"已在我们的血里定下了"。我们知道这说法很不科学，事实上这些是由我们的基因和 DNA 模式决定的，但我们用"血"来概括这些意思。

"一言以蔽之"让象征变得如此有趣、有用，并且——你如果将其使用得当——有力。你可以把它当成是另外一种比喻。

那么，你的小说没有它是否就不能成功呢？其实不然。象征还有可能以辞害意，尤其在你将它用过了头的情况下。象征的作用是装点和丰富，不是为了特意营造所谓的深意。所有这些闲笔杂音统统不是小说本身，懂了吗？故事本身才最重要。（听够我这套说辞吗？我希望你没有，因为我还远远没有说够呢。）

象征（以及其他修饰手段）确有其用——不光是铁架子的镀层铬，亮光光好看而已。它可以帮你和读者集中注意力，让作品更紧凑，更赏心悦目。我想，你重读自己的手稿（以及重新谈起自己的稿子），就会发现有没有象征或是潜在的象征意象存在于其中。稿子里如果没有象征，不妨事，随它去。但是稿子里如果确有象征——它如果确实是你正在努力挖掘的化石之局部——那你就把它拿来为你所用。笨猴子才不这么办。

10

主题也一样。写作和文学课程经常会长篇大论、夸夸其谈地讨论主题，叫人不胜其烦，仿佛主题是神牛中的圣牛，但是（稳住了）它没什么大不了的。你写了本小说，花了一周又一周、一月又一月的工夫，一字一句把它写出来。你终于写完了，该舒展脊背，靠到椅背上（或是好好散个步），然后问自己干吗费事写它——为什么花费这么多时间，它为什么看似如此重要。换句话说，这都是图个啥呢，阿尔菲？

在写书的过程中一天一天爬格子，好比在观测每棵树。你写完之后，得后退几步，看看整片森林。并非每本书都得具有象征、反讽，或音乐般的语言（要不然它怎么会被叫作"散文"呢），但是在我看来，每本书——至少每本值得读的书——都得言之有物。你在写第一稿时，或是刚写完之后，你的工作就是认清你的书说的是什么。你写第二稿时，任务——至少是任务之一——就是要让这"言之有物"的"物"更明确。你为达到这个目的，可能得做些重大改写和内容调整。这样做对你和读者的好处就是，重点更突出，故事更紧凑。作品失败的机率因此大大降低。

我花费时间最长的书是《末日逼近》。这同样也是我的老读者们至今仍然最喜欢的书（我说起这个有点难过，大家众口一词地认定你最好的作品是二十年前写的，不过咱们在此暂且按下此茬不表，拜托）。我从动笔到写完第一稿花了十六个月。《末日逼近》之所以耗时特别长，是因为我将小说写到第三个转折、故事快到头时差点写不下去，故事要胎死腹中了。

我最初是想写一部故事庞杂、人物众多的小说——一部奇幻巨作，我如果能做到的话。因此我采用视角转换的叙事方式，把第一部写得很长，在其中每一章增加一个主要人物。第一章主要讲得克萨斯州蓝领工人斯图亚特·雷德曼；第二章先讲的缅因州一个女大学生、有孕在身的芙兰·格德史密斯，然后又转回去讲斯图；第三章开始讲纽约城摇滚歌手拉里·安德伍德，后来转到芙兰，随后又转回到斯图·雷德曼。

我计划通过两个地方把所有这些好坏人物联系起来：波尔德和拉斯维加斯。我以为两方面人物可能会打起来。书的前半截还讲到一种人造病毒席卷全美乃至全球，吞噬了全部人口的百分之九十四，最终毁灭了我们以科技为基础的文化。

我写这部小说时，正是一九七〇年代能源危机临近结束之时，我尽情想象世界在一个恐怖夏天（短短一个月时间里）感染致命病毒之后文明尽毁的场景，有全景也有细节，跨越全美，（至少我觉得）惊心动魄。我的想象之眼难得看得如此清晰，视线从堵得死死、塞满车辆的纽约林肯隧道，直到拉斯维加斯，世界在兰德尔·福莱格饶有兴味的红眼监视下获得法西斯式的罪恶重生。这一切看上去可怕，也确实可怕，但在我看来，这个世界虽则荒诞而可怕，前景还算乐观。首先，你再也不用愁能源短缺了，也没有饥荒，没有乌干达大屠杀，不用担心酸雨或臭氧层空洞，没了横冲直撞、耀武扬威的核武器超级大国，当然也不存在人口过剩问题。相反，少数幸存人类得到机会，在这个神创造的世界里重新开始生活，奇迹、魔术和预言都回归了。我爱我的这个故事，我爱我笔下的人物。但我还是碰到死角，写不下去了，因为我不知道该写什么。我好像走在约翰·班扬史诗巨著《天路历程》中的朝圣之路上，但到了前方再无直路的一个地方。我决不是头一个发现这个倒霉地方的作家，也永远不会是最后一个。这就是作家的创作枯竭之地。

我当时如果只写了两百，甚至三百页单倍行距稿纸，可能会放弃《末日逼近》这本书，转而另写一本——上帝知道我以前这么做过。但我当时写了五百页之多，这笔投资太巨大，我付出的不仅是时间，还有巨大的创作能量，我舍不得放弃这一切。再说，有个细小的声音对我说，这本书真的很棒，我如果不把它写完，会后悔一辈子。因此，我没有开始写另一部作品，而是开始漫长的散步（殊不知二十年过后，散步的习惯给我招来了大麻烦）。我散步时总是会带着一本书或杂志，却很少打开来看，虽然我每次看到同样的树木，同样唧唧喳喳的坏脾气的鸟和松鼠，觉得枯燥乏味。周围环境枯燥乏味对于陷入创作死角的人可能是件好事。我在散步时感受枯燥，想着我那本大而无当的稿子。

我连续几个星期毫无头绪——这部稿子太难处理，太他妈复杂了。我用掉了故事发展的好多条路线，一不小心它们就会纠结到一起。我绕着问题转了一圈又一圈，捶胸顿足，想破了头……突然有一天，我什么也没想时，答案就来了。灵光一闪之间，答案完整齐备——甚至说得上包装精美——从天而降。

我赶紧跑回家，把答案草草写在纸上。那是我破天荒头一遭这么做，因为我怕自己会忘记。

《末日逼近》中故事发生的那个美国可能因为瘟疫人口已经死亡大半，但故事里的那个世界人物众多，太过拥挤，危机潜伏——正如所谓的加尔各答黑洞①。我发觉，我要想从卡住的困境中走出来，可以用类似于驱动前面故事发展的办法——这次不是瘟疫，而是爆炸，总之就是快刀斩乱麻的方法。我要让波尔德以西的幸存者抱着救赎的目的前往拉斯维加斯——他们即刻动身，既没有给养也没有规划，就像圣经里追寻梦想或神旨的人。他们在拉斯维加斯会遇到兰德尔·福莱格，而后好人和坏人都要被迫表明立场。

我前一刻还进退维谷，下一刻却豁然开朗。如果问我最喜欢写作过程中的什么，那就是这灵光闪现的一刻。你可以在刹那之间洞察一切，前因后果明明白白。我曾听人说过"超越弧线的思想"，就是这么一回事；所谓的"超逻辑"说的是同一件事。随便你管它叫什么吧，总之我在一阵狂喜兴奋之下写了一两页笔记，又在接下来的两三天里将我想好的结局在脑子里走了几遍，看看有没有漏洞（同时将实际的叙事脉络理清楚，我让两个次要角色将一枚炸弹放进一个主要角色的壁橱里）。我在那一两天里仍然对"踏破铁鞋无觅处，得来全不费功夫"感到难以置信。不管是不是真的不费功夫，我知道那一刻的顿悟——在尼克·安德鲁斯的壁橱里放颗炸弹——一定会解决我所有的叙事难题。结果确实如此。这本书剩下的故事顺顺当当

---

① 一七五六年，有一百二十名英国士兵被关在狭窄憋闷的地牢里，一夜后死亡，史称"加尔各答黑洞事件"。

地往下发展，我于九个星期后写完了全书。

我完成《末日逼近》一书初稿之后，终于可以看清是什么让我在中途卡住了。有个声音当初一直在我的脑袋里哀号："我写不出书来了！见鬼，我把五百页都写出来了，现在却写不下去了！红色警报！红色警报！"这声音终于停下来之后，思考变得容易了许多。我也可以想明白到底是什么让我走出了困境，并且欣赏其中的讽刺意味：我把书中半数主要人物炸成碎片，以此解救这本小说（事实上发生了两起爆炸，波尔德有一起，拉斯维加斯还有一起类似的破坏事件）。

我认为，我不安的真正原因在于，瘟疫过后，波尔德的人物——即好人——又开始走过去的科技死路。先用民用电台发布一条吞吞吐吐的广播，号召人们到波尔德来。这广播很快就会发展成电视，然后购物节目、900购物热线号码之流都会回来。发电厂的事也一样。我那些在波尔德的人物不用很久就会想到，与其千方百计弄明白上帝为什么让他们幸免于难，不如赶快想办法让冰箱、空调重新运转，以解燃眉之急。而在拉斯维加斯，兰德尔·福莱格和朋友们正在学习驾驶喷气式飞机和轰炸机，还重新点亮电灯，但这都没有问题——这都是意料之中的事——因为他们是坏人。使我停下来的是，我隐约感到一种危险倾向，我的好人和坏人开始变得越来越相像。我意识到我那些正面角色正对一头电子金牛①顶礼膜拜之时，找到了继续写下去的切入点。我发现我需要唤醒他们。壁橱里的炸弹正好

---

① 受到崇拜的假神，典出圣经。摩西离开以色列四十个日夜，前往西奈山领取神的律法，即"十诫"。期间，以色列人担心摩西一去不归，故使人收集金耳环，打造金牛，将其作为崇拜对象。

可以起到这个作用。

在我看来，所有这一切都证明，将暴力当作解决问题的方法这种理念，就如同一条被施了恶咒的红线，纵横交织在人的天性之中。这就是《末日逼近》的主题。我写第二稿时，这个主题就在我的脑子里扎下根来。书里面的角色（既有劳尔德·亨瑞德这样的坏人，也有斯图·雷德曼和拉里·安德伍德这样的好人）一次又一次提到这样一个事实："所有那些玩意儿（即大规模杀伤性武器）散放在周围，等着为人所用。"波尔德人——完全是出于善意——提议原样重建过去的霓虹巴别塔，但他们被更严重的暴力行为消灭了。装炸弹的人遵照兰德尔·福莱格的指示行事。与福莱格对应的正面人物，阿碧格尔嬷嬷曾经一次又一次地说过："一切都是神的旨意。"如果真是如此——在《末日逼近》的语境中，无疑真是这样——那么这枚炸弹其实是上头那位仁兄的严厉警告，他等于在说："我费这么大力气把你们弄到这步田地，不是为了让你们重复当初的破事。"

在小说的结尾（小说第一稿的结尾较短），芙兰问斯图亚特·雷德曼人类到底还有没有希望，人类能不能从过去的错误中学到教训。斯图回答说"我不知道"，然后就陷入沉默。这沉默对读者来说只是刹那间，他们一眨眼就读到最后一行了。但在作者的书房里，这沉默却持续了很久。我思前想后，想让斯图说句什么来表明立场。我想这么做是因为，至少在这一刻，斯图是在代我发言。可是最终，斯图仅仅重复了前面说过的话：我不知道。我最多只能做到这样。书有时候能告诉你答案，有的时候不能。我又不想给跟随我好几百页一路读完的读者留下一段陈词滥调，用连我自己都不相信的空话作结。《末日逼近》没有道德寓意，不存在"我们最好吸取教训，不然下次可能会把这倒霉的地球完全毁掉"。但是小说主题如果非常清晰，读者会根据对主题的讨论找到道德寓意以及结论。这绝对没什么不妥，阅读的最大快乐之一就是这样的讨论。

我虽然在写这部描写大瘟疫的小说之前使用过象征、比喻等手法，也从前辈作家中汲取过营养（比如，我想若没有《德库拉》，就不会有我的《撒冷镇》），但我基本确信，自己在写《末日逼近》遇到障碍之前，基本没想过主题这个问题。我猜我当初以为这些问题是留给那些聪明的思想家去考虑的。我如果不是绝望地想把这书救回来，不会知道自己能这么快找到主题。

我发现"主题思考"居然这么有用后大吃一惊。它不仅是一个模糊的念头、英语教授在期中作文考试中出的题目（"讨论《智血》^①这部小说作品的主题，要求写三个段落，条理清晰——计三十分"），还是一件得力的工具，要把它放在工具箱里，它的功用类似放大镜。

我自从在散步的路上突然产生灵感，想到要往壁橱里放炸弹以来，无论在写第二稿还是初稿中卡壳时，总是自问：我为什么要花这么多工夫写这本书？我本可以用这些时间去弹吉他、骑摩托，是什么让我甘心做牛做马，还无怨无悔？我不是每次都能很快给出答案，但通常总是都能有答案，而且答案不太难找。

---

① 美国著名南方女作家弗兰纳利·奥康诺的长篇小说。

我不相信一个作家，即便是写了四十几本书的作家，会有太多创作主题。我兴趣很广，但只对几个兴趣点研究得足够深，并足以通过小说阐释相关主题。我的核心兴趣点（算不上是执念，却也与之有几分相像）包括：科技发展的潘多拉魔盒一旦打开，要重新把它关上是多么难——可能根本关不上（《末日逼近》《林中异形》《纵火者》）；对上帝的质问：为什么会有这么可怕的事发生（《末日逼近》《绝望》《绿里》）；现实与幻想中间的微妙界限（《黑暗的另一半》《尸骨袋》《三人像》）；还有最重要的一点：暴力有时会对本性良善之人也产生强大的吸引力（《闪灵》《黑暗的另一半》）。我还反复描写孩童与成人之间的本质不同，以及人类想象力所具有的治愈能力。

我再重复一遍：这些都没什么大不了。这些只不过是我的兴趣所在，来自我的生活和想法，来自我作为男孩、继而作为男人的经历，以及我作为丈夫、父亲、作家和爱人的不同角色。我晚上关灯之后，一个人待着，一只手压在枕头下面，睁眼看着面前的黑暗，这些问题会浮上我的脑海。

你无疑会有自己的想法和兴趣、你关心的话题。与我的那些话题一样，你关心的话题来自你作为人类的生活经验和历险。你关心的某些可能跟我上面列出的不无相似，也可能完全不同，它们是你应该在写作中好好利用的财富。这些想法并非为此才存在，但它们在写作这件事上确实可堪一用。

我要用一句警示语来为这篇小布道文做结——从问题和主题思想开始写作，几乎注定写不出好小说。好小说总是从故事开始，发展出主题；从主题发展而来的好故事很少。我能想到的这条规则的反例，仅有那些寓言小说，比如乔治·奥威尔的

《动物农场》（我暗自怀疑《动物农场》是从故事变成寓言的；我死后如果见到奥威尔，会就此问问他）。

但是，你把基本故事写出来之后，就需要想想这个故事意味着什么了，然后用想出来的结论去充实第二稿第三稿。你若不这么做，等于是剥夺了你的作品（最终也是读者）的远见与深意，而正是这种深意让你的故事独一无二、非你莫属。

11

到目前为止一切顺利。我们下面来谈谈改稿——该改多少，写几稿？我个人的答案总是两稿，再加一遍润色（随着电脑文字处理技术的出现，我的润色稿现在越来越像第三稿了）。

你应该知道，我说的只是我个人的写作经验；实际上，每个作家修改稿件的做法各不相同。比如库特·冯内古特会将自己的小说每一页都修改到自己最满意为止。结果就是他有的日子可能只能写一到两页纸（垃圾桶里却满是被揉皱弃而不用的七十一和七十二页），但他写完手稿之时，也就是作品杀青之日，老天作证。你可以直接把这样的稿子拿去排版印刷了。但我相信大多数作家在这方面还是有些共通之处的，我下面要谈的就是这些共通之处。你如果已经从事写作一段时间，在这方面不需要我帮忙；你一定已经有了自己的习惯做法。但是你如果才入门，我希望你至少把自己的故事写过两稿；关起门来写一稿给自己，敞开门写二稿给读者。

关门写稿时，也就是在把脑子里的想法直接下载到纸上的这个阶段，我能写多快就写多快，速度以自己能忍受、不难过为限。写小说，尤其是写长篇小说，可能是件孤单而艰难的工作，就像乘坐浴缸穿越大西洋。你很多时候会产生自我怀疑。我发现，我如果写得快些，将脑海里的故事原样倒在纸上，只有在核对人物名字以及他们的背景故事时才回头看前面，就可以保持住起初的热情，超越那种随时可能袭上心头的自我怀疑之感。

第一稿（草稿）即纯故事稿，应该是你在没有别人帮忙（或是干预）下独立完成的。你写到某一处时，可能会想将已经成文的部分给某个好朋友看看（你想到的第一个好朋友通常就是与你同床共枕的伴侣）。这或许是因为你对自己的作品感到骄傲或怀疑。我的建议是，你要抗拒这种冲动。维持压力，不要将稿子交给外面世界的什么人，不要让他们的疑虑、夸奖，哪怕是善意的提醒，将你的压力减轻。让成功的希望（以及对失败的恐惧）带着你往前走，尽管困难重重。你以后有的是展示作品的时候……但是我认为你即便完稿之后，也必须非常谨慎，先思考你的小说。你的小说这时如同新雪后的大地，除了你自己，还没有任何人在上面留下痕迹。

关起门来写作最大的好处是，你会发觉自己只能全神贯注于故事本身，无法做其他任何事。没有人问你"你想通过加菲的临终遗言表达什么"，或"那条绿裙子有什么特殊意义吗"。你很可能根本没想通过加菲的遗言表达什么，而莫拉穿绿裙子只是因为她从你脑海中浮现出来时，你见到的她就是这个样子。另一方面，这些东西也许确实有深意（或者会变得有深意，等到你放眼全局，而不是管中窥豹、只见一斑时）。无论情况如何，写初稿时决不是考虑这些问题的好时机。

还有一点——如果没人对你说"哇，山姆（或是艾米）！这真是太棒了"，你不大可能会懈怠下来，或是转念到错误的地方……比如说光想着自己多么棒，而不是把那见鬼的故事讲完。

我们下面假设你已经完成初稿。恭喜你！干得好！喝杯香槟，叫个披萨饼外卖，用你喜欢的方式庆祝一番。如果有人迫不及待地等着读你的小说——比如说你的配偶，你忙着追赶梦想时，他／她可能正朝九晚五地工作，赚钱养家——现在是时候交货了……前提是你的第一位或是第一组读者要保证你自己决定什么时候开口跟他们讨论你的作品。

这话听来可能有些蛮横，其实不然。你已经做了很多，需要一段时间（时间长短因人而异）来休息。你的思维与想象——两者相通，却各不相同——需要循环再生，至少涉及这部作品的思维与想象需要再生。我建议你休息两天——去钓鱼、划船、玩拼图——然后转去写点别的东西。最好是写点短篇小文，新东西与你刚完成的这本新书背道而驰，相距甚远。（我曾经利用一些长篇小说——比如《死亡地带》和《黑暗的另一半》——两稿之间的空隙写过几部很不错的中篇，比如《尸体》和《纳粹追凶》。）

你的书需要休息多久——有点像做面包时，揉完一轮面过多久再揉一次——完全由你说了算，但我认为最短应该有六个星期。在这段时间里，把你的手稿稳当地锁在书桌抽屉里，任由它变老，（但愿它会）变醇。你会频繁想到它，有很多次——十几次甚至几十次——你耐不住诱惑，想把它拿出来，哪怕只是重读你记忆中感觉特别好的几个篇章，那些你很想再回去看看的段落，重新体会自己真是个出色作家的那种感觉。

抗拒诱惑。你如果没做到，很可能会认为自己那一段写得没有自己感觉得那么好，最后立刻将其改写一遍。这样不好。更糟糕的情况是，你认为那段写得比你记忆中还要好——何不抛开一切，立刻重读一遍整本书呢? 然后赶紧把第二稿写完! 见鬼，你迫不及待! 你就是他妈的大文豪莎士比亚!

可你不是，而且，你除非已经投入到下一部作品（或重新投入到原来的日常生活中），几乎把过去三五个月，甚至七个月里占据你每天上午或下午整三个小时的这东西，这份虚幻产业完全抛到脑后，否则你就不能算是准备好了，还不可以回去看这部小说。

那个正确的时间终于到来（你大可以在书房的日历上标上一笔，把这天勾出来），将手稿从抽屉里取出。它看起来如果像是一件你根本记不得是你什么时候从哪家旧货铺子或是谁家后院拍卖摊上买回来的古怪遗物，这说明你准备好了。关上门，坐下来（过不了多久，你的大门就要对全世界开放），拿支铅笔在手，放个笔记本在旁。重读你的手稿。

如果可能，一口气读完（当然，你写的如果是部四五百页的长篇巨著，就没办法做到这一点了）。该做笔记时做笔记，但同时要集中精力对付最普通的家常俗事，比如改正拼写错误以及前言不搭后语的句子。肯定有不少这样的错儿，只有上帝才能在头一遍就写得完美无缺，也只有邋遢的笨蛋才会说："得了吧，由它去，编辑就是干这个的。"

你如果是第一次干这事，会发觉六个星期之后重读自己的书是一种奇异而愉快的经历。它属于你，你认得出它是你的，甚至记得你写到某一行时音响放出的旋律。但你又会觉得自己好像是在读别人的作品，你的与你心心相印的双胞胎的作品。正该如此，你等这么久就是为了达到这样的目的。干掉别人的宝贝总是更容易些，对自己的宝贝总是更难下手。

你丢开稿子六个星期后，可以发现故事或是人物发展中巨大的漏洞。我说的是大到开得进卡车的漏洞。真令人吃惊，这样的问题竟然能在作家忙于写作时逃过他／她的眼睛。还有，听我的——你如果发现了几个这样的大漏洞，决不要为之深感沮丧，责怪自己。我们作家中的高手也有失手的时候。有个故事说，设计熨斗大厦 ① 的建筑师就在大厦落成剪彩前，突然发现自己这座地标型摩天楼里竟然一个男厕所都没有，于是自杀身亡。这则逸事很可能不是真的，但是你要记住：泰坦尼克号也是由人设计出来的，设计师号称它决不会沉没。

在我看来，你在重读过程中看到的最刺眼的错误多半涉及人物动机（与人物发展相关，但不完全是一回事）。我有时候会用手掌跟猛敲脑门子，然后抓过笔记本，写下诸如此类的话：P91：珊迪·亨特从谢丽的机要办公室藏东西的地方偷了一块钱。为什么？老天在上，珊迪绝对不会做出这样的事！我还用很大的符号在手稿当页标出来，意思是此处有待删节或此页有待修改，并且提醒自己，如果不记得具体细节，可以去检查笔记。

我喜欢这个过程（当然，我喜欢写作的整个过程，但是这一步尤其令我愉快），因为我重新发现了自己的作品，通常还挺

---

① 纽约市的一座地标建筑，建于一九〇二年。大楼因地制宜，呈三角形向上延伸，俯视形状类似熨斗，是纽约最为狭长的建筑之一，后以此著称，其原名"富勒大厦"却不常为人提起。是最早使用钢结构的大楼之一，高八十七米。

喜欢它们。这种感觉会变的。一本书到实际付印时，我已经重读过它不止十几遍，都能将整篇背出来，只希望这倒霉的臭东西赶紧滚开。但那是以后的事。我第一遍重读作品时往往觉得它很不错。

我在读手稿时，头脑的最上一层注意力集中在故事本身，以及工具箱里的那些物事：把指代不清的代词去掉（我痛恨并且不信任代词，它们中的每一个都好像连夜匆匆飞来的伤害索赔律师，滑不溜丢，靠不住），我觉得如果有必要，会对代词添加限定短语，并对其加以说明。当然，我会尽可能把副词全部删除（不能全删，但总嫌删得还不够）。

而在我比较深层的思维层面，我正在问自己几个大问题。其中最大的问题是：这故事连贯吗？如果是，那么我要怎样才能将这种连贯变得歌曲般顺畅？故事中有反复出现的内容吗？能不能把这些内容交织在一起，作为主题？换句话说，我问自己，斯蒂威，你写了些什么呀？我怎样才能让那些深层的意义更清晰？我最想要的是共鸣，希望忠实的读者合上书本，将书放回书架上之后，这共鸣仍然留在他/她的脑海（以及心中），回旋片刻。我不想手把手将想法喂给读者，也不想因小失大，让想法伤了故事。什么道德教化，什么别有寓意，让这些都见鬼去吧。我要的是共鸣。总而言之，我想知道自己到底想表达什么意义。我在写第二稿的过程中，会增加场景和事件，以加强这种意义。我还要删去一些旁枝别蔓。这种东西会有不少，在小说的开头部分尤其多，因为我经常在这里发散思路。可我如果想达到一种统一效果，就必须去掉所有这些东拉西扯的东西。我读完一遍，将那些小不点儿错误都改完。然后我打开门，将我的书先给四五个表示感兴趣的好友看。

有人——惭愧，我不记得是谁了——曾经写过这样的话：所有的小说其实都是信件，专门写给一个人看的。我碰巧相信这个话。我认为每个小说家都有一个理想读者；作家在写作过程中，会不时想："不知道他／她看到这段会怎么想？"而对我来说，这位第一读者就是我的太太塔碧莎。

她一直都是一位非常富有同情心、非常支持我的第一读者。对于一些比较难的书——比如《尸骨袋》（这是我与维京出版社因为一点愚不可及的金钱纠葛结束长达二十年的精诚合作之后，在新东家出版的第一本书），还有比较有争议的书——比如《杰拉尔德的游戏》，她的肯定对我意义重大。但是她如果在书里看到不对劲的地方，会态度坚决、毫不迟疑地让我知道她的想法。

塔碧莎作为批评家和我的第一读者，经常会让我想起我曾经读到过的一个故事，这个故事关于阿尔弗雷德·希区柯克的太太阿尔玛·雷威尔。雷威尔女士就是希区柯克的第一位读者，是目光如炬的批评家，希区柯克作为悬疑电影大师的声誉日益高涨，但她丝毫不为所动。这正是希区柯克的幸运之处。希区说他想要飞，阿尔玛说："先把你的鸡蛋吃完。"

希区柯克拍完《精神病人》之后不久，为几位朋友试映了这部电影。他们都惊叹不已，齐声称颂这部片子是一部悬疑杰作。阿尔玛一直保持沉默，直到这些人都说完才开口。她十分坚定地说："你不能就这样把片子放出去。"

周围一片沉寂，仿佛惊雷过后，只有希区柯克一个人开口，他问为什么不行。"因为，"他老婆回答，"詹奈特·李死了以后还在咽口水。"的确是这样。希区柯克再也没说话，而塔碧莎指出我的漏洞时我也不会还嘴。我和她可能会就一本书的许多方面发生争执，我有的时候也会反对她的主观判断，但是她如果抓到我的错误，我会知道，并且感谢上帝让我身边有人提醒我裤子的拉链未拉，让我避免当众出丑。

我除了请塔碧莎第一个读我的书，通常还会将手稿寄给四到八位多年以来评论过我作品的朋友。好多写作教材反对作者邀请朋友读自己写的东西，认为你比较不容易从朋友那里得到不偏不倚的见解，毕竟这些朋友曾在你家吃过饭，他们家孩子也许曾经在你家后院跟你家小孩一起游戏。这种观点认为把你的朋友置于批评你的境地是不公平的。他/她如果觉得自己非这么说不可："很抱歉，好伙计，你从前写过不少好东西，可这本实在是烂到家，没救了"，那可怎么办呢？

这种观点有一定的道理，但并非是寻常完全公正的批评意见。而且我相信大多数智慧足以阅读小说的人在表达意见时会比较有技巧，不至于非说"这太烂了"。（但我们大都心知肚明，"我认为这样处理有点问题"的实际意思就是"这太烂了"，对不对？）再说，你如果真的写了部烂小说——会有这种事的，我作为《最高时速》的作者，自认为有资格这么说——你还是宁肯在这书总共只有六册复印本时，从朋友那里知道这消息，对不对？

你发出六或八册写好的书，会收到六到八种非常主观的意见，说这里好或那里不好。所有这些读者如果都认为你写得很好，那么这书很可能确实不错。人们难得意见一致，在朋友圈里也是如此。大多数时候，他们会觉得有些部分不错，而有的部分……没那么好。有些人会觉得 A 角色还不错但 B 角色就有点过了。不过如果别人觉得 B 角色真实可信但 A 角色描写过分，那就没问题。你大可放轻松，不改动稿子（在棒球比赛中，平局算跑垒者赢，小说，这算作者赢）。如果有人喜欢你的结尾有人不喜欢，也是一样——由它去，平局算作者赢。

有的第一稿读者擅长指出事实错误，事实错误最容易处理。我的第一轮聪明人读者之一、已故的麦克·麦卡切恩，是位非常棒的中学英语教师，对枪械很在行。我如果写到一个人物拿着一支温切斯特点三三零，麦克很可能会在页边写，温切斯特从来没生产过这种口径的枪，但雷明顿生产过。你遇到这种情况是一举两得——既知道错在哪里，又知道如何改正。这样的结果是皆大欢喜，因为你像个专家那样写书，而且第一读者觉得自己帮了忙，感到很荣幸。麦克对我帮助最大那回跟枪械一点关系都没有。一天，他在教师办公室读我的一份手稿，突然大笑起来——他笑得太厉害，眼泪都出来了，眼泪流到胡须上。我拜托他看的稿子《撒冷镇》不是一部笑场闹剧，于是我问他看到了什么。原来我写了一段文字，大致如下：缅因州十一月才进入猎鹿季节，可十月时，田野里就常常响起枪声；当地人尽可能猎杀农民，只要一家人吃得下。校对编辑无疑会发现这样的错误，但麦克让我免于丢人现眼。

正如我所说，主观评价确实有点难对付，但是听我的：你的每个读者如果都认为这书有问题（康妮太轻易就回到丈夫身边，哈尔大考作弊，据我们对人物的了解，这样似乎不大可能；小说的结局似乎来得太突兀、太随意），这说明小说确实有问题，你得采取措施。

　　许多作家反对这种做法。他们觉得根据读者的好恶来修改作品与妓女卖身相差不多。你如果真是这样想的，我绝不会试图改变你的想法。同样，你也可以省下制版印刷的钱，因为你根本不需要把你的小说拿给任何人看。事实上（我的语气很粗暴），你如果当真是这么想的，干吗还要费劲出版呢？你写完书大可以将它扔进保险箱里就好，据说 J.D. 塞林格晚年就是这么干的。

　　我的确能够理解，至少在一定程度上能理解这种敌视情绪。我在电影行业也算半个专业人员，在这一行里，放映初版电影叫"试映"，这是业内的普遍做法。大多数电影人烦透了试映。他们也许恼火得有道理。电影公司花一千五百万到一亿美元来拍一部电影，然后要求导演根据圣巴巴拉一帮乌合之众的意见重新剪辑影片，这帮人中有剃头的、卖鞋的、女交通警，还有失业的披萨送货员。你知道最糟糕最可恨的是什么？统计方法如果得当，试映效果确实能说明问题。

　　我不认为应该根据试读反应修改小说——如果这么做，许多好书根本不可能出版——但我们在这里说的只是六七个人，况且这六七个人还是你认识和尊重的朋友。你如果找对了人（并且他们愿意读你的书），他们能教给你很多东西。

　　那么，所有人的意见是不是同等重要呢？我觉得不是。我听得最多的是塔碧莎的意见，因为我的书就是为她写的，我最想得到她的赞赏。你如果除了满足自我，还为某个人而写作，那么我建议你着重考虑这个人的意见（我认识一个人，他说自己主要是为了一个十五年前死去的人而写作，但大多数作者不是这样）。这个人的话如果有道理，你可以根据此人的意见修改作品。你不能让全世界都到你的书里来掺和一阵，但你可以让那些最重要的人进来。你也应该如此。

我们把你首先想给其看你作品的人称作理想读者。他／她将一直待在你写作的书房里：你打开门，重新面对世界，让现实之光照在你梦想的泡沫上，他／她将出现；而在你关起门来写第一稿的那些时而困扰时而兴奋的日子里，他／她也无形地陪在你身边。而且，你知道吗？你或许会发现，你的理想读者读你开篇第一句话之前，你就已经为他／她调整了你的故事。理想读者能够帮你稍稍跳出自我，让你在完成小说之前，从旁人的角度读自己正在写的故事。这或许是让你能够集中精神讲故事的最好办法。没有观众在场，你独立掌控全局时，也是在为观众演出。

我写到自认为滑稽的场景时（比如《尸体》中的吃馅饼比赛，还有《绿里》中的死刑预演场面），想象着，我的理想读者会觉得这场面很滑稽。我特别爱看塔碧莎笑得乐不可支——她高举双手作投降状，笑得眼泪直流。我爱极了她那个样子。我如果想到一个可能会有那种效果的点子，会竭尽所能地使用它。我写到这个段落时（关门独自写作），她笑或哭的样子会浮现在我的脑海。我修改（敞开门）稿件时，会问头脑中的她这样的问题——这样够滑稽吗？够吓人吗？她读到这个场景时，我尽量观察，希望看到她至少露出微笑，或是——宝贝，中头彩了！——大笑起来，双手高举，在空中乱舞。

让她笑并非易事。我们在北卡罗来纳时，我把《亚特兰蒂斯之心》的手稿给她看。我们是去看国家女子篮球联盟克里夫兰对夏洛特的篮球比赛的。第二天，我们开车往北去弗吉尼亚，塔碧莎就在这段路上读了我的故事。里面有些搞笑的段落——至少我觉得是这样——我时不时瞥一眼，看她有没有笑（有个笑容也好）。我以为她不会发现，可她显然是注意到了。她第八或第九次发现我瞅她时（我猜那可能是我第十五次瞅她了），抬起头，冲我说道："专心开车好不好？别把咱俩都撞死。见鬼，别这么急赤白脸的。"

我专心开车，不再偷偷看她（尽力忍住不看……或者少看）。大约五分钟之后，我听到右手边传来一声笑。只是一声而已，但对我已足够。大多数作者都有点急赤白脸。尤其是在他／她完成初稿、准备改稿时，这时书房大门敞开，外面世界的光线照进来。

12

你还可以通过理想读者检测你小说节奏是否适宜，你对背景故事的处理是否得当。

节奏是指你叙事的速度。出版圈中有一种心照不宣的看法（它既是"不宣"，就不曾得到检验，也无人为之辩驳），认为获得商业成功的小说大都节奏快。我猜其潜在的意思是，当今人们有许多事要忙，阅读印刷字时很容易分心，所以，你除非是个快手妙厨，能以最快的速度奉上嗞嗞冒油的热汉堡、炸薯条和鸡蛋这等绝不费事的吃食，不然就会失去读者。

这种观点跟出版界许多未经验证的看法一样，基本上也是扯淡……这就是翁贝托·埃科的《玫瑰的名字》，还有查尔斯·弗雷泽的《冷山》脱颖而出、登上销售排行榜时，那些出版商和编辑会那么震惊的原因。我猜这些家伙大都将这几本书的意外成功归功于广大读者品位骤升，出人意料又令人叹惋。

我并不是说快节奏的小说有什么不好。有些相当不错的作家——奈尔森·德米尔、威尔伯·史密斯，还有苏·格拉夫顿，暂且举此三人为例——写这样的小说都获利百万之巨。但是速度太快也可能会出问题。你把故事讲得太快，读者有可能会被你甩在后面，要么跟不上，要么看不明白。我个人更喜欢把节奏放慢点，把结构搞得更大些。读一本引人入胜的厚书，比如《长亭》，或《如意郎君》，如同乘坐豪华邮轮来一次休闲之旅。自从长篇小说诞生以前，早在《克拉丽莎》①这样漫长的大部头书信体小说问世之前，这种艺术形式的主要魅力之一就在于此。我认为应当允许小说以其自有节奏展开，而并非总是令其以双倍速度前进。但是，你要明白——你如果把节奏放得太慢，最有耐心的读者也会不耐烦起来。

如何找到那令人愉快的适中好节奏？最好的办法当然是求助理想读者。想想他／她谈到某个场景会不会不耐烦起来——你对你的理想读者有我对我那位的了解程度一半，就不难想象他／她的反应。理想读者会不会觉得这里或者那里废话太多？你是不是对某个特定情况语焉不详……或者有我经常犯的那个毛病，解释得太过了？你是不是忘了把哪个重要线索拾起来？又或者像雷蒙德·钱德勒曾经那样，把某个

---

① 《长亭》由英国作家M.M.卡耶写于一九七〇年代，《如意郎君》的作者是印度作家维克兰·塞斯，出版于一九九三年。《克拉丽莎》是英国十八世纪作家萨缪尔·理查逊创作的书信体小说，乃英国文学史上最长的长篇小说之一。

人物整个忘记了？（有人问起《长眠不醒》里那个被谋杀的司机，贪杯的钱德勒回答道："噢，他呀。你知道吗，我完全把他给忘了。"）你关起门写作时，也应该在脑子里想着这些问题。房门一旦敞开——你的理想读者实际看到你的手稿时——你应该开口问他/她这些问题。同样，管他是不是急赤白脸呢，你得观察她，看她什么时候会放下稿子做别的事。她/他当时看到哪一场？是什么让她把稿子放下的？

我想到节奏问题时，通常总会援引埃尔莫·伦纳德，因为他的说法简单明了，切中要害——删除枯燥部分。这就意味着缩减内容，以加快速度，大多数作家最终都不得不这么干（杀掉你的心头好，干掉你的宝贝，拿掉你的最爱，哪怕这样做会伤透你那颗自我大膨胀的小作家之心）。

我十几岁时，经常给《科幻小说》《埃勒里·奎因推理故事期刊》这些杂志投稿，经常收到以"亲爱的投稿人"（相当于"亲爱的傻蛋"）开头的退稿单。这些打印出来的粉红字条上如果有点个人色彩，我会很珍惜，但个人色彩很少，隔很久才会有一星半点，但是我只要收到了一点，会一整天兴致高昂，面带微笑。

我在里斯本高中上四年级时——那应该是在一九六六年——收到了一张潦草的字条，那几个字从此改变了我修改小说的方式。在机打编辑签名下，是一句随手写下的警句："不错，但太松。你得将其改得紧凑些。公式：第二稿＝第一稿乘以百分之九十。祝好运。"

我希望自己能记起这张字条是谁写的——也许是阿尔基

斯·伯德里斯。不管这人是谁，总之这人帮了我天大的忙。我把这公式抄在一张衬衫包装衬板上，将衬板贴在我打字机旁边的墙上。我之后不久就开始走运了。我并不是说杂志突然争相买我的稿子，而是我收到有个人色彩的退稿信很快就多了起来。我甚至收到《花花公子》文学编辑杜兰特·伊姆伯顿写的一封信。那封公函令我激动得心都要忘了跳。《花花公子》给短篇小说的稿酬最高可达两千美元，两千大洋相当于我母亲在松园培训中心做清洁工一年工资的四分之一。

那个修改公式或许不是我开始收到回应的唯一的原因；我猜另外一个原因就是我的时机到了，终于到了（说来有点像叶芝的狂兽 [①]）。但是这公式肯定起到了相当大的作用。在那以前，我写的一个故事初稿如果有四千字，那么第二稿多半会变成五千字（有些作者喜欢往外摘东西，而我怕是天生喜欢往里塞）。我知道这个公式以后就变了。即便是今天，我的一个故事的初稿如果有四千字，那么我在做第二稿时，就会将目标长度定在三千六……一本长篇小说的初稿如果有三十六万字，我会使尽浑身解数，一定会把它改得不超过三十一万五千字……可能的话，最好将其改至三十万字以内。这个公式教我，每个短篇故事，或长篇小说，都有可能站不住脚，坍塌下来。你如果不能做到拿掉百分之十后仍保住故事的基本内容和气氛，那你努力得还不够。这种审慎删减法的效果立竿见影，经常令人惊奇——简直就是文学伟哥。你能感觉到不同，你的理想读者也会。

---

① 典出叶芝的诗《基督重临》："何种狂兽，终有时辰，懒洋洋地倒向圣地投生？"（袁可嘉译文）

背景故事就是发生在你小说故事之前的所有事，对你的故事有重大影响。背景故事帮助我们给人物定形，解释他的行为动机。我认为应当尽早将背景故事交代清楚，这很重要，但将故事讲得优雅而有技巧也很重要。怎样写不算优雅？以下面一段话为例：

> "你好，前妻。"多丽丝一进房间，汤姆就对她说道。

汤姆和多丽丝已经离婚这一件事也许对这个故事很重要。一定可以通过另外的语言把同样的意思说得更好。上面这段话的优雅程度堪比斧头杀人。以下段落仅供参考：

> "嗨，多丽丝。"汤姆说道，声音听起来——至少在他自己的耳朵听来——还算自然，但他右手的手指已悄悄探到左手上六个月前还戴着婚戒的地方。

这算不上是能得普利策奖的绝妙好文，而且比"你好，前妻"长不少，但是我之前已经试图说明，节奏不是唯一。你如果认为所有句子都是为了传达信息，最好还是放弃写小说，找一份写产品说明书的工作吧——蒂尔伯特漫画里的那些小隔间正缺人呢。

你很可能早就听说过"插叙"的拉丁语 in medias res，这个拉丁词汇的意思是"插入中间"。这是一种古老而且得体的叙事方式，但我不喜欢。你用插叙时需要闪回到过去。我总觉得闪回枯燥又有些陈腐，它总是让我想起四五十年代电影里经常出现的场景，先是画面变得模糊，话语有回音，然后画面突然就回到十六个月以前，我们刚才看到的那个满身污泥、正在拼命逃脱警犬追捕的罪犯变成前途光明的年轻律师，还不曾被人陷害栽赃谋杀了那个骗人的坏警长。

我作为一个读者，对于将要发生的事情的兴趣，远远大过已经发生的事。的确，有些很出色的小说，写法与此恰恰相反（这也许只是我的个人偏好，纯属偏见）——比如达芙妮·杜穆里埃的《蝴蝶梦》，再比如芭芭拉·瓦恩的《适应黑暗的眼睛》——但我还是喜欢话说从头，顺着讲故事。我天生喜欢按部就班，先给我上开胃冷菜，等我好好把蔬菜吃完，再给我上甜品。

但你即便平铺直叙地讲故事，也会发现自己仍免不了要讲一点背景故事。从真实情况来看，每个人的生活都免不了插叙。在你的小说开篇第一页出场的是个四十岁的男人，一个陌生人或是一件新发生的事突然影响了他的生活——比如一场车祸，或者他帮了一位不停性感回望的美女的忙（注意到句子里笨拙的状语①了吗？但我实在没办法删掉这几个字）——到了一定时候，你仍然难免要交代这家伙前四十年的生活。交代多少，怎么交代在很大程度上决定了你的故事成功与否。读者也许会认为这故事"值得一读"，也许会说它"又臭又长"。说到背景故事，当今把它讲得最好的也许要数"哈利·波特"系列小说的作者J.K.罗琳。你不妨找来这套书读读，留心每部新书是如何用三言两语将前面的故事交代清楚的（"哈利·波特"系列小说

---

① 在中文语境中，"不停性感回望的"是定语。

非常有趣，从头到尾都引人入胜）。

你把背景故事讲得好不好，改稿时需要加内容还是删繁就简，你的理想读者可以在这些问题上帮你很大的忙。你需要仔细倾听理想读者没看明白哪里，然后问问自己明不明白。你如果明白这部分，只是没把它交代清楚，那么你做第二稿时的任务就是把它交代清楚。你如果也不明白——你本人如果对你的理想读者问起的那部分背景故事也不甚了了——那么你需要重新好好构思背景故事，让你笔下人物如今的行为更容易被接受。

你还要密切关注，背景故事里面的哪些部分让理想读者觉得沉闷。《尸骨袋》中的主要人物麦克·诺南是个四十多岁的作家，小说开始时，他的妻子刚刚因为脑动脉瘤去世。故事从她去世后的第一天开始，但是我仍然需要交代许多背景故事，背景故事比我往常的小说多得多。其中包括麦克的第一份工作（报社记者），他小说处女作的售出，他与亡妻诸多家人及亲戚的关系，他从前出版的书，特别是他们那幢在缅因州西部的避暑别墅的来历——他们如何买下那幢房子，那房子在麦克和乔安娜买下之前的部分历史。我的理想读者塔碧莎读这些时读得津津有味，但是有两三页背景故事说到麦克在妻子死后的一年里去做社区服务。在这一年里，他承受丧妻之痛和写不了作品的双重痛苦。塔碧莎对社区服务这部分很不以为然。

"谁在乎？"她问我，"我想多多了解他的噩梦，并不想知道他为了不让那些流浪汉和醉鬼在街上晃荡，如何竞选市议员。"

"没错，但是他写不出东西，"我说（作家本人喜欢的部分——他的心头好——遭到挑战，他一开口，头两个词准是"没错，但是"），"这种枯竭状态持续一年之久，也许还要更久。他在这段时间里总得做点什么，对不对？"

"我猜是的，"塔碧莎说，"但你不需要非让我读得发闷，对不对？"

得，人家大获全胜。塔碧莎与大多数优秀的理想读者一样，经常毫不留情。

于是我将麦克参与慈善捐献和社区服务这部分内容从两页减少到两段话。结果证明塔碧莎是正确的——我一看到印出来的书页就明白了。大约有三百万人读过《尸骨袋》，我至少收到四千封关于这本书的信件，迄今为止，没有一个人在信里说："嘿，笨瓜！麦克在写不出来的那一年里都干了什么社区服务工作啊？"

关于背景故事，要记住以下几个要点：1）人人都有过去；2）其中大半都很无趣。留住有趣的部分，别在其余部分上多费笔墨。漫长的人生故事在酒吧里会比较受欢迎，并且只适合在酒吧关门前一个小时左右讲，如果你来买单，故事的效果最好。

13

我们需要稍微谈谈研究工作，这是背景故事中比较特殊的一种。拜托，你的小说如果涉及你知之甚少或一无所知的东西，你因而确实需要做些调查研究，请你记住"背景"这个词。研究属于背景部分：远远地出现在背景中，你能放多远就放多远。

你或许会因为了解食肉细菌、纽约城下水道系统或柯利犬种的智商水平之高这类知识而欣喜若狂，但读者可能对你笔下的人物和故事更感兴趣。

有没有例外？当然有，什么事都有意外，不是吗？有些非常成功的作家——我首先想到的是阿瑟·黑利和詹姆斯·米切纳——其作品主要依赖于史实和研究所得。黑利的作品几乎就是运营说明书（银行、机场、酒店），而米切纳的作品则是游记、历史加地理教科书。其他的畅销作家，比如汤姆·克兰西和帕特里夏·康威尔，都是以故事为中心，但将大量（有时多得叫人吃不消）事实和信息与又哭又笑的情节剧同时奉送。我有时会想，这样的作家可能对读者中的很大一部分有吸引力，这些读者认为读小说似乎不那么高尚，读小说属于品位低下的行为。他们若需要为此辩护，至少可以这么说："这个，的确，我确实读（此处填上作者姓名）的小说，但只有当酒店房间里没有 CNN 时才读；还有，我从小说里了解了很多（此处填上适当的学科）知识。"

每一个成功的纪实小说家背后，都有成百上千的模仿者，他们的作品有的得以出版，多数没有。总体来说，我认为故事优先，但一定的调查研究少不了。完全不做调查研究只会让作者处境堪忧。

一九九九年春天，我跟老婆在佛罗里达过冬之后，我开车返回缅因州。我们上路第二天，我在宾夕法尼亚州高速公路收费口附近停车加油，那是个很好玩的古老的小加油站，你不能自助加油，有个哥们出来手工给你的车加油，与你寒暄几句，问你过得可好，喜欢美国大学生篮球联赛中哪支球队。

我跟这哥们说我过得还行，喜欢杜克队。然后我绕到屋后，借用厕所。加油站旁有一条雪化而成的小溪在哗哗流淌。我从男厕所出来后，沿着堆满旧轮胎圈、引擎部件等废料的斜坡走了几步，想凑近看看溪水。地上仍有残雪未融。我踩到一块积雪，脚下一滑，竟然沿着路基滑下去。我抓住一块旧引擎，在下滑趋势加强之前及时停下来，但是，我起身的时候突然想到，我如果摔得巧，可能会一直滑下去，跌进那条溪里，被水冲走。我不禁自忖，这事如果真的发生了，而我那辆崭崭新的林肯领航员停在油泵边，加油站的工人要过多久才会给州警察局打电话呢？我重新回到高速路上之后，有了两大收获：我在美孚加油站后面摔一跤，沾了一屁股水；我有了一个极好的故事点子。

故事里有个神秘的黑衣人——它很可能根本不是人类，而是某种勉强伪装成人类的生物——将座驾弃置于宾夕法尼亚野外一个小小加油站前面。这车看似一九五〇年代晚期的老式别克特别款，但事实上，正如那黑衣人不是人一样，这车也决不是什么别克。这辆车落入几位州警之手，当时他们正在宾夕法尼亚西部一处虚构的营地外工作。大约二十年过后，这些警察将那部别克车的故事说给一个在当初行动任务中死去的州警官伤心的儿子听。这是个很不错的点子，可以发展成一部很有冲击力的小说，讲述我们如何将知识和秘密传给后人；这也会是一个沉重而恐怖的故事，说一件异形机械，时不时发动攻击，把人整个吞掉。当然，故事有几个微不足道的小问题——比如，我对宾夕法尼亚州警察是一无所知——但我丝毫不为此感到困扰。我可以编造自己不知道的东西。

我关起门来写第一稿时可以这么做——我只需为自己，还有脑海中的理想读者而写（我脑子里那个塔碧莎可不像我真实生活里的太太这么牙尖嘴利；在我的白日梦中，她总是为我鼓掌喝彩，目光灼灼地激励我前进）。关于这本书的写作，我最难忘的部分发生在波士顿的艾略特酒店里——我坐在靠窗的书桌旁，写到解剖蝙蝠状异形尸体的场景，而窗下波士顿马拉松比赛的选手们正呼啸而过，屋顶的大喇叭播放着斯坦德斯乐队的金曲《脏水》。我脚下的大街上有成千的人，但没有一个人跑进来扫我的兴，说我写的某个细节与事实不符，宾夕法尼亚西部警察才不会这么干，总之不成不成不成。

这部小说——题为《别克八系》——自从一九九九年五月底我完成初稿以来，一直被锁在我书桌的抽屉里。这本书因为我不能掌控的原因一直停滞不前，我希望可以到宾夕法尼亚州西部去待几个星期。我已经获得有限许可，可以跟随州警巡逻（条件是——我认为这显然十分合理——我不能把他们写成卑鄙小人、疯子或傻瓜）。我一旦完成这项任务，应该就可以改正其中最糟糕的错误，加上一些非常棒的细节描写。

但不可贪多，调查研究属于背景故事。"背景故事"这个词的关键在于"背景"。我要在《别克八系》中讲述怪物和秘密的故事，而不是讲宾夕法尼亚西部警察的工作程序。我要寻找的不是别的，而是一丁点逼真效果，有如你往本就不错的意大利面条酱汁里丢下一撮调味香料，让美味更圆满。在任何一部小说中，营造出现实感都很重要，但我认为，在关于异常或超现实的故事中，这一点尤其重要。同样，足够的细节——前提永远是细节得准确——可以阻止某些专司给作者挑错的读者来信（这种信件的口气全都兴高采烈，无一例外）。你偏离了"写你了解的事"这条规则时，调查学习就必不可少，并且可以为你的故事增色不少。唯一要留心的就是，不要本末倒置；记住，你要写的是一部小说，不是论文。故事永远优先。我认为詹姆斯·米切纳和阿瑟·黑利也会赞同我的说法。

14

经常有人问我，我是否认为新手作家可以从写作课程和研讨会中受益。这么问的人多半是梦想找到什么灵丹妙药、秘密武器或制胜法宝，但绝对无法从课堂或隐居写作活动中得到以上任何一样，不论活动宣传册说得多么诱人。我本人对写作课程持怀疑态度，但不完全反对。

T.C.博伊尔有本非常棒的悲喜剧小说叫《东即是东》，里面描写了一个作家林间居留地，那个环境在我看来就如童话故事般完美。每个学员都有套自己的小屋，整天在小屋里写作。中午时分，侍者从主楼里出来，为这些羽翼未丰的海明威和凯瑟送来一盒午餐，把午餐放在每间小屋的前门廊上——轻手轻脚地放在前门廊上，以免惊扰了小屋住客们出神入定，寻找创作灵感。每套小屋里都有个写作间。另外一个房间里有张小床，可用于午后小憩，小憩可是非常重要的……也许还可以用来跟另外某位学员来一次令人振奋精神的床上运动。

傍晚，全体学员聚集在主楼吃晚饭，并且跟驻地作家进行激动人心的交谈。晚上，会客厅炉火烧得旺旺的，大家烘热了棉花糖，爆了爆米花，饮着美酒，朗读学员的创作，然后展开批评。

　　在我看来，这简直就是仙境一般的创作环境。我尤其喜欢把午餐给你放在前门廊上那段，轻手轻脚，有如牙齿仙子①在孩子枕头下搁两毛五。我想我之所以喜欢这段，主要是因为它跟我本人的经历差距太大。我的写作随时可能会被打断：要么是我太太传话来说厕所堵了，问我可不可以想办法疏通；再不然就是办公室助理打电话来，说我马上又要错过一次看牙预约。我敢肯定，所有的作家，不论其技巧是否高超，是否非常成功，在这样的时刻基本会产生类似的想法：上帝啊，我只要能有个合适的写作环境，有人理解我，**一定**能写出杰作。

　　事实是，我发现这种每天都有的打断和干扰不会对进行中的工作造成很大伤害，有时甚至可能会对其有所裨益。说到底，沙砾落入蚌壳，蚌壳里才会长成珍珠，一群蚌开会讨论不能让自己长出珍珠。工作压力越大——从仅是"我想写"，逐渐变成"我必须写"——工作越有可能会出现问题。作家工作坊的一个严重问题就在于，其规则是"我必须写"。你来这里毕竟不是为了独行徐徐如浮云②，感受林中美景或赞叹山峦浩瀚。你是来写作的，见鬼，你得写出来，那帮同伴在主楼里烘热了倒霉的棉花糖之后，才会有东西可评。但是另一方面，送你的孩子按时去参加篮球夏令营这事，丝毫不比你进行中的工作重要程度低，而且做这事没那么大压力。

　　再说，批评有什么要紧？有多大价值？我根据个人经验觉得，批评价值不大，恕我得罪了。许多批评都模棱两可，叫人

---

① 西方传说幼童换牙时，将脱落的牙齿放在枕头下，会有牙齿仙子夜间来把牙齿取走，并且留下买牙钱。

② 典出威廉·华兹华斯名诗《水仙》，此处采用郭沫若译文。

发疯。我很爱彼得故事里的那种感觉，有人可能会这么说，有种东西……一种难以言喻……很可爱的东西，你知道……我无法准确形容……

还有一些写作工作坊式的陈词滥调：我感觉这故事的调子有点，你明白吧；玻丽这个角色似乎太简单老套；我喜欢其中的意象，因为我多少能清楚地看到他说的那些东西。

对于这些胡说八道的白痴，在篝火旁就坐的人们居然不把刚烤热的棉花糖扔到其脸上，而是频频点头微笑，面带若有所悟的表情。大多情况下，那些老师和驻地作家只是随着大家点头，微笑，露出若有所悟的表情。学员中很少有人想到，如果有种感觉让你无法描述，很可能，我也说不准，也许，我的感觉是，你他妈的根本就进错了课堂，不该去那里。

你坐下来做第二稿时，笼统的批评对你毫无帮助，可能反而有害。以上这些评语显然无一触及你作品的语言或叙事效果；这些批评如同一阵风吹过，不会给你带来任何实际收获。

并且，你要是每天都找人批评你写的东西，必须不断打开门来写作。根据我的理解，这似乎与工作坊的目的相背。你既然每天都要打开门写作，那么侍者踮着脚尖、悄无声息地将午餐放在你的门前，又踮着脚尖无声无息地离去还有什么意义呢？你反正每天晚上都要把自己正在写的作品朗读出来，或是复印多份发出去，给一帮未来作家听／读，让他们告诉你喜欢你处理调子与情绪的方式，但是很想知道，多丽那顶带铃铛的帽子是不是有什么象征意义。这种需要解释的压力一直存在，这样一来，你有很多创作力量往错误的方向分散掉了。你会发现自己不断怀疑自己的文字以及目的，而你此时真正该做的是学习怕被吃掉的姜饼小人，撒丫子开跑，赶紧把初稿写出来，趁化石在你脑海里的形状还清晰新鲜，白纸黑字，把小说落到纸上。而太多的写作课都把"稍等片刻，请解释你这句话是什么意思"当作不成文的规矩来执行。

公道地说，我必须承认，我对此确实抱有一定偏见：我极少遭遇全面发作的创作阻塞，其中一次发生在我在缅因州立大学读大四那年，我当时一口气参加了不是一个，而是两个创作学习班（我在其中一个班上认识了未来的太太，所以不能算是空手而归）。那个学期，我的大多数同学都在写描写性渴望的诗，或是写短篇小说，小说里面有些很情绪化的青年，得不到父母的理解，正准备参军去越南。一个年轻人写了好多诗，那些诗都是关于月亮和她的月经周期；她在这些诗里把月亮写成是 th m' n①。她没办法解释自己为什么一定得这么写，但我们似乎都能感觉到其中的深意：th m' n，没错，懂了，妹妹。

我把自己的诗也带去课堂，但我的宿舍房间里藏着我肮脏的小秘密：一本写了一半的手稿，这部小说讲的是一个青少年团伙计划掀起一场种族暴动。他们打算以此为手段，揭穿哈尔丁城里两宗诈骗贷款案，以及非法毒品链。哈尔丁城是我对底特律的虚构版（我都从未涉足底特律周遭六百英里地域，但我决不会让这点事阻止我或是让我放慢速度）。我觉得跟我的同学想要写的那些东西相比，这本叫《暗中之剑》的小说太俗气，太花哨。我想这就是我从来没有将其中任何一部分拿去班上请大家批评的原因。而事实上，它比我所有那些描写性渴望和后

---

① 月亮，the moon，被这位女诗人胡乱缩写，去掉所有元音，变成了 th m' n。

青春期焦虑的诗都更出色，更真实。但我这样想，只是让我的写作状态变得更糟糕了。结果就是，在整整四个月中，我几乎什么都写不出。我喝啤酒，抽长红牌香烟，读约翰·麦克唐纳的平装本小说，还看了好多在下午播的肥皂剧。

写作课程和工作坊至少有一点好处不容置疑：在这里，想要写诗作文的冲动会得到严肃对待。许多有理想有抱负的作家，都曾遭遇亲朋怜悯俯就的目光（"暂时还是不要辞掉工作吧！"写作者经常听到这句话，通常还伴随着一个讨人厌的笑容，意思我鲍伯因为是你叔叔才这么劝你）。对这样的作者说，写作课程是件绝妙的事情。你在别处也许不可以，但在写作课上，完全可以花大段大段的时间沉浸在梦想世界里。但话说回来——你真的需要得到许可、拿到通行证才可以写作吗？你难道需要有人给你做个纸牌子，上头写着"作家"，才能相信自己真的是作家？上帝啊，我希望不至于如此。

写作课程还有一点好处，这点好处跟那些教课的教授有关。在美国，有好几千位有才华的作家在写作，其中仅有少数（我想其比例大概只有百分之五）能靠写作养家糊口。一直都有些奖金基金之类，但给的钱永远都不够你开销。政府给小说作家补助？快放弃这想法吧。补助烟草业？没问题。研究未经处理的牛精子活力需要资金？当然可以。资助作家创作？休想。我想大多数投票人会同意我的看法。除了诺尔曼·洛克威尔和罗伯特·弗洛斯特[①]，美国从来不曾给予她的创作人才过多崇敬；我们美国人更喜欢礼品公司出的纪念品盘子，还有网络贺卡。

---

① 诺尔曼·洛克威尔（1894—1978），美国著名插图画家。罗伯特·弗洛斯特（1874—1963），美国著名诗人。

你不喜欢这种现状，也只能认倒霉，因为情况就是如此。美国人对电视问答节目的热情，比对雷蒙德·卡佛的短篇小说的热情可高多了。

许多收入过低的作家将自己所懂的教给别人，以此解决生计问题。这很不错，而且新手作家可以趁机遇见并且倾听久仰的老作家讲课。同样，上这些写作课还能结识些有用的联系人。我多亏了大二那年的写作课老师，当地著名短篇小说作家艾德温·M.霍尔姆斯，才有了第一个文学经纪人莫里斯·克雷恩。在 Eh-77 课（一门偏重小说的写作课程）上，霍尔姆斯教授读了我的几个短篇，就问克雷恩愿意不愿意读读我的几篇小说。克雷恩同意了，但我俩始终没有太多联系——他当时已经八十多岁，身体不太好。我们第一次通信联系之后不久，他就去世了。我希望他不是被我的第一批小说给害死的。

你不需要写作课或是工作坊，正如你不需要非得读某本书才能学会写作。福克纳在密西西比州牛津城的邮局工作时学会了写作。还有些作家是在海军军营、炼钢厂，或美国精美的铁窗宾馆里①熬日子时学会了写作的基本技巧。我这辈子的本事，最有价值（也最值钱）的部分是我在班戈的新富兰克林洗衣店洗汽车旅馆的床单和饭店桌布时学会的。最好的学习方法就是多读多写，最有价值的课程是你自学得到的。这些教益多半是你在关起书房门写作的过程中获得的。写作课上的讨论可能睿智而饶有趣味，但经常会偏离主题，对一字一句的实际写作毫无帮助。

---

① 此处喻指在监狱服刑。

但我想你大概还是有可能会进到《东即是东》那样的林中作家村去：松林中有间属于你的小屋，里面有装好文字处理系统的电脑、崭新的盘片。（还有什么东西可以像一盒崭新的电脑盘片或一令白纸那样，如此巧妙地激发想象？）另外一个房间有张用于午后小憩的床，有位太太蹑手蹑脚来到你的门前，放下午餐，又蹑手蹑脚地离去。我猜这样挺好。你如果有机会去参加这么一个活动，我肯定会说去吧去吧。你可能学不到写作秘诀（压根没有什么秘诀——得，糟糕！），但你肯定会享受这段特别棒的好日子。好日子嘛，我是一直都拥护的。

15

除了"你哪儿来那么多点子"之外，任何一个出过书的作家最经常被那些想出书的人问到的问题就是："你是怎么找到经纪人的？你是怎么跟出版界联系上的？"

询问者经常是以迷惑不解的语气问出这些问题来的，有时候带着委屈懊恼，还经常忿忿不平。经常有人以为，新作家之所以能够成功突围，出版作品，是因为他们有内线，有联系人，有业内高人指点。这背后的想法不言而喻，出版圈就是个快乐的大家庭，近亲繁殖，外人免入。

这不是真的。经纪人也并非都是傲慢自大、鼻孔朝天的家伙，宁肯死也不愿意将他们未戴手套的手指落在一份不是约来的文稿上（不过的确有几位是这样的人）。事实上，经纪人、出版商，还有编辑们都在寻找下一个畅销作家，再卖出去好多书，赚好多钱……而且，不一定非得是下一个热卖的年轻作家：海伦·桑特迈耶出版那本……《女士俱乐部》时住在老人之家。弗兰克·麦考特出版《安吉拉的灰烬》时比她年轻不少，但也决不是什么童子鸡、小雏儿。

我年轻那会儿，刚开始在杂志上发表些短篇小说的时候，对自己能出书抱有相当乐观的想法。按照当今篮球运动员爱用的说法，我知道自己有戏，而且我觉得时间对我有利。六七十年代的那些畅销作家早晚会死掉，或是老得写不动了，让位于我这样的新人。

但我清楚，出版界不止是《绅士》《君子》《贾格斯》这些杂志，天外有天，我还有很多坎儿要过。我要想自己的故事进入市场，就得克服一个困难，即许多出价高的杂志（比如当时经常发表短篇小说的《时尚》）根本不看非约稿小说。在当时的我看来，解决办法就要找个经纪人。我当时的想法很天真，却并非完全没有逻辑。我想，我的小说如果很好，那么经纪人就能解决我所有的其他问题。

我很久之后才发现，并非所有经纪人都是好样的，而好的经纪人长袖善舞，不仅能让《时尚》杂志的编辑读读你的短篇小说。但初出茅庐的我当时没有意识到，出版界有人——这种人还真不少——连盖在死人眼皮上的铜板也要偷走。对我来说，这没什么要紧，因为在我起初的几部长篇小说成功找到读者之前，从我身上榨不出多少油水。

你确实应该有个经纪人，而且，你的作品如果有市场，你不需要大费周章就可以找到经纪人。哪怕你的作品没人买，你也很可能找得到经纪人，只要经纪人看得出你有发展潜力。体育经纪人会代理一些小球队，即便他们纯粹为了糊口果腹在打比赛，因为经纪人希望他们的年轻客户有一天能够变得强大；文学经纪人出于同样的理由，经常愿意接手那种很少有作品出版的人。即便你的发表纪录仅限于几份不发稿费、只给你样刊的"小杂志"，你也很可能找到人来代理你的作品——经纪公司和出版公司通常会把这些杂志当成新人作家证明自己才华的展示场。

你首先得了解市场，就是说你得阅读发表你这类作品的杂志。你还得收集些写作杂志，并且买本《作家市场》。对于一个刚开始发表作品的人来说，这些都是价值极高的工具。你如果实在困窘，那就请别人把这书当成圣诞节礼物送给你。写作杂志以及这本《作家市场》（书很厚，但定价很合理）都会列出书籍和杂志出版商，并且言简意赅地注明每个市场需要什么样的故事。你也会了解到多长的篇幅最容易被发表，还有编辑部人员名单。

你作为新手作家，如果写的是短篇小说，大概会对所谓的"小杂志"最感兴趣。你如果在写，或已经写过一部长篇小说，就需要记下写作杂志以及《作家市场》中列出的文学经纪人名单。你可能还得往参考书架上添一本《文学市场》。你找经纪人和出版商的时候，得精明、小心、勤快，但是——好话不怕多讲——你能为自己做的最重要件事就是了解市场。读《作家文摘》里面那些短小的提要可能会对你有所启发（"……主要刊登主流小说，长度大约两千到四千单词，注意避免僵化脸谱式人物或俗气老套的浪漫场景"），但是话说回来，提要终究只是提要。不预先了解市场就盲目投稿好比是在黑屋子里扔飞镖——你能偶尔命中靶心，但那不过是凑巧，不是你努力的成果。

我下面要讲个故事，这个故事关于一个很有抱负的作家，我管这个作家叫弗兰克。事实上，弗兰克是我认识的两男一女三位作家的合体，三人都在三十岁前享受到作为作家的一些成功喜悦；但是，到我写这故事时，三人谁也不曾开上劳斯莱斯。我相信，这三个人最终都会有所突破，到四十岁时，也许都会经常发表著作（但其中一位到时候很可能会染上酗酒的毛病）。

弗兰克的三个原型兴趣不同，写作风格和语言也各不相同，但他们采用相似的方法跨越障碍，将作品发表，因此我可以把他们合而为一。我认为其他刚起步的作家——比如你，我亲爱的读者——不妨沿着弗兰克走过的路走下去，吸取他的经验。

弗兰克是英语专业（我不是说你非得学英语专业才能当作家，但学这个对作家肯定有益无害），在大学时代开始往杂志投稿。他上过几门创作课，他投稿去的许多杂志都是他的创作课老师推荐的。不管有没有人推荐他向某份杂志投稿，弗兰克认真阅读每本杂志里的故事，然后根据自己的判断，把作品投往自己认为最适合的地方。"有整整三年，我把《故事》杂志里发表的每个故事都读了，"他说完笑了，"可能全美国只有我一个人有资格说这话。"

弗兰克虽然读得很用心，但大学期间始终没能在这些杂志上发表任何作品，不过在校内文学刊物（假设其名为《自命不凡季刊》）上成功发表了六七篇小说。他收到过投稿过去的杂志编辑手写的退稿单，其中有《故事》，也有《佐治亚评论》。（那个女版弗兰克曾经说过："他们欠我张字条！"）在这期间，弗兰克订阅了《作家文摘》和《作家》，仔细阅读，特别注意列出经纪人和经纪公司的那些文章，把感觉与自己文学趣味比较相似的几个人名圈出来。弗兰克尤其注意那些表示喜欢"冲突剧烈"小说的经纪人。这是一种比较文艺的说法，意思是指悬疑小说。弗兰克很喜欢悬疑小说，也很喜欢罪案小说和超自然故事。

大学毕业一年后，弗兰克收到第一封用稿信——哦，幸福的日子。那是一份小杂志，报摊上有卖，但主要走订阅路线；我们暂且称它为《王蛇》。编辑提出采用弗兰克写的一篇小文，全文只有一千二百单词，题为《箱中女子》，稿费是二十五美元，再加十二本样刊。弗兰克当然是乐坏了，心情直上九霄。他给所有的亲戚打电话，不喜欢的也打了（尤其要打给那不喜欢的，我猜）。二十五块钱不够交房租，甚至不够弗兰克和太太一周的日常购物花销，但这笔钱证明他的雄心壮志是站得住脚的，而这一点——我想，任何一个刚开始发表作品的作家都会赞同我的说法——是无价的：有人想要我写的东西！哇噻！这还不是唯一的好处。这是一项发表成绩，弗兰克希望由此开始，将这个小雪球滚下山坡，希望雪球到山脚时会变得超级大。

六个月后，弗兰克又有一个故事被一家名叫《黑松评论》的杂志买下。（《黑松》跟《王蛇》类似，也是一份综合性刊物。）但是说"买下"似乎略嫌夸张；因为他们给弗兰克那篇《两种人》开的价钱只是二十五本样刊。但这又是一项发表成绩。弗兰克签了同意发表的表格（留给他签名的空格下面有一行字"作品版权所有人"，他爱死了那几个字，怎么看都不够），第二天就把表格寄了回去。

一个月后，悲剧发生了。又是一封夹带表格的信，信的抬头就是"亲爱的《黑松评论》投稿人"，弗兰克越读心就越往下沉。因为拨款停止，《黑松评论》要停刊了，即将出版的夏季刊将是最后一期。不幸的是，弗兰克的稿子被安排在秋季刊发表。这封信在结尾处预祝弗兰克的小说能在别处找到好运。在信纸的左下角，有人草草写下几个字："非常难过。"

弗兰克也感到"非常难过"（他跟老婆两个人猛灌一通廉价葡萄酒，带着廉价的宿醉醒来后，更加难过了），但失望的情绪并没妨碍他立刻将自己这篇差点发表的短篇小说重新投稿。此时这篇小说有十二份拷贝在外面寻找发表机会。他把稿子被发到哪里，在每个刊物那里停留期间他收到什么样的答复都做了详细记录。他也记下那些曾经跟他有一定个人联系的杂志的名字，虽然这所谓的"联系"有时只不过是草草两行带着咖啡污渍的字条。

在收到《黑松评论》的坏消息大约一个月之后，弗兰克收到一个非常好的消息，一个他没听过的人给他写了一封信。这位老兄是一本新创刊的、名叫《寒鸦》的小杂志的编辑，正在为创刊号组稿，碰巧他的一个老同学——即最近停刊的《黑松评论》编辑——跟他提起弗兰克那篇未能发表的小说。弗兰克如果还没有找到地方发表，《寒鸦》的编辑非常有兴趣读读这篇作品。他不能保证什么，但是……

弗兰克不需要任何保证，他跟许多刚起步的新作家一样，只需要一点鼓励，还有无限量供应的外送披萨饼。他写了封感谢信，把信跟稿子一起寄了过去（当然还得写封信去感谢那位前《黑松评论》的编辑）。六个月之后。《两种人》刊发在《寒鸦》的创刊号上。所谓的"老男孩关系网"在出版界和许多白领／粉领职业领域都会起到重大作用，此次事件即是力证。弗兰克得到的报酬是十五美元、十份样刊，还有一项重要的发表成绩。

第二年，弗兰克找到一份教高中英语的差事，白天教文学、改学生作业，晚上做自己的事。他虽然感到这样忙碌很累，但还是坚持下去，继续写短篇小说并且投稿，将退稿单收集起来，偶尔放弃一两篇算来已经投过所有杂志的稿子。"我有一天出文集的时候，把这几篇收在里面，一点不跌份儿。"他对老婆这么说。我们的主人公还找了份兼职，为附近城市的一份报纸写书评和影评。真是忙得脚不沾地。但是，他已经在脑海深处考虑要写一部长篇小说。

有人问弗兰克，一个写小说的年轻作家刚开始往外投稿时，最应该注意什么，他思考顷刻便答道："良好面貌。"

什么？

他点头。"绝对是这样，良好面貌最重要。你投稿时，应该在作品前附一封短信，告诉编辑你此前在哪些地方发表过什么作品，并且要用一两行文字简单介绍本篇故事的大意。你要在信的结尾处感谢他阅读你的小说。最后这一点尤其重要。

"要用上好的文件纸投稿——那种滑不溜丢、上面的字能擦掉的纸可不成。要在稿子上留出双倍行距，在第一页的左上角写上你的地址——加上电话号码也无妨。在稿件的右上角注明本篇稿子大致的字数。"弗兰克停了一下，笑笑，然后说："千万别在字数上撒谎。大多数杂志编辑单是看看字体，翻翻页码就能知道一篇稿子有多少字。"

弗兰克的回答令我感到几分意外，我没想到他会答得这么丁是丁卯是卯。

"这没什么，"他说，"你一出校门，试图在这行里给自己找个位置，很快就会学乖了。我学到的第一件事就是：你必须在登场时就摆出专业人士的姿态，否则根本没人理会你。"他的语气让我认为，他大概觉得我已经将起步阶段那些艰辛忘却大半。也许他是对的，我在卧室的墙上钉厚厚一沓退稿单已经是差不多四十年以前的事了。"你不能逼着人家喜欢你的小说，"弗兰克最后说，"但至少可以让他们比较容易接受你的小说。"

我写这段文字时，弗兰克还在写自己的长篇小说，但他的未来似乎很光明。他至今已经发表了六个短篇，其中一篇获得了一个相当有声望的奖项——我们暂且管这奖叫明尼苏达青年作家奖，但其实我的弗兰克的三个原型都不生活在明尼苏达州。奖金是五百美元，远远超过他任何一部短篇小说的稿费收入。他在写一部长篇小说——据他估计大约会在二〇〇一年早春杀青——声誉不错的年轻经纪人理查德·恰姆斯已经同意帮他做出版代理。

弗兰克是在正式决定要写长篇小说后，才开始认真考虑找经纪人的。"我不想写完以后才发现自己做了那么多的工作，却不知道怎么把这玩意儿卖出去。"他这么对我说。

弗兰克根据自己对《文学市场》和《作家市场》上列出的经纪人名单的研究，写了一式十二封信，信只有抬头称呼不同，里面的内容完全一样。以下是这封信的模板：

亲爱的某某：

我是一名年轻的作家，二十八岁，正在寻找经纪人。我是在《作家市场》的一篇名为《新潮经纪人》的文章中找到了您的名字，我感到我们可能适合结成伙伴，一起工作。我自从认真想要以写作为生以来，已经发表了六篇短篇小说。

它们是：

《箱中女士》，刊于《王蛇》，一九九六年冬季刊（二十五美元加样刊）

《两种人》，刊于《寒鸦》，一九九七年夏季刊（十五美元加样刊）

《圣诞烟》，刊于《推理故事季刊》，一九九七年秋季刊（三十五美元）

《咎由自取的查理》，刊于《公墓之舞》，一九九八年一至二月刊（五十美元加样刊）

《六十只球鞋》，刊于《野树林评论》，一九九八年四至五月号（样刊）

《林中漫步》，刊于《明尼苏达评论》，一九九八至一九九九年冬季刊（七十美元加样刊）

您如果有兴趣，我很乐于将上述任何一篇寄给您一阅（或对于我正在寻找机会发表的另外六七篇小说，您愿选一篇看看也行）。尤其令我骄傲的是，《林中漫步》一文荣获明尼苏达青年作家奖。奖状挂在我家客厅的墙上，看起来很不错，而奖金——五百美元——在我们的银行账户里待了一周左右的时间，让我感觉非常好（我结婚四年了，太太玛乔利跟我一样，在学校教书）。

我之所以现在决定寻找经纪人，是因为我正在写一部长篇小说。这是一个悬疑故事，讲述一名小镇男子因为二十多年前发生在当地的系列谋杀案而遭到逮捕的故事。前八十页左右已经基本成型，我也很乐于将这部分稿件寄给您看看。

　　请跟我联系，如您愿意看看我的相关材料，尽管开口。
感谢您花时间读我的信。
　　此致
　　　敬礼

　　　　　　　　　　　　一九九九年六月十九日

　　弗兰克随信附上自己的地址和电话号码，其中一个经纪人
（不是理查德·恰姆斯）真的打电话跟他聊过。有三个人回信
要求读一下他那篇关于猎人在树林里迷路的获奖小说。六个人
要求看看他长篇小说的前八十页。换句话说，他收获颇丰——
只有一个收到他信的经纪人表示对他的作品毫无兴趣，只罗列
了一条长长的客户名单作为回复。弗兰克除了在所谓"小杂志"
圈里有一两个熟人，在出版界根本谁都不认识——一点私人关
系都没有。

　　"太神奇了，"他说，"太神了。我本来想，谁愿意接收我就
跟谁——如果有人愿意接收我的话——那样我就会觉得够运气
了。谁曾想我还可以挑挑拣拣。"他认为，自己能收到这么多经
纪人的答复有几层原因。首先，他发出去的那封信写得文从字
顺（"我写了四遍，跟老婆吵了两场才把信上那种随意放松的口
气调整到恰如其分。"弗兰克说）。其次，他提供了一列实际发
表过的作品名单，并且这单子切实有料。稿费不多，但作品都
是发表在声誉不错的杂志上。其三，他还得过这么一个奖。弗
兰克认为关键因素可能就是这个奖。我不知道事实是不是如此，
但得奖肯定对作家有帮助。

　　弗兰克还很聪明地请理查德·恰姆斯以及他咨询过的其他经

纪人也给他交个底——不是请人家把客户名单发给他（我甚至不知道，经纪人把客户名单往外发这种行为是否符合职业道德），而是请人家写一张单子，列出经纪人曾经把客户的作品售给哪些杂志和出版社。急于寻找经纪人的作家很容易上当受骗。新手作家一定要记住，任何人只要拿得出几百美元，就可以在《作家文摘》上买个广告位，说自己是经纪人——反正做这差使不需要考执照什么的。

尤其要警惕那些收费才肯读你作品的经纪人。这种经纪人中有几个声誉还不错（斯格特·梅里迪斯经纪公司曾经收看稿费，我不知道他们现在还收不收了），但绝大多数都是不要脸的混蛋。我的建议是，你如果这么急于出书，不如跳过找经纪人、出版社这一套，直接去找家自费出版公司。那样花钱，至少看上去还算花得值。

16

我们差不多讲完了。我怀疑自己没能写到你需要知道的一切关于如何成为一个好作家的话题，我也一定没有回答你所有的疑问，但我确实已经把关于写作的自己有信心讲好的那些方面都说到了。我必须告诉你，信心在这本书的实际写作过程中是一种极为紧缺的商品。我最不缺的是身体上的痛楚和自我怀疑。

我跟我的出版公司斯克里布纳提出我想写一本关于写作的书时，觉得自己对这个题目了解很多。我有那么多东西要说，脑袋快要被撑爆了。我也许的确知道不少，但我后来发现，其中有些内容很无聊，而其余部分更像是本能，而不是"高层次思考"的产物。我发现，说明白本能的真相是件非常困难的事。而且，我在写《写作这回事》的过程中发生了一件事——正如人们常说的那样，一件大事，我的人生从此改变。我马上就会谈到这件事。我眼下只能请你理解，我已经尽力而为。

我还要讲一点，这点跟那件改变我人生的大事有直接的关联，我此前已经提到过这一点，但并不是直接提到。现在我想要直面这个问题。人们会用各种不同方式问我一个问题——有时委婉，有时很不客气，但意思都一样：你写书是为了赚钱吗？

答案是否定的。现在不是，从来都不是。我确实通过写小说赚了不少钱，但我从来不曾为了拿稿费而写过哪怕一个字。我帮朋友做过一些事——俗话说的投桃报李，互相帮忙——但往最坏里说，那最多勉强算得上是以物易物。我写作是为了自我满足。我也许借此还清了房贷，送孩子上了大学，但这些都是附加的好处，我图的是我能沉醉其中的那种乐趣，为的是纯粹的快乐。你如果是为了快乐而做事，就可以永远做下去。

曾经有些时候，写作对于我来说好比是一种坚持信念的行动，是对绝望的挑衅和反抗。此书的第二部分就是我在这样的精神状态下写成的。就我们小时候常说的那样，是我拼着老命写出来的。写作不是人生，但我认为它有时候是一条重回人生的路径。这是我在一九九九年夏天的新发现。在那个夏天，有个人开着一辆蓝色货车，差点要了我的命。

论生活：
附记

1

　　我们住在缅因州西部的避暑别墅时——那房子跟《尸骨袋》中的麦克·诺南回去的那幢房子很像——除非是瓢泼大雨，我每天都要散步四英里。这段路有三英里是蜿蜒林中的小路，还有一英里是五号公路，五号公路是一条两车道柏油路，从贝瑟尔通到弗莱堡。

　　在一九九九年六月的第三个星期，我和太太特别高兴：我们的孩子都已成年，分散在全国各地，现在都回家了。这是近半年来大家头一次聚在同一个屋檐下。喜上加喜的是，我们的头一个孙儿也来了，他三个月大，扯着拴在脚上的一个氢气球，玩得不亦乐乎。

　　六月十九日，我开车送小儿子去波特兰机场乘飞机返回纽约。我将车开回家之后，睡了一小觉，然后出门进行我惯常的散步。我们计划全家当晚一起到附近新罕布什尔州北康威镇看《将军的女儿》这部电影，我想我散步回来后时间正好，大家收拾好一起上路。

　　我记得自己是大约下午四点钟出发去散步的。我快到大路上时（在缅因州西部，任何一条中间画着白线的路都叫做大路），转进林中撒了泡尿。我下一次站着撒尿是在两个月后。

　　我上了大路朝北走，逆着车辆行驶方向，走在沙石路肩上。一辆小汽车从我旁边经过，也朝北去。车子开过去大约四分之三英里之后，开车的女人看到一辆淡蓝色的道奇小货车正在朝南开。货车从路这边打着晃直到另一边，几乎完全失控。小车里的女人好容易才安全绕开那辆晃来晃去的货车，转身对身旁的乘客说："后面那个散步的是斯蒂芬·金。但愿货车里的那个家伙不会撞到他。"

　　我散步经过的五号公路那一段大部分视野良好，但一小段陡坡除外。行人如果朝北走，到那一段后几乎看不到前面的路况。我当时已经沿这个坡上到大半，布莱恩·史密斯突然开着他的道奇车从坡顶冲下来。他不是在大路上开车，他在路肩上，在我的肩膀上。我大约有半秒多时间来认清形势，在这么短的时间里，我只来得及想："上帝啊，我要被一辆校车给撞了。"我朝左转。我的记忆在这里出现断层。断层另一边就是我倒在地上，看着货车的车尾，车已经歪在路边，停了下来。这个场景非常清晰，更像是一张定格照片，而不是回忆。货车的尾灯周围有灰。车牌和后车窗很脏。我记下了这一切，丝毫没想到自己遭遇了车祸什么的。就是一张定格照片，仅此而已。我什么都没想，脑袋里一片空白。

　　我的记忆在这一刻又有一个小小的断层，然后我就已经在很小心地用左手擦掉眼睛前面的血迹，擦得满手都是。我眼睛基本能够看清东西后，我朝周围望去，看到一个男人坐在附近一块石头上，大腿上横着一根手杖。这就是布莱恩·史密斯，四十二岁，就是他开着自己的小货车撞了我。史密斯的驾驶记录相当可观，违章肇事案底足有一打。

那天下午，史密斯在他跟我的生活交会的片刻没有看路，因为他的罗威纳狗从货车车厢后面跳到后排座位上了，那里有个车载冰箱，里面放着些肉。那条狗的名字叫子弹（史密斯家还有一条罗威纳，名叫手枪）。子弹在用鼻子拱冰箱盖。车子开过小山坡时，史密斯回头，想把子弹的脑袋从冰箱那儿推开，他撞到我时还在回头看，伸手推狗。史密斯后来对朋友们说，他以为自己撞到的是头"小鹿"，直到他注意到我沾满血的眼镜落在他车内的前排座椅上。我试图躲开史密斯时，眼镜被从我的脸上撞下来。镜框扭曲了，但镜片没破。我写这篇文字时，戴的就是这副镜片。

2

史密斯见我醒了，告诉我救援很快就到。他声音平静，甚至挺开心的。他当时坐在石头上，手杖横放在大腿上，脸上是愉快又无奈的表情，他仿佛在说：咱俩怎么就这么倒霉呢？他后来对调查人员说，他和子弹离开露营地，是因为他想去"商店里买些玛什巧克力①"。几个星期之后，我听说了这一细节之后，突然想到，我简直是被一个从我自己小说里走出来的人物差点给撞死。这简直好笑。

---

① 原文为Marzes-bars，疑应为Mars bars（玛氏巧克力），史密斯发音错误。

救援快到了，我想这可能是个好消息，因为我真是被撞惨了。我躺在沟里，满脸是血，右腿疼得厉害。我低头去看，很不喜欢自己看到的情形：我的大腿朝一边歪着，仿佛我的整个下半身被朝右拧了半圆。我将目光重新转向那个拿手杖的人，说道："拜托，跟我说这只是脱臼而已。"

"不像，"他说，声音跟表情一样，挺开心的，好像事不关己，仿佛他是嚼着玛什巧克力、从电视上看到了眼前这一切，"我敢说，有五六处骨折。"

"我很抱歉。"我对他说——上帝知道为什么——然后又有一小段意识空白。不是眼前一黑昏过去了，更像是记忆电影的剪辑，将这段那段凭空接在一起。

我这次醒来后，发现路边停着一辆橙白两色相间的货车，车上的灯在闪。一位急救医师——名叫保罗·菲利布朗——正跪在我身边。他在做什么事。我想大概是将我的牛仔裤剪开，不过也许那是后来才发生的事。

我问他可不可以给我根烟抽。他笑了，说他没有烟。我问他我是不是要死了。他对我说不，我不会死，但我得去医院，并且尽快。他问我愿意去哪家医院，是去挪威-南巴黎地区的医院，还是布里奇顿医院。我对他说我想去布里奇顿的北康伯兰医院，因为我的小儿子——就是我刚才送去机场的那个——二十二年前就出生在那家医院。我又问菲利布朗我会不会死，他又对我说我不会死。然后他问我能不能动动右脚的脚趾。我动了动，心里不由得想到妈妈当年念叨过的一首老童谣："一只小猪去市场，一只小猪待在家。"我想，我真该待在家里，今天出来散步真是个糟糕的主意。然后我想起，人如果瘫痪了，会在自己没动时以为自己在动。

"我的脚趾头，它们动了吗？"我问保罗·菲利布朗。他说动了，动得很不错，很健康。"你敢对上帝发誓？"我问他，我想他发誓了。我又要失去意识了。菲利布朗低头对着我的脸，语速很慢但很大声地问我太太是不是在湖上那幢大房子里。我不记得，我不记得家里任何人在哪里，但我报出了我家大房子的电话号码，还有湖那边一幢小屋的电话号码，我女儿有时候会住在那里。见鬼，他要是问我，我都能把自己的社保卡号码报给他听。我记得所有的号码。只是其他一切都被清空了。

其他人也到了现场。什么地方有个收音机噼里啪啦地传出警方通讯。我被放到担架上。很疼，我叫起来。我被抬到救护车的车厢里，警察通讯的声音更近了。门关上，前面有人在说："你得使劲捶。"然后我们就上路了。

保罗·菲利布朗在我身边坐下来。他拿着把钳子，对我说，他要从把我右手第三个手指上的戒指切断取下来——那是塔碧莎1983年给我的结婚戒指，我们当时其实已经结婚十二年了。我想对菲利布朗说，我之所以把它戴在右手上，是因为我正式的婚戒还戴在左手的无名指上——这对婚戒是我当年在班戈的戴氏珠宝店买的，一共花了我十五点九五美元。换句话说，我那枚只值八块钱，但是看来还挺管用。

我含混不清地说着这些事，保罗·菲利布朗也许根本一句也听不明白，但一直点头微笑，同时切开那第二枚比较贵的婚戒，把它从我肿胀的右手上取下来。两个月之后，我打电话给菲利布朗道谢；我那时才知道，多亏他实施正确的现场急救，并且在颠簸不平的小路上以大约每小时一百一十英里的高速将我送到医院，救了我一命。

菲利布朗回答说不用谢，然后说也许有什么人在眷顾着我。他在电话里对我说："我做这行已经二十年了，我当时一看到你躺在沟里的样子，受伤的程度，以为你挺不到医院。你真是够幸运的，福大命大。"

我的伤势如此严重，北康伯兰医院的医生认为他们没办法治疗我；有人联系医疗救护直升机，要将我送往路易斯顿的缅因州中部医疗中心。这时候我太太、大儿子和女儿都到了。孩子们可以短暂探视，我妻子可以多待一会儿。医生们叫她放心，说我被撞得挺惨，但是能挺过去。我的下半身被盖住了。医院不许她看我的腿怪模怪样朝右扭的样子，但允许她将我脸上的血擦干净，把头发里的一些碎玻璃拣出来。

我的头皮被划开了一道很长的口子，这是我跟布莱恩·史密斯的挡风玻璃相撞的后果。碰撞点距离驾驶员一侧的钢框只有不足两英寸。我如果撞到那上头，很可能已经没命了，或者会长期昏迷不醒，变成植物人。我落地时如果撞到五号公路路肩外突出地面的岩石，也可能已经死掉或终身瘫痪。可我被撞得飞到十四英尺之高，落地时没接触到岩石。

"你在最后一秒钟一定朝左旋转了一点点，"大卫·布朗大夫后来告诉我，"不然我们根本没机会做这番交谈。"

紧急救援直升机落在北康伯兰医院的停车场，我被推到飞机旁。天空明亮，非常蓝。直升机螺旋桨转动的声音巨大。有人冲着我的耳朵喊："斯蒂芬，以前坐过直升机吗？"讲话的人声音很愉快，满心替我兴奋。我想回答我坐过直升机——而且不止一次，我坐过两回呢——但我说不出。突然间，呼吸似乎变得很艰难。

他们将我搬上飞机。飞机起飞的时候，我可以看到一小块湛蓝的天空。空中没有一丝云彩，真美。有很多无线电的声音。看来这个下午轮到我练习听力。呼吸正在变得越来越困难。我做动作叫人，或只是试图做动作。有一张脸上下颠倒，出现在我的视线里。

"我好像要被淹死了。"我轻声说。

有人看了一下什么东西，随后另外一个人说："他的肺不行了。"

有人拆了什么东西，纸袋哗啦作响，随后另外一个人靠近我的耳朵，大声说话，以免话音被螺旋桨的声音盖住。"斯蒂芬，我们要往你的胸腔里插管。你会感到有些疼，轻微的夹痛。坚持一下。"

据我的经验（这是我在小时候耳朵发炎那会儿学来的），一个医务人员如果告诉你你会感到有点夹痛，那就是说，他们会搞得你非常痛。但我这次没有自己预想的那么痛，这也许是因为他们已经对我用了很多止疼药，也许是因为我又快要昏过去了。仿佛有人拿一根短而锋利的东西朝我右侧胸腔高处使劲捅了一下。随后，我的胸腔里发出一声警告的啸叫声，仿佛我身上突然开了个洞，我猜事实的确是这么回事。过了一会儿，我一辈子都在听的自己那轻柔的呼吸声（我绝大多数时间对此毫无知觉，感谢上帝）突然被一种令人不快的"呼——呼——呼——"所取代。我吸进去的空气非常冰冷，但是至少胸腔里有了空气，我还可以呼吸。我不想死。我爱老婆、孩子、下午在湖边的散步。我还爱写作；我有本论写作的书还摆在家里的书桌上，我还没把这本书写完。我不想死。我躺在直升机里，看着夏日湛蓝的天空，突然明白自己此时正躺在死神的门口。很快就会有人将我拖走，也许回这边，也许去那边；我去哪边，基本不由我自己决定。我所能做的只是躺在这里，看着天空，听着自己微弱而漏气的呼吸声：呼——呼——呼。

十分钟后，我们降落在缅因州中部医疗中心的混凝土降落台上。我感觉那里好像是一口混凝土井的井底。蓝天被遮住，直升机螺旋桨呜呜的旋转声更大了，还有回音，好像巨人在鼓掌。

我仍然大口呼吸，漏着气，被人从直升机上抬下来。有人撞到担架一下，我疼得大叫。"抱歉，对不起，你不会有事的，斯蒂芬。"有人说道——你如果受了很严重的伤，人人都会对你直呼其名，兄弟相称。

"告诉塔碧莎，我非常爱她，"我说这句话时先被抬起，后又被很快推着经过一段混凝土下坡通道。我突然很想哭。

"你可以亲自告诉她。"推着我往前走的那人说。我们经过一道门；这里有空调，有灯光从我的头顶飘过。喇叭里传出广播找人的呼叫声。我在迷迷糊糊中突然想到，我一个小时前还在散步，计划着要在俯瞰凯泽湖的一块高地上采些草莓。但我不会采很久，我得在五点半前赶回家，因为我们要一起去看电影，《将军的女儿》，主演是约翰·屈伏塔。屈伏塔出演过由我的第一部长篇小说《魔女嘉丽》改编的电影。他演了个坏人。那是很久以前的事了。

"什么时候？"我问，"我什么时候能告诉她？"

"很快。"那个声音回答，然后我又失去意识。这一次，我记忆之电影不是被剪掉了一小片，而是一大段；被剪掉的那一段里有些闪回镜头，恍惚中闪过的脸，还有手术室、X光设备

238

逼近的感觉；还有滴注到我体内的吗啡和更厉害的止疼药造成的错觉和幻象；有带着回声的话音，有手用薄荷味药棉擦我干裂的嘴唇。但绝大部分时候，是黑暗。

3

我后来发现布莱恩·史密斯对我伤势的预估过分保守了。我的右腿小腿至少有九处骨折——将我重新拼在一起的整形外科医生，令我望而生畏的大卫·布朗说，我右膝盖以下碎得好像"一只装满小石子的袜子"。小腿的伤很严重，需要开两个很深的切口——这叫医疗横向筋膜切开术——以缓解胫骨爆开产生的压力，让血液重新流到小腿去。若不做筋膜切开（或是推迟这个手术），很有可能就得截肢。我的右膝盖几乎被直接从中间纵向劈开；这种伤口的学名叫"关节内胫骨粉碎性骨折"。右侧髋臼边骨折了——换句话说，就是严重错位——同一区域还有开放型股骨粗隆间骨折。脊椎有八处碎裂。断了四根肋骨。右侧的锁骨没问题，但上面的肉被生生剥开。头皮上的伤口缝了二十到三十针。

没错，我得说，总体看来布莱恩·史密斯的预估确实有那么一点保守。

4

大陪审团终于审查史密斯先生的驾驶行为，他被控两项罪名：危险驾驶（相当严重），以及严重人身伤害（严重到需要入狱服刑）。负责我们那个小地方这类案件的地区检察官。考虑一番之后，同意史密斯做认罪辩护，他被危险驾驶的罪名从轻发落，判处半年徒刑（又被缓刑），外加吊销驾照一年。他还被禁止一年内驾驶其他带发动机的车具，比如铲雪车和 ATV 全地形车。可以想见，到 2001 年秋冬，布莱恩·史密斯就能重新合法地开车上路了。[①]

5

大卫·布朗给我做了五次马拉松式的漫长手术，将我的腿重新接了起来，手术令我消瘦虚弱，痛苦之大，几乎到了忍耐力的极限。但这些手术也给了我搏一次的机会，得以恢复行走能力。我的腿上装了一套钢和碳纤维制成的巨大支架，名叫外固定器。八个巨大的钢钉，学名叫尚茨钉，穿过固定器，从膝盖上下打进骨头里。五根小一点的钢针从膝盖朝外辐射开来。这套设备就这样把膝盖固定在原处。护士会每天三次拆下小钢针，卸掉大的尚茨钉，然后用过氧化氢擦洗露出的洞口。我从来不曾将腿伸进煤油里，蘸蘸，再点上火烧烧，但是我有把握说，那种感觉大概跟每日护理钢钉差不了多少。

我六月十九日入院，到二十五日头一次起身，跟跄挪了三步，去上厕所，病号服盖在大腿上，我低垂着头，坐在便盆上，努力忍住不哭出来，不就此认输。你对自己说你很幸运，简直

---

① 就在本书的精装版出版后不久，再讨论布莱恩·史密斯的驾驶技术已经没有意义。二〇〇〇年九月，他被人发现死在缅因州西部自己的拖车房内。史密斯终年四十三岁。到此书发稿时为止，他的死因仍然不明。——作者

幸运得难以想象，这招通常能管用，因为事实的确如此。这招有的时候就不管用了，如此而已。你这时就会哭。

我迈出最初几步一两天之后，开始进行康复训练。我第一次训练时，扶着助步架，勉强蹒跚而行，沿着底楼走廊努力走出十步。还有一个病人在重新学习走路，那是个瘦弱的八十岁老太，名叫爱丽丝，中风了，正在恢复。我们俩只要倒得过气儿来，总要互相鼓劲。在我们在底楼走廊里训练的第三天，我告诉爱丽丝，她的内衣带子露了出来。

"你的屁股露出来了，小子。"她喘着粗气说，继续往前走。

到七月四日国庆节，我已经可以在轮椅上坐较长的时间，还到医院后面的码头看了一会儿烟花。那天晚上特别热，街上到处都是人，大家都在吃点心，喝啤酒，喝汽水，抬头看天。塔碧莎站在我身边，握着我的手，红绿蓝黄在空中一片片绽放。她当时住在与医院一街之隔的一套分租公寓里，每天早晨给我送茶和水煮蛋。我显然很需要加强营养。我一九九七年乘摩托车穿越澳大利亚沙漠回来后，体重是两百一十六磅。我从缅因州中部医疗中心出院那天，体重是一百六十五磅。

七月九日，我在医院住了三个星期之后，出院回到班戈的家里。我回家后每天进行一整套康复训练，其中包括伸展运动、弯身，还有借助拐杖练习走路。我尽量鼓起勇气，打起精神。八月四日，我又回医疗中心做了一个手术。麻醉师往我的手臂扎下一根静脉针，然后对我说："好了，斯蒂芬——你会感觉像刚喝了几杯鸡尾酒。"我张嘴想要对他说这说法很有趣，但我已经十一年没喝过鸡尾酒了，但我还没说出口，又没了意识。我这次醒来时，大腿上的那些尚茨钢钉已经被拆掉。我又可以弯膝盖了。布朗医生宣布我的恢复情况算是"正常",让我回家继续康复训练(所有经历过康复训练的人都知道,所谓的康复训练其实就是无尽的痛苦和折磨①)。与此同时,还发生了另外一件事。七月二十四日,在布莱恩·史密斯开着道奇撞上我五个星期之后,我又开始写作了。

6

我其实是在一九九七年的十一或十二月开始写这本书的。一般来说,我写完一本书的初稿只需要三个月时间,但一年半过去了,我才把这本书写了一半。这是因为在一九九八年的二三月份,我把稿子收了起来,拿不准自己该如何继续写,或者说应不应该把书写完。写小说跟从前一样充满乐趣,但写这本非小说的书每一个字都是一种折磨。这是我在《末日逼近》之后头一本没写完就搁下的作品,而且这本书在书桌抽屉里待的时间比《末日逼近》长得多。

一九九九年六月,我决定利用那个夏天完成这本倒霉的写作书——是好是坏,让斯克里布纳公司的苏珊·摩尔多和楠·格雷厄姆说了算,我想。我重读手稿,心里做了最坏的准备,结果发现我其实还挺喜欢自己写的东西。通往结尾的路似乎也很清晰。我已经完成了回忆录部分("简历"),试着讲述一些事件和经历如何令我变成如今这样一个作家,我也讲了写作的技术部分——至少在我看来,这是最重要的部分。接下来

---

① Physical Therapy(康复训练)的首字母缩写PT,也可以指Pain and Torture(痛苦与折磨)。

要写的是关键部分，《论写作》，我要在这一章里尽量解答我在讲座或是研讨会上被人问得最多的一些问题，再加上我希望被问到的问题……关于语言的问题。

六月十七日晚上，距离我与布莱恩·史密斯的那次小小约会（不用说，还有那条叫子弹的罗威纳狗）只有不足四十八小时，我对即将降临的灾难毫无预料，坐在餐桌旁列出我想要回答的所有问题，我想说的要点。十八日，我写了《论写作》部分的开头四页。我到七月底决定重新开始工作……或者试试可不可以工作时，这本书就写到那里。

我并不想重新开始工作。我身受剧痛，右膝盖不能打弯，走路还得靠助步架。我无法想象自己能在书桌旁坐得住，我连坐轮椅也吃不消。因为髋部粉碎性骨折，我坐四十分钟以上就如同遭受折磨，坚持七十五分钟根本是不可能的事。而且我要写的是这本书。我一想到要写作，比以往任何时候都更丧气——在我的世界里，眼下最紧迫的问题是，我在吃一剂止疼药之前还能坚持多久。我在这种时候怎么能够心平气和地讨论对话、人物，还有寻找经纪人？

但与此同时，我感到自己仿佛到了命运的岔路口，没有别的选择。我有过在写作的帮助下走出痛苦困境的经验——写作让我至少在短时间内忘记自己。也许写作这次也能帮到我。以我当时疼痛之剧烈，身体之无力，这种想法似乎荒唐，但我脑海深处有个既耐心又不平静的声音一直在对我说，用钱伯斯兄弟①的话说，日子到了，就是今天。我可以违抗那个声音，但很

---

① 美国一九六〇年代的一支灵魂乐队，其最著名的作品就是这支长达十一分钟的歌曲《就是今天》。

难不相信这句话。

正如我生命中许多其他关键时刻一样，在这一刻，最终也是塔碧莎投了决定性的一票。我想，我大概时不时也为她充当同样的角色。在我看来婚姻经常就是这样，你无法决定接下来应该怎么做时，对方的一票打破僵局，难题得解。

在我的生活中，我太太的角色经常是提醒我工作太拼命了，是时候放慢脚步、离开那倒霉的电脑哪怕一小会儿，休息一下。在那个七月的早晨，我告诉她，我想我该回去工作了，我以为她要教训我一番。结果她只是问我想在哪里工作。我对她说我不知道，我还没想过呢。

可她想了，她告诉我："我可以在后厅的餐厅外面给你搭张桌子。那边插座很多——你可以插电脑，连小打印机，再装个电风扇。"风扇肯定是必需的——那个夏天热得要命，在我重新回去工作那天，室外气温高达九十五度①。后厅里凉快不了多少。

塔碧莎花了几个钟头把一切安顿好，那天下午四点钟，她推着我从厨房出来，我们沿着新铺的轮椅坡道来到后厅。她已经帮我在那里做了一个美妙的小窝：笔记本电脑和打印机肩并肩，台灯、手稿（我两个月前做的笔记整整齐齐地摆在最上面）、笔，还有参考书。桌角上摆着一个相框，放着我们小儿子的照片，那是塔碧莎那年夏天早些时候拍的。

"还可以吗？"她问道。

"棒极了。"我说，然后抱抱她。确实棒极了。她也是。

来自缅因州奥德城的塔碧莎·斯普鲁斯清楚地知道我什么

---

① 相当于摄氏三十五度。

244

时候工作得太拼命，但也知道工作有时候能救我。她将我安顿在桌旁，在我的脑门上亲了一下，然后就让我一个人待在那里，看我能不能写。结果我写了，不多，但如果不是她凭直觉知道"是时候了"，我想我俩都不知道我真的能写。

我第一次写了一小时四十分钟，那绝对是我自从被史密斯的货车撞倒以来坐得最久的一次。我准备结束写作时，已是汗如雨下，即便是在轮椅里，也快坐不住了。髋部的疼痛几近锥心刺骨。开头的五百字非常骇人——仿佛我这辈子什么都没写过。所有那些老伎俩似乎都已离我而去。我像个老态龙钟的人，小心翼翼、曲曲折折地踩着一块又一块湿滑石头过河，从一个单词摸到下一个。在头一个下午，根本没什么灵感可言，只有一种顽强的决心，还有就是，我希望自己如果坚持下去，情况会变好。

塔碧莎给我拿来一罐百事可乐——冰凉，甘甜可口——我喝饮料时环顾四周，不禁不顾疼痛，哑然失笑。我是在一套租来的拖车房的洗衣间写出了《魔女嘉丽》和《撒冷镇》。我们在班戈的家里的那个后厅跟当初的环境如此相似，我恍惚觉得自己转完一圈，又回到原点。

那天下午没有什么神奇突破，除非你把寻常的创作欲望都称为奇迹。我只知道词句之后过一会儿似乎来得快了一点，而后更快。髋部还是痛，腿也痛，但这些痛逐渐退到远处，我开始占了上风。没有喜悦，也没有沉醉——在那天，这些都没有发生——但有种几乎同样的令我满足的成就感。我上路了，这已经很不错了。你开始之前的时刻总是最吓人。

从那之后，形势只能往好处走了。

7

  情况一直都在往好处走。在后厅汗流浃背的那个下午之后，我的腿又接受两次手术，我遭遇了一次比较严重的感染，每天仍然要服用大约一百粒药片，但是外固定器被拿掉了，写作也在继续。有的日子，我写得很艰难。还有些日子——随着腿伤开始愈合，头脑重新习惯旧日的程序，这种日子越来越多——我能感受到那种幸福的陶醉，感到自己找对了字眼，并将它们连缀成句。整个过程好比坐在起飞前的飞机上：你在陆地上，还在陆地上，还在陆地上，还在……然后你就离地而起，凌空俯瞰一切。写作令我快乐，因为我就是为此而生的。我还没有多少力气——我现在每天的工作量略小于以往的一半——但我能把这本书写完，心中已很是感激。救回我性命的不是写作——是大卫·布朗医生的医术和我太太的精心照料做到了这点——但它继续发挥着一直以来发挥的作用：让我的生活变成一种更明亮、更令我愉快的存在。

  写作不是为了赚钱、出名、找人约会、做爱或交朋友。写作最终是为了让读你书的人生活更丰富，也让你自己的生活更丰富。是为了站起来，好起来，走出来。快乐起来，好吗？快乐起来。这本书中有些内容——或许太多了——关于我是如何学习写作的。还有许多内容是关于如何写得更好。其余的部分——可能是最好的部分——是一张特许证：你可以写，你该去写，而且你如果足够勇敢，已经开始写了，就要坚持写下去。写作，跟其他艺术创作一样，是神奇的生命之水。这水免费，所以畅饮吧。

  干杯，再满上。

续篇

第一部：

关门写作，开门改稿

在本书前面部分，我写到自己在《里斯本周刊》当体育记者的短暂生涯（事实上，我就是周刊的体育部，是小镇上的霍华德·柯塞尔①），然后给出一篇例文，展现编辑是怎样工作的。出于行文需要，举的是一篇很短的例文，而且那是非虚构的新闻报道。以下是一篇小说，完全没动过的初稿，是我关起门来放手去写的东西——这篇小说好像脱了外衣，只穿袜子和短裤站在你面前。我建议你仔细阅读，然后再去看修改过的稿子。

宾馆故事

麦克·恩斯林还没出旋转门，就看到海豚宾馆的经理奥斯特梅耶坐在大堂里一张加厚软垫沙发椅上。麦克心中略为一沉，想道：或许还是该把那倒霉的律师带来。不过现在已经来不及了。而且奥斯特梅耶如果决定再设一道路障阻止麦克前往一四〇八房间，那未必是坏事；等到他写稿时，这种细节只会

---

① 霍华德·柯塞尔（1918—1995），美国著名体育记者。

让故事更出彩。

奥斯特梅耶看到他，站起身，穿过房间，伸出一只胖手，迎上从旋转门进来的麦克。海豚宾馆位于六十一街靠近第五大道之处；地方不大，却很精致。麦克将随身的小衣箱换到左手，伸出右手，上前与奥斯特梅耶握手，但先与穿夜礼服的一对男女擦肩而过。女人一头金发，一袭黑衣，身上散发出轻柔的鲜花般的香水味，这气味如同寥寥几笔，勾勒出纽约城的形象。夹楼的酒吧里有人在演奏《日日夜夜》，仿佛给这大概的形象加了个注脚。

"恩斯林先生，晚上好。"

"奥斯特梅耶先生。有问题吗？"

奥斯特梅耶面露难色。他四顾小而精致的宾馆大堂一会儿，仿佛在寻求帮助。服务台旁，一个男人正在跟太太讨论买戏票的事，服务生面带微笑，耐心地望着夫妻俩。前台有个男人，一副风尘仆仆的样子，想必在飞机商务仓里坐了太久。这人正与值班女人交流预订房间的情况。女人身穿精致的黑色套装，这身工作服作为晚装也丝毫不嫌简陋。海豚宾馆一切正常。人人都有人帮忙，只有可怜的奥斯特梅耶先生落入作家的魔爪，无人能救。

"奥斯特梅耶先生？"麦克又叫一声，心里对他有点歉意。

"不，"奥斯特梅耶最后说道，"没有问题。但是，恩斯林先生……可否请您到我的办公室一叙？"

原来如此，麦克想，他还想再试试。

他要是在另一种情景下，可能会失去耐心，但他现在有的是耐心。这对关于一四〇八房间的那一章有好处，能为那一章增添恰如其分的恐怖气氛，他的读者最爱这种调调——就管这段叫"最后的警告"——而且不仅如此。奥斯特梅耶出尔反尔，毫无决断，但是麦克·恩斯林直到这一刻才拿准，他不是故弄玄虚。奥斯特梅耶真的是很害怕一四〇八房间，害怕麦克今天晚上在里面会出事。

"当然，奥斯特梅耶先生。我该把包留在前台呢，还是带在身边？"

"哦，我们带在身边比较好，可以吗？"奥斯特梅耶像个称职的好主人，伸手去帮麦克拎包。没错，他还抱有一线希望，以为能说服麦克不住那个房间。要不然，他大可以叫麦克把包放到前台……或者亲自把包送到前台。"让我来。"

"我自己来好了，"麦克说，"只是一点换洗衣服和一支牙刷，没什么重量。"

"你确定？"

"是的，"麦克说道，目光坚定地望着他，"我恐怕是主意已定。"

有一会儿，麦克以为奥斯特梅耶打算放弃。这个矮胖子穿件圆角外套，领带打得整整齐齐，叹了口气。可他后来又端正肩膀，打起精神。"那好，恩斯林先生，跟我来。"

宾馆经理在大堂时看起来小心翼翼，信心不足，甚至有点垂头丧气。自他到了那间带橡木嵌板装、修体面的办公室，对着墙上挂的几张宾馆相片（海豚宾馆在一九一〇年十月开业——麦克不参考报纸杂志对宾馆的评论也能写文章，但他还是做了调研），似乎又有了信心。地板上铺着波斯地毯。两台落地灯发出柔和的黄光。写字台上的台灯有个绿色菱形灯罩，台灯旁有个防潮雪茄烟盒。雪茄烟盒旁摆着麦克·恩斯林最近的三本著作。当然，通通都是简装版本。但他已经做得很不错了。我们这位东道主也是做足了功课啊，麦克心想。

麦克在写字台前的一张椅子上坐下来。他以为奥斯特梅耶会坐到写字台后面去，借位置之便占得主动，从经理的角度看着雇员的座位。但奥斯特梅耶让麦克吃了一惊。他在写字台前另外一张椅子上坐下来，跷起二郎腿，俯身向前，小心收腹，去够雪茄烟盒。

"来根雪茄吗？恩斯林先生？不是古巴货，也还算得上是好烟。"

"不，谢谢您。我不抽烟。"

奥斯特梅耶的视线转向麦克右耳后夹的一根香烟——如同旧时代纽约的俏皮文人记者将待抽的香烟得意地别在帽檐下，旁边还露出一角记者通行证。麦克对这根烟实在是习焉不察，因此他片刻之间真是不知道奥斯特梅耶为什么看他。然后他记起来了，呵呵一笑，把烟取下来，自己看了看，然后回望着奥斯特梅耶。

"我已经九年没吸过烟了，"他说，"我有个大哥死于肺癌。他去世不久我就戒烟了。至于我耳朵后面这根烟……"他耸耸肩，"我猜半是装腔作势，半是出于迷信。这就像你有时在人家的桌上或墙上看到的那些东西，装在一个小盒子里，上面写着'紧急情况下击碎玻璃'。我有时候对别人说，核战如果爆发，我就点着这根烟。一四〇八是吸烟房间吗，奥斯特梅耶先生？万一真爆发核战呢。"

"那的确是吸烟房。"

"那敢情好，"麦克诚恳说道，"熬夜时不用担心这茬
儿了。"

奥斯特梅耶并没觉得好笑，而是又叹了口气，但这次的叹
息里没有大堂里的那种沉郁感。没错，是因为这个房间，麦克
心想，这是他办公的房间。今天下午，麦克跟律师罗伯特森一
起来时，奥斯特梅耶也是一进到这个房间就显得镇静了许多。
当时麦克以为部分原因在于他们离开了往来行人注视的目光，
另一部分原因在于奥斯特梅耶已经放弃。现在他明白，事情不
是那样的。是因为这个房间。这也很自然。房间里挂着不错的
照片，地上铺着块不错的地毯，还有不错的雪茄——虽然不是
古巴产的——存在防潮盒里。自从一九一〇年十月以来，无疑
已经有许多经理在这里处理过许多业务；从某种角度来说这个
房间和那个女人一样，就是纽约的缩影。那个金发黑裙的露肩
女人身上的香水味，仿佛是个暗示，她会在凌晨做爱，纽约式
活力充沛的健康性爱。麦克来自奥玛哈，但已经有很多年没有
回过老家了。

"你还是认为我不能说服你改变主意，是吗？"奥斯特梅
耶问道。

"我知道你不能。"麦克说，重又将香烟放到耳朵
后面。

下面是这个故事开篇同一片段的修改稿——改稿好比给小
说穿上衣服，理好头发，也许还喷一点古龙香水。我一旦在稿
子里做好这些修饰，就可以开门迎客、面对世界了。

一四〇八 ①

麦克·恩斯林还没出转门，就看到海豚宾馆的经理奥斯特梅耶坐在大堂里一张加厚软垫沙发椅上。②麦克心中一沉，想道：或许还是该把那倒霉的律师带来。不过现在已经来不及了。而且欧林如果决定再设一道路障阻止麦克前往一四〇八房间，那未必是坏事；有失必有得。

欧林穿过房间，伸出一只胖手，迎上从旋转门进来的麦克。海豚宾馆位于六十一街靠近第五大道之处，地方不大，却很精致。麦克将随身的小衣箱换到左手，伸出右手，上前与欧林握手，但先与穿夜礼服的一对男女擦肩而过。女人一头金发，一袭黑衣，身上散发出轻柔的鲜花般的香水味，这气味如同寥寥几笔，勾勒出纽约城的形象。夹楼的酒吧里有人在演奏《日日夜夜》，仿佛给这大概的形象加了个注脚。

"恩斯林先生，晚上好。"

"欧林先生。有问题吗？"

欧林面露难色。他四顾小而精致的宾馆大堂一会儿，仿佛在寻求帮助。服务台旁，一个男人正在跟太太讨论买戏票的事，服务生面带微笑，耐心地望着。前台有个男人，一副风尘仆仆的样子，想必在飞机商务仓里坐了太久。这人正与值班女人交流预订房间的情况。女人身穿精致的黑色套装，这身工作服作为晚装也丝毫不嫌简陋。海豚宾馆一切正常。人人都有人帮忙，只有可怜的欧林先生落入作家的魔爪，无人能救。

"欧林先生？"麦克又叫一声。③

"恩斯林先生……可否请您到我的办公室一叙？"

④好呀，有何不可呢？这对关于一四○八房间的那一章有好处，能够增加恐怖气氛，他的读者最爱这种调调，而且还不仅如此。欧林出尔反尔，毫无决断，但是麦克·恩斯林直到这一刻才拿准，他不是故弄玄虚。欧林真的是很害怕一四○八房间，害怕麦克今天晚上在里面会出事。

"当然，欧林先生。"

欧林像个称职的好主人一样，伸手去帮麦克拎包。"让我来。"

"我自己来好了，"麦克说，"只是一点换洗衣服和一支牙刷，没什么重量。"

"你确定？"

"是的，"麦克说道，目光坚定地望着他，"我已经穿上了我的幸运夏威夷衬衫，"他微笑道，"它能驱鬼避邪。"⑤

欧林叹了口气，这个矮个胖子，穿件圆角外套，领带打得整整齐齐。"那好，恩斯林先生，跟我来。"

宾馆经理在大堂时看起来小心翼翼，甚至有点垂头丧气。但他到了那间带橡木嵌板、装修体面的办公室，对着墙上挂的几张宾馆相片（海豚宾馆在一九一○年十月开业——麦克不参考报纸杂志对宾馆的评论也能写文章，但他还是做了调研），似乎又有了信心。地板上铺着波斯地毯。两台落地灯发出柔和的黄光。写字台上的台灯有个绿色菱形灯罩，台灯旁有个防潮雪茄烟盒。雪茄烟盒旁摆着麦克·恩斯林最近的三本著作。当然，通通都是简装版本。我们这位东道主也是做足了功课啊，麦克心想。

⑥麦克在写字台前坐下来。麦克以为欧林会坐到写字台后面去，但欧林让麦克吃了一惊。他在麦克身边的一张椅子上坐下来，跷起二郎腿，俯身向前，小心收腹，去够雪茄烟盒。

"来根雪茄吗？恩斯林先生？"

"不，谢谢您。我不抽烟。"

欧林的视线转向麦克右耳后夹的一根香烟——如同旧时代纽约的俏皮文人记者将待抽的香烟得意地别在帽檐底下露出的一角记者通行证下头。麦克对这根烟实在是习焉不察，因此他片刻之间真是不知道欧林为什么看他。然后他呵呵一笑，把烟取下来，自己看了看，然后回望着欧林。

⑦"我已经九年没吸过了，"他说，"有个大哥死于肺癌。他去世之后我就戒烟了。至于我耳朵后面这根烟……"他耸耸肩。"我猜半是装腔作势，半是出于迷信。就像这件夏威夷衬衫，或者你有时在人家的桌上或墙上看到的那些东西，装在一个小盒子里，上面写着'紧急情况下击碎玻璃'。一四〇八是吸烟房间吗，欧林先生？万一真爆发核战呢。"

"那的确是吸烟房。"

⑧"那敢情好，"麦克诚恳地说道，"熬夜时不用担心这茬儿了。"

欧林又叹了口气，但这次的叹息里没有大堂里的那种沉郁感。没错，是因为这个办公室，麦克心想，这是他的办公室。今天下午，麦克跟律师罗伯特森一起来时，⑨欧林也是一进到这个房间就显得镇静了许多。这也很自然。你除了在自己的特殊地方，还能在哪儿感觉信心十足呢？欧林的办公室里挂着不错的照片，地上铺着块不错的地毯，还有不错的雪茄存在防潮盒里。自从一九一〇年以来，无疑已经有许多经理在这里处理过许多业务；从某种角度来说，这个房间和那个金发黑裙露肩女人一样，也是纽约的象征。她身上的香水味，仿佛是个暗示，她会在凌晨时享受纽约式活力充沛的健康性爱。麦克来自奥玛哈，但已经多年没有回过老家。

"你还是认为我不能说服你改变主意，是吗？"欧林问道。

"我知道你不能。"麦克说，重又将香烟放到耳朵后面。

其中大部分修改的理由都很明显。如果你将前后两份稿子对起来看，我相信你一定能明白，基本上所有的修改都是为了什么，我还希望你会发现，认真细看，即便是所谓的"专业作家"出手，初稿也是活儿很糙。

大多数的修改都是删节，目的在于加快故事节奏。我删减时，脑子里始终想着斯特伦克的话——"删掉不必要的字"——同时也是为了满足我前面给出的公式：第二稿＝初稿×90%。

我挑了几处修改，稍加说明：

① 很显然，《宾馆故事》作为标题远远不如《无敌推土机》或《蚁王诺玛·珍》醒目。我写初稿时，只是随便写了这个题目上去，知道我往下写时一定能找到更合适的题目。（我即便想不出更好的标题，编辑通常也会帮忙出主意，想题目，但结果多半很糟糕。）我喜欢《一四〇八》，是因为这小说属于那种"十三楼"故事，而且这几个数字加起来正好等于十三。

② 奥斯特梅耶这个名字又长又怪。我用"全部替换"功能，将名字换成"欧林"，一举将故事缩短了十五行之多。再说，我写完《一四〇八》之后，想到这个故事很可能要被收到我的一个有声小说集里去。那里头的故事都要由我本人来朗读，我可不想一个人坐在录音棚里，整天一遍又一遍地念叨奥斯特梅耶如何如何，奥斯特梅耶又如何如何。所以我把名字改了。

③ 我这是在揣摩读者对他的想法。大多数读者都有独立思考能力，因此我把三行字减到两行。

④ 舞台指导式文字太多了，不需要这么长篇大套地解释太显而易见的东西，背景故事太笨重，删掉了事。

⑤ 啊，幸运夏威夷衬衫登场了。这个意象在初稿就出现了，但是在三十页之后。一件重要的道具，那时候登场太晚了，所以我把它往前提了。有条舞台剧规矩是这么说的："在第一幕中，壁炉上方如果摆着一支枪，在第三幕，枪就得开火。"反过来也成立，主角的幸运夏威夷衬衫如果会在故事结尾时起到相当的作用，那你得让它尽早出现。不然它看起来就像是作家临时抱佛脚、专为解围设计的道具（其实的确

如此）。

⑥ 初稿里有句"麦克在写字台前的一张椅子上坐下来"。唉，得——他还能坐在什么上？地板上吗？我想不会，所以删除。我还删除了关于古巴雪茄的一句话。不仅是因为这话听着不新鲜，更是因为烂电影里的坏人总是说："来根雪茄！古巴货！"快得了吧。

⑦ 初稿和第二稿要表达的意思相差不大，但是第二稿被删得只剩骨架。注意看！看看这败兴的副词"不久"，看到了吗？被我一脚踢开，毫不留情！

⑧ 这里不仅有副词，还是斯威夫特式的句子："那敢情好，"麦克诚恳说道……但我坚持不改这个地方，我的辩词是，例外正好说明规则有道理。我把"诚恳"放在句中，是想让读者明白，麦克在取笑可怜的欧林先生。语气不重，不过他确实是在取笑人家。

⑨ 这一段非但啰嗦，而且重复。删它没商量。但是，有些人在属于自己的特定位置会感到舒适，这一点似乎能说明欧林的性格，所以我加了这么一句。

我考虑过把《一四〇八》全篇终稿放在本书里，但是这想法跟我决心追求的初衷相违背。你如果想听完整故事，可以从《血与烟》这部收有三篇小说的有声书里找到这篇《一四〇八》。你也可以上西蒙和舒斯特公司的网站看试读版，网址是hhp://www.SimonSays.com。记住，上文只是例文，你不需要读完整篇小说。我是在教你维护引擎，不是带你出去兜风。

第二部：

书　目

　　我谈到写作时，通常会给读者讲这本书的第二部分，《论写作》一章的缩略版。我当然会讲到写作的金牌定律：多读多写。在接下来的问答环节，总会有人问我："你都读些什么书？"

　　对这个问题，我始终都没给出过一个令自己满意的答案，因为书太多，我的脑子会一时转不过来。简单的回答——"拿到什么书就读什么"——固然不错，但恐怕对提问的人毫无帮助。下面这个书单是我给出的具体答案。这些是我在过去的三四年里读过的好书，也就是我写《爱上汤姆·戈登的女孩》《亚特兰蒂斯之心》、本书，还有那本尚未问世的《别克八系》这段时间。我觉得这份目录上的书都对我写的书或多或少有些影响。

　　浏览我这份书目时请记住，我不是奥普拉①，这里也不是读书俱乐部。这些书只是对我有帮助，仅此而已。但这目录也许对你也会有帮助，里面许多书或许能教会你写作的许多新方法。这个书单即便起不到这样的作用，你也可以享受读书的乐趣。这些书确实曾带给我许多乐趣。

---

① 美国著名电视节目主持人奥普拉·温弗里，其读书节目影响甚广，她的读书俱乐部书目对书籍市场经常会起到风向标的作用。

彼得·亚伯拉汉斯：《完美犯罪》

彼得·亚伯拉汉斯：《熄灯》

彼得·亚伯拉汉斯：《压降》（又译《窃子疑云》）

彼得·亚伯拉汉斯：《九号革命》

詹姆斯·阿奇：《家人亡故》

克斯滕·巴奇斯：《怪物狗的生活》

帕特·巴克：《新生》

帕特·巴克：《门上的眼睛》

帕特·巴克：《幽灵路》

理查德·博氏：《黑夜季节》

彼得·布朗纳：《入侵者》

保罗·博尔斯：《遮蔽的天空》

柯拉盖森·波尔：《玉米饼幕布》

比尔·布莱森：《林中散步》

克里斯多夫·巴克利：《感谢您吸烟》

雷蒙德·卡佛：《我打电话的地方》

迈克尔·查本：《狼人年轻时》

温莎·乔尔顿：《零纬度》

迈克尔·康纳利：《诗人》

约瑟夫·康拉德：《黑暗的心脏》

K.C.康斯坦丁：《家庭观念》

唐·德里罗：《地下世界》

尼尔森·德米尔：《教堂》

尼尔森·德米尔：《黄金海岸》

查尔斯·狄更斯：《雾都孤儿》

斯蒂芬·道宾斯：《等闲杀戮》

斯蒂芬·道宾斯：《死女孩的教堂》

罗迪·道伊尔：《撞上门的女人》

斯丹利·埃尔金：《迪克·吉布森秀》

威廉·福克纳：《我弥留之际》

亚历克斯·嘉兰：《海滩》

伊丽莎白·乔治：《心怀鬼胎》

苔丝·格里森：《重力》

威廉·戈尔丁：《蝇王》

穆雷尔·格雷：《熔炉》

格雷厄姆·格林：《一支出卖的枪》

格雷厄姆·格林：《我们在哈瓦那的人》

大卫·哈尔伯斯坦姆：《五十年代》

彼得·哈米尔：《辛纳特拉何以重要》

托马斯·哈里斯：《汉尼拔》

肯特·哈鲁夫：《单声颂歌》

彼得·霍格：《冰雪迷案》

斯蒂芬·亨特：《白人坏小子》

大卫·伊格纳修斯：《开火伤人》

约翰·欧文：《寡居的一年》

格雷厄姆·乔伊斯：《牙齿仙子》

艾伦·贾德：《魔鬼的杰作》

罗杰·卡恩：《美梦成真》

玛丽·卡尔：《撒谎者俱乐部》

杰克·柯切姆：《生的权利》

塔碧莎·金：《幸存者》

塔碧莎·金：《水中天》（未出版）

芭芭拉·金索尔沃：《毒树圣经》

约翰·柯拉考尔：《挑战巅峰》

哈珀·李：《杀死一只知更鸟》

伯纳德·列夫科维奇：《我们的人》

本特利·利特尔：《被忽视的人》

诺尔曼·麦克利恩：《大河恋：作品集》

萨默塞特·毛姆：《月亮和六便士》

科马克·麦卡锡：《平原城市》

科马克·麦卡锡：《十字路口》

弗兰克·麦考特：《安吉拉的灰烬》

爱丽丝·麦克德莫特：《迷人比利》

杰克·麦克德维特：《远古海岸》

伊恩·麦克尤恩：《爱无可忍》

伊恩·麦克尤恩：《水泥花园》

拉里·麦克穆特里：《死人漫步》

拉里·麦克穆特里和戴安娜·奥萨纳：《契克和奈德》

沃特·米勒：《献给雷波维奇的圣歌》

乔伊丝·卡罗尔·欧茨：《行尸走肉》

蒂姆·奥布莱恩：《林中湖上》

斯图尔特·奥南：《超速女王》

迈克尔·翁达杰：《英国病人》

理查德·诺斯·帕特森：《无处安身》

理查德·普莱斯：《自由国度》

安妮·普劳克斯：《怀俄明故事集》

安妮·普劳克斯：《航运新闻》

安娜·昆德伦：《真理》

露丝·伦德尔：《见到你真好》

弗兰克·罗宾森：《等待》

J.K.罗琳：《哈利·波特与密室》

J.K.罗琳：《哈利·波特与阿兹卡班的囚徒》

J.K.罗琳：《哈利·波特与魔法石》

理查德·鲁索：《莫霍克》

约翰·伯恩海姆·施瓦兹：《救赎之路》

维克兰·塞斯：《如意郎君》

欧文·肖：《幼狮》

理查德·斯罗特金：《弹坑》

蒂尼夏·史密斯：《魔术师》

斯科特·斯宾塞：《黑衣人》

华莱士·斯台戈纳：《乔·希尔》

多娜·塔特：《校园秘史》

安·泰勒：《补丁行星》

库尔特·冯内古特：《咒语》

伊夫林·沃：《故园风雨后》

唐纳德·韦斯特雷克：《斧》

第三部：

补充再补充

　　在《写作这回事》初版末尾，我列出大约一百本自己读过的书，它们令我愉悦并且获益良多。出版社建议我在本书新版里更新一下书目，所以我在此再列出八十多本——这是我在二〇〇一年到二〇〇九年间读到的最棒的书。正如我在此书二〇〇〇年版中说过的……这些书也确曾带给我许多乐趣。

　　彼得·亚伯拉汉斯：《结局》

　　彼得·亚伯拉汉斯：《家庭教师》

　　阿维德·阿迪加：《白老虎》

　　凯特·阿特金森：《善举》

　　玛格丽特·阿特伍德：《羚羊与秧鸡》

　　米什卡·博林斯基：《现场作业》

　　本杰明·布莱克（约翰·班维尔笔名）：《堕落的信徒》

　　彼得·布朗德：《最后一个好日子》

　　波拉尼奥·奥罗贝托：《2666》

　　大卫·卡尔：《枪之夜》

　　约翰·凯西：《斯芭蒂娜》

迈克尔·夏邦：《犹太警察工会》

李·查尔德：杰克·里彻尔小说系列第一部《杀戮之地》

迈克尔·康奈利：《海峡》

马克·克斯特罗：《大假如》

迈克尔·坎宁安：《时时刻刻》

马克·丹尼路易斯基：《页之屋》

朱诺·迪亚斯：《奥斯卡·瓦奥短暂而奇妙的一生》

理查德·都灵：《白人之墓》

大卫·唐宁：《动物园站》

安德烈·杜博斯：《末日花园》

利弗·安格：《静如大河》

弗里德里克·埃克斯雷：《影迷笔记》

约书亚·菲利斯：《于是，我们走到了终点》

乔纳森·弗兰岑：《强震》

乔纳森·弗兰岑：《修正》

尼尔·盖曼：《美国众神》

梅格·嘉蒂纳：《十字切口》

梅格·嘉蒂纳：《下流秘密俱乐部》

威廉·盖伊：《家太漫长》

罗伯特·戈塔特：《描画黑暗》

萨拉·格鲁恩：《大象的眼泪》

斯蒂芬·霍尔：《生鲨文字》

马克·赫尔普林：《大战小兵》

查理·赫斯顿：《汉克·汤姆森三部曲》

丹尼斯·约翰逊：《烟树》

加里森·凯勒（编辑）：《好诗》

苏·芒克·基德：《蜜蜂的秘密生活》

查克·克劳斯特曼：《摇滚之城法戈》

斯蒂格·拉森：《龙文身的女孩》

约翰·勒卡雷：《挚友》

丹尼斯·勒汉：《当日》

埃尔默·莱纳德：《哈妮的房间》

乔纳森·莱瑟姆：《孤独的堡垒》

劳拉·李普曼：《死者所知》

本特利·里特尔：《急件》

伯纳德·马拉默德：《修配工》

扬·马特尔：《少年派的奇幻漂流》

科麦克·麦卡锡：《老无所依》

伊恩·麦克尤恩：《赎罪》

詹姆斯·米克：《蚀爱》

奥黛丽·尼芬格：《她的镜像幽灵》

帕特里克·奥布莱恩：以奥布雷和马图林为主角的《怒海争锋》系列小说

斯图尔特·欧南：《好老婆》

乔伊丝·卡罗尔·欧茨：《我们是马尔瓦尼一家》

乔治·派勒卡诺斯：《暴力革命》

乔治·派勒卡诺斯：《转折》

汤姆·佩罗塔：《禁欲教师》

朱迪·皮考特：《十九分钟》

D.B.C.皮埃尔：《维农少年》

安妮·普鲁：《原样就好——怀俄明故事之三》

迈克尔·罗伯特汉姆：《破坏》

菲利普·罗斯：《美国牧歌》

菲利普·罗斯：《反美阴谋》

萨尔曼·拉什迪：《午夜的孩子》

理查德·拉索：《太息桥》

理查德·拉索：《帝国瀑布》

丹·西蒙斯：《德鲁德》

丹·西蒙斯：《极地恶灵》

柯蒂斯·西滕菲尔德：《美国太太》

汤姆·罗勃·史密斯：《四十四号孩子》

司各特·施耐德：《巫毒之心》

尼尔·斯蒂芬森：《水银》

唐娜·塔特：《小友》

列夫·托尔斯泰：《战争与和平》

乔瑟夫·温鲍：《好莱坞警站》

罗伯特·佩恩·沃伦：《国王的人马》

萨拉·沃特斯：《小小陌生人》

马克·瓦恩加德纳：《弯河在燃烧》

马克·瓦恩加德纳：《教父归来》

戴维·弗罗布莱夫斯基：《埃德加的故事》

理查德·耶茨：《革命之路》